Osteuropakompetenz in Polen

POLEN IN DER GEGENWART

Schriftenreihe des Deutschen Polen-Instituts

Herausgegeben von
Peter Oliver Loew und Agnieszka Łada-Konefał

Band 4

2025
Harrassowitz Verlag · Wiesbaden

Osteuropakompetenz in Polen

Ressourcen, Institutionen, Tendenzen

Herausgegeben von
Małgorzata Kopka-Piątek und Agnieszka Łada-Konefał

2025
Harrassowitz Verlag · Wiesbaden

Rezensentin: Dr. habil. Agnieszka Legucka
Übersetzung aus dem Polnischen: Gert Röhrborn
Korrektur und sprachliche Bearbeitung: Gregor Njemz
Umschlagabbildung: Ewa Brejnakowska-Jończyk

Dieses Buch ist entstanden im Rahmen des Projekts »Polnische Ostexpertise«, das vom Institut für Öffentliche Angelegenheiten Warschau und vom Deutschen Polen-Institut Darmstadt mit finanzieller Unterstützung der Stiftung für deutsch-polnische Zusammenarbeit und der Deutsch-Polnischen Wissenschaftsstiftung durchgeführt wurde.

Diese Publikation ist unter der Creative Commons-Lizenz CC BY-SA 4.0 lizenziert.
Weitere Informationen: https://creativecommons.org/licenses/by-sa/4.0/

Die Bedingungen der CC-Lizenz gelten nur für das Originalmaterial. Die Verwendung von Material aus anderen Quellen (gekennzeichnet durch eine Quellenangabe) wie Schaubilder, Abbildungen, Fotos und Textauszüge erfordert ggf. weitere Nutzungsgenehmigungen durch den jeweiligen Rechteinhaber.

Bibliografische Information der Deutschen Nationalbibliothek
Die Deutsche Nationalbibliothek verzeichnet diese Publikation in der Deutschen Nationalbibliografie; detaillierte bibliografische Daten sind im Internet
über https://www.dnb.de abrufbar.

Informationen zum Verlagsprogramm finden Sie unter
https://www.harrassowitz-verlag.de

© bei den Autor*innen
Verlegt durch Otto Harrassowitz GmbH & Co. KG, Wiesbaden 2025
Kreuzberger Ring 7c–d, 65205 Wiesbaden, produktsicherheit.verlag@harrassowitz.de
Gedruckt auf alterungsbeständigem Papier.
Druck und Verarbeitung: Memminger MedienCentrum
Printed in Germany

ISSN 2751-6237
eISSN 2751-6245
DOI 10.13173/2751-6237

ISBN 978-3-447-12368-6
eISBN 978-3-447-39666-0
DOI 10.13173/9783447123686

Inhalt

1	Małgorzata Kopka-Piątek, Agnieszka Łada-Konefał Einleitung
11	Agata Włodkowska Die Osteuropakompetenz polnischer Denkfabriken
39	Małgorzata Nocuń Das Osteuropawissen an polnischen Universitäten und Hochschulen
57	Elżbieta Żak Russischunterricht in Polen und das Interesse der Polen an Russland
95	Agnieszka Lichnerowicz Polens östliche Nachbarn im Spiegel polnischer Medien
129	Piotr Pogorzelski Die Kultur Osteuropas in Polen. Präsent, aber eher marginal
145	Magdalena Lachowicz Das Potenzial von Migration und Minderheitengemeinschaften für die Osteuropakompetenz
181	Małgorzata Kopka-Piątek, Agnieszka Łada-Konefał Polnische Osteuropakompetenz – Merkmale und Perspektiven
189	Biogramme

DOI: 10.13173/9783447123686.V

Einleitung

Małgorzata Kopka-Piątek, Agnieszka Łada-Konefał

Die Politik Deutschlands und Polens gegenüber den Staaten Osteuropas unterschied sich in den vergangenen Jahrzehnten stark voneinander. In Deutschland herrschte lange Zeit der Eindruck vor, dass die Polen das Vorgehen Russlands übermäßig kritisch beargwöhnten. Westlich von Oder und Neiße wurde unter dem »Osten« in erster Linie Russland verstanden, und die Bedeutung von Ländern wie der Ukraine und Belarus wurde weitgehend ignoriert. Angesichts der russischen Vollinvasion in der Ukraine im Februar 2022[1] hieß es in Deutschland und anderen westlichen Ländern immer häufiger, man müsse sich eingehend mit der polnischen Sicht auf den Osten auseinandersetzen.

Die deutsche »Zeitenwende« - also der von Kanzler Olaf Scholz am 27. Februar 2022 verkündete grundlegende Richtungswechsel in der deutschen Politik gegenüber Russland und der Ukraine - ist wiederum Grund genug, nach Möglichkeiten für die Schaffung neuer Synergien zwischen deutschen Interessen und der polnischen Erfahrung in Osteuropa zu suchen.

Die vorliegende Publikation soll daher einen Überblick über die Kompetenz und das Fachwissen der verschiedenen polnischen Akteure liefern, die sich mit Osteuropa beschäftigen – von der politischen Analyse der Think Tanks über die wissenschaftlichen – sprachlichen, historischen und kulturellen – Forschungen der Universitäten bis hin zum Russisch-Unterricht und der Präsenz der Thematik im kulturellen Leben und in den Medien.

Für die Zwecke dieser Veröffentlichung sind mit »Osten« beziehungsweise »Osteuropa« die östlichen Nachbarn Polens gemeint, also Russland, die Ukraine und Belarus, in begründeten Fällen auch ausgewählte Länder auf dem Territorium der ehemaligen UdSSR.

---

1   In der polnischen öffentlichen Debatte bezieht sich der Begriff »Vollinvasion« (wojna pełnoskalowa) auf die russischen militärischen Operationen seit Februar 2022. Damit soll betont werden, dass die russischen Angriffe auf die Ukraine seit der Besetzung der Krim und des Donbas im Jahr 2014 ununterbrochen andauern.

Unterschiedliche Sichtweisen auf den Osten in Polen und Deutschland
Historischer Abriss

Die gegenseitigen Beziehungen Polens zu seinen östlichen Nachbarn und die Wahrnehmung des Ostens durch die Polen sind im Land an der Weichsel äußerst stark durch historische Erfahrungen geprägt, die mitunter auf Ereignisse zurückgehen, die viele Jahrhunderte zurückliegen. Die Geschichte der östlichen Nachbarschaft Polens – einschließlich der Ära der polnisch-litauischen Adelsrepublik (Lubliner Union von 1569) – ist durch eine Reihe von Kriegen mit Russland gekennzeichnet. Die Kämpfe um den Schutz der Grenzen und um Einfluss in der Region nahmen bereits im 15. Jahrhundert ihren Ausgang und fanden erst mit dem Ende des Zweiten Weltkriegs ihren Abschluss. Polnische Gebiete wurden wiederholt von Russland erobert. Gleichwohl war es polnischen Truppen einmal vergönnt bis Moskau vorzustoßen, die Stadt einzunehmen und in den Jahren 1610–1612 unter ihrer Kontrolle zu halten. Die Erinnerung an dieses historische Ereignis wird in Polen bis heute hochgehalten, nicht zuletzt deshalb, weil es nicht einmal Napoleon gelang, es ihnen gleichzutun. Die wichtigste und für Polen siegreich ausgegangene militärische Auseinandersetzung der neueren Geschichte war die Schlacht bei Warschau, auch bekannt als das »Wunder an der Weichsel«, die 1920 die Entscheidung im Polnisch-Sowjetischen Krieg herbeiführte.[2] Das Bild von Russland als ewigem Feind und Usurpator wurde neben dem Zweiten Weltkrieg am tiefgreifendsten durch die Teilungen Polens Ende des 18. Jahrhunderts geprägt, die das Land für 123 Jahre seiner Staatlichkeit berauben sollten. Der Annexion von Gebieten folgte der Versuch, die polnische Kultur, Identität und Sprache auszulöschen. Allerdings beschränkte sich diese Erfahrung nicht etwa nur auf die polnische Nation, sondern war Ukrainern[3] und Belarusen gemein. Von geradezu fundamentaler Be-

---

2   Die Entscheidungsschlacht des Polnisch-Sowjetischen Krieges spielte sich in den Tagen zwischen dem 13. und 25. August 1920 in Gefechten zwischen der auf Warschau vorrückenden Roten Armee und der Polnischen Armee ab. Obwohl sie sich in einer beinahe aussichtslosen Lage befand und viele eine unabwendbare Niederlage voraussahen, gelang es den Einheiten der Polnischen Armee dennoch, die vorrückenden Truppen der Roten Armee zurückzuschlagen und schließlich zu besiegen. Der Sieg der Polen in dieser Schlacht änderte den weiteren Verlauf des Krieges grundlegend und ermöglichte die Wahrung der Unabhängigkeit der gerade erst wiedererstandenen Polnischen Republik. Darüber hinaus vereitelte er die Pläne der sowjetischen Führung, die nicht etwa nur die Errichtung einer Sowjetrepublik in Polen angestrebt hatte, sondern ihre militärische Offensive nach Westeuropa tragen wollte, um im Endeffekt eine internationale Revolution auszulösen.

3   Aus Gründen der besseren Lesbarkeit gelten sämtliche Nationenbezeichnungen gleichermaßen für alle Geschlechter.

deutung für das Verständnis der Haltung der Polen gegenüber Russland und Deutschland ist die Tatsache, dass Russland sowohl bei den Teilungen Polens als auch bei Ausbruch des Zweiten Weltkriegs (damals als die UdSSR) mit den Deutschen (also dem Königreich Preußen beziehungsweise dem Dritten Reich) mitbeteiligt war. Zwar brachte das Jahr 1945 die Befreiung von der deutschen Besatzung und das Ende der unzähligen von den Deutschen verübten Verbrechen, doch der Frieden bedeutete für diesen Teil Europas gleichfalls viele Jahrzehnte sowjetischer Herrschaft und die Stationierung sowjetischer Truppen in den Ländern des Warschauer Paktes.

Die deutschen Erfahrungen mit Russland sind hingegen ganz andere. Preußen und Russland wurden durch die Teilungen Polens zu Nachbarn, ebenso wie später das Dritte Reich und die Sowjetunion durch den gemeinsamen Einmarsch und die Besetzung Polens 1939. Die Beziehungen dieser beiden Länder waren nicht allein von Kriegen geprägt, sondern ebenso stark von gegenseitiger Faszination und der gegenseitigen Bereitschaft, die jeweiligen Einflusssphären in Europa zu respektieren. Außerdem spielte die Wanderung vieler Deutscher nach Russland eine wichtige Rolle für den Transfer von Wissen und Vorstellungen. Mit dem als Hitler-Stalin-Pakt[4] bekannten Deutsch-Sowjetischen Nichtangriffspakt vom 23. August 1939 wollten die beiden Mächte ihre Einflusssphären unter sich aufteilen. Was die Vorstellungen vom Osten betrifft, so prägte der Zweite Weltkrieg das deutsche Gedächtnis vor allem durch das Bewusstsein, für den Überfall des Dritten Reiches auf die Sowjetunion, die blutigen Kämpfe und die Verwüstungen an der Ostfront verantwortlich zu sein. Zugleich bezog sich die Verantwortung stets direkt auf das russische Volk, wobei nicht zwischen ukrainischen oder belarusischen Opfern unterschieden wurde. Die deutsch-russischen Beziehungen stellen sich also als eine Geschichte zweier Mächte dar, die sich nur allzu oft als Gleichberechtigte über die Köpfe und Interessen ihrer kleineren Nachbarn hinweg verständigten.

Auswirkungen der schwierigen Beziehungen

Die geschilderten polnischen Erfahrungen mit Russland, die größtenteils von Auseinandersetzungen, Fremdherrschaft und einer aufgezwungenen »Freundschaft« geprägt waren, zeitigen bis auf den heutigen Tag eine ganze Reihe von Folgen.

Die Erfahrung, vom größten östlichen Nachbarn beherrscht worden zu sein, prägten überdies die Beziehungen zu den anderen Ländern der Region und

---

4   In Polen als Ribbentrop-Molotow-Pakt bekannt.

den unmittelbaren Nachbarn Polens. Nach dem Polnisch-Sowjetischen Krieg entstand in Polen die antikommunistisch ausgerichtete Bewegung des »Prometheismus«, deren Bezeichnung sich mit Prometheus auf einen Titanen der griechischen Mythologie bezieht, der die Selbstaufopferung zum Wohle anderer symbolisiert. Dabei handelte es sich in erster Linie um eine von Polen vorangetriebene Initiative, die insbesondere in der Zwischenkriegszeit von der polnischen Regierung unterstützt wurde. Ziel dieses politischen Vorhabens war es, der sowjetischen Vorherrschaft Paroli zu bieten, indem den Unabhängigkeitsbestrebungen in der Ukraine, Georgien, Armenien, Aserbaidschan und den baltischen Staaten Beistand gewährt wurde. Polen sah darin eine Chance, die Macht der UdSSR zu schwächen und seine eigene Ostgrenze zu sichern.

Die Kontinuität des prometheischen Denkens zeigt sich in der Giedroyc-Doktrin, benannt nach Jerzy Giedroyc, dem Chefredakteur der in Paris erscheinenden Kultura, einem wichtigen intellektuellen Debattenort des polnischen Exils nach dem Zweiten Weltkrieg. Der Hauptgedanke dieser das polnische Nachdenken über den Osten bis heute prägenden Überzeugung war die Unterstützung der Unabhängigkeitsbewegungen der Ukraine, Litauens und Belarus, um den russischen Einfluss in der Region zu schwächen und einen Gürtel unabhängiger Pufferstaaten zwischen Polen und Russland zu schaffen. Giedroyc vertrat die Auffassung, dass Polen diesen Ländern gegenüber keinerlei territoriale Ansprüche geltend machen dürfe[5] und deren Souveränität und nationale Entwicklung fördern müsse. In der Praxis lief dies auf eine Politik hinaus, die auf Partnerschaft, Dialog und Hilfe für die demokratischen Bestrebungen dieser Länder beruhte. Die Giedroyc-Doktrin übte einen nachhaltigen Einfluss auf die polnische Außenpolitik aus, insbesondere nach 1989, als Polen seine volle Souveränität wiedererlangte.[6] Sie ist zur Grundlage der gegenwärtigen polnischen Ostpolitik geworden, die darauf abzielt, die Stabilität und Unabhängigkeit der östlichen Nachbarländer zu stärken.

Konsequenterweise lehnt eine große Mehrheit der Polen die Wahrnehmung ihres Landes als Teil des Ostens ab. Die Zugehörigkeit zum Osten würde nämlich bedeuten, die russische Vorherrschaft anzuerkennen und den Wegfall der eigenen souveränen Handlungsfähigkeit hinzunehmen. Jahrhundertelang empfand sich die polnische Gesellschaft sehr viel stärker als Teil des Westens, und die Polen blickten vorrangig in jene Richtung. Trotz des andauernden Kalten Krieges gaben die Polen, die mit dem kommunistischen Regime nicht einverstanden waren, den Traum von der Verbundenheit mit der westeuropäischen Welt nicht auf. Der Beitritt Polens zur Nato im Jahr 1999 und zur Europäischen Union im

---

5   Teile dieser Länder gehörten in früheren Jahrhunderten zum polnischen Staat.
6   Vor 1989 beeinflusste sie die Diskussionen der Opposition zum Thema polnische Außenpolitik.

Jahr 2004 bestätigte schließlich unmissverständlich die Zugehörigkeit Polens zu Westeuropa und verankerte es außerdem fest im transatlantischen Bündnis. Die während der Osterweiterung in der EU geführten Debatten ließen zumindest einen Teil der Eliten der bisherigen EU-Mitgliedstaaten zu der Einsicht gelangen, dass der Beitritt von Ländern des ehemaligen Ostblocks die EU um eine neue Perspektive auf den Osten bereichern würde. Putins Angriffskrieg gegen die Ukraine wirft freilich die berechtigte Frage auf, ob diese Kompetenz bis dato tatsächlich angemessen genutzt wurde.

Zu guter Letzt darf nicht außer Acht gelassen werden, dass sich russische Einflussnetzwerke und Desinformationskampagnen auf die Erfahrungen der langjährigen Einbindung Polens in den Ostblock ebenso einstellen wie auf die unverhohlen zum Ausdruck gebrachte Abneigung Polens gegenüber Russland – und in den letzten Jahren gleichermaßen gegenüber dem mit ihm verbündeten belarusischen Regime. Die russischen und belarusischen Geheimdienste kennen Polen und seine Menschen ausgesprochen gut. Sie wissen genau, dass die polnische Öffentlichkeit der imperialen Politik des Kremls ablehnend gegenübersteht und sich stark mit Nationen solidarisiert, die Putin zum Opfer gefallen sind oder fallen könnten. Aus diesem Grund muss sich die russische Propaganda auf andere Themen oder Zielgruppen fokussieren als weiter im Westen Europas, um so die gewünschte Wirkung zu erzielen. Was Inhalte und Botschaften betrifft, von denen sich die deutsche oder die französische Gesellschaft potenziell leicht in die Irre führen ließen, so zeigt sich die polnische Bevölkerung noch in ausreichendem Maße unbeeindruckt und lässt sich nicht so einfach manipulieren. Das bedeutet jedoch nicht, dass die Polen völlig immun gegen Desinformation sind. Russland ist durchaus in der Lage, heikle Punkte wie etwa die schwierige polnisch-ukrainische Geschichte zu nutzen, um gesellschaftliche Spannungen anzuheizen.

Polens Osteuropaexpertise
Historische Verwurzelung und aktuelle Herausforderungen

Der Begriff Expertise – der im Großen Wörterbuch der Polnischen Sprache als »Fachwissen oder Erfahrung einer Person in einem bestimmten Bereich« definiert wird – bezieht sich, wenn es um den Osten geht, auf viele thematische Bereiche. Für die vorliegende Publikation haben wir eine konkrete Auswahl derjenigen Bereiche getroffen, die wir als grundlegend für die Kenntnis des polnischen Wissens und das Verständnis der in Polen geführten Diskussionen über Osteuropa ansehen.

Wir präsentieren zunächst die Landschaft der Expertenzentren und Denkfabriken als Orte gründlicher Analysen und Wissensquellen auch für die polnische Politik. Diese Einrichtungen zeichnen sich durch ihr breites politisches, wirtschaftliches und gesellschaftliches Fachwissen aus. Natürlich werden hier lediglich die wichtigsten Einrichtungen beschrieben, wobei die Unterschiede zwischen staatlich finanzierten und nicht-öffentlichen Einrichtungen Berücksichtigung finden.

Das Wissen der Forschungszentren greift weitgehend auf die Hochschulbildung zurück. Neben den philologischen und kulturwissenschaftlichen Studiengängen stellen wir zudem die Entwicklung der ostwissenschaftlichen Studiengänge vor, die in den letzten Jahren an den meisten Hochschulen der großen Universitätsstädte eingerichtet wurden. Und hier war es notwendig, sich auf bestimmte Tendenzen zu beschränken, ohne in quantitative Details zu gehen.

Der Schlüssel zum Kennenlernen einer Region oder eines Landes ist die dort gesprochene Sprache. Über Jahrzehnte hinweg war der obligatorische Russischunterricht ein wichtiger Bestandteil des Fremdsprachenunterrichts in Polen. Der Umfang, die Methodik und die diesbezüglichen staatlichen Vorgaben übten einen erheblichen Einfluss auf die öffentliche Wahrnehmung der Sprache und auf das Interesse der Polen an russischsprachigen Ländern aus. Vor dem Hintergrund dieser Faktoren untersuchen wir, wie sich der Russischunterricht nach 1989 entwickelt hat. Dabei konzentrieren wir uns auf das öffentliche Bildungswesen, wohl wissend, dass der Privatsektor ein sehr wichtiger Teil des Systems ist.

Das Wissen über eine Region, insbesondere das der durchschnittlichen Bevölkerung, entsteht nicht ausschließlich an Universitäten oder in Forschungszentren. In Polen bilden außerdem die Medien eine wichtige Quelle. Deshalb beschreiben wir das Umfeld von Journalist:innen und Redaktionen, die über den Osten berichten, und ihren Umgang mit aktuellen Herausforderungen wie Budgetkürzungen und daraus folgenden Verzicht auf den Einsatz von Auslandskorrespondenten vor Ort sowie die Entwicklung neuer Technologien.

Ein weiterer, unseres Erachtens elementar wichtiger Bereich ist die Kultur im weitesten Sinne. In dieser Hinsicht schenken wir der Rezeption der ukrainischen, belarusischen und russischen Kultur besondere Aufmerksamkeit und berücksichtigen dabei genauso die Veränderungen, die sich durch den Krieg in der Ukraine ergeben haben. Da der Bereich der Kultur sehr viele Sphären umfasst, diese Veröffentlichung aber doch große Einschränkungen erfordert, haben wir eine subjektive Auswahl getroffen und u. a. Bereiche wie bildende Kunst ausgelassen.

Die Beschreibung der polnischen Osteuropakompetenz wäre freilich unvollständig, wenn sie nicht berücksichtigen würde, dass zahlreiche Angehörige der osteuropäischen Nationen in Polen leben; insbesondere Ukrainer und Belarusen waren und sind zahlreich in Polen zu finden. Zu ihnen gehören Vertreterinnen und Vertreter nationaler Minderheiten ebenso wie Wirtschaftsmigrant:innen und Flüchtlinge aus der Ukraine. Sie sind in allen Bereichen des polnischen Lebens – und damit zugleich in den oben genannten Disziplinen – präsent und prägen durch ihre Erfahrungen und ihr Wissen bis zu einem gewissen Grad die im Land laufenden Diskussionen.

Diesen Themen, die in den verschiedenen Bereichen der Osteuropakompetenz in Polen abgedeckt werden, soll man sich allerdings mithilfe einer Reihe von übergreifenden Kontrollfragen nähern. Die erste dieser Fragen betrifft die Veränderungen im Zeitverlauf, insbesondere aufgrund der Umbrüche nach 1989 in Polen und in Osteuropa. Zu einem weiteren Wendepunkt bei der Haltung gegenüber der Region und der russischen Sprache kam es, als die imperialen Ambitionen Russlands erneut offenbar wurden und im polnischen kollektiven Bewusstsein Ängste vor dem Vorgehen Russlands aktiviert wurden.[7] Die negativen Konnotationen der russischen Kultur und Sprache spitzten sich mit dem Überfall auf die Ukraine 2022 zu. In den weiteren Kapiteln dieses Buches gehen wir auf diese einzelnen Phasen ein, um abschließend zu beschreiben, welche Perspektiven die Entwicklung von Osteuropakompetenz in jedem der beschriebenen Felder hat.

Schließlich können wir uns nicht der Frage entziehen, ob die gemeinsame Geschichte, die geografische Lage und die gegenseitige Durchdringung von Kulturen und Nationen zu einer negativen (kritischen) beziehungsweise positiven (unkritischen) Haltung gegenüber der Region führt oder ob sie doch einer gewissen Objektivität zuträglich ist. In Deutschland überwog viele Jahre lang der Eindruck, dass die Polen ganz generell russlandfeindlich eingestellt seien und dem Vorgehen Russlands in übertriebenem Maße kritisch gegenüberstünden. Gleichwohl zeigen die Untersuchungen des Deutsch-Polnischen Barometers, dass die Behauptung von einer Russophobie der Polen und einer Russophilie der Deutschen stark überzeichnet ist. Auf die Frage, ob sie Sympathie für die Russen empfinden, antworteten 27 Prozent der befragten Polen und 35 Prozent der befragten Deutschen im Jahr 2020 zustimmend, aber bereits im Jahr 2022, und zwar noch kurz vor dem russischen Angriff auf die Ukraine im Februar, waren die Prozentsätze mit 26 beziehungsweise 27 Prozent nahezu identisch. Gegenüber den Ukrainern empfanden 2020 35 Prozent der Polen und 38 Prozent der Deutschen Sympathie, 2022 40 Prozent beziehungsweise 25 Prozent.[8]

---

7   In den Umfragen des Deutsch-Polnischen Barometers lässt sich die Angst der polnischen Befragten beobachten. Auf die Frage, ob Russland eine militärische, wirtschaftliche und politische Bedrohung für Polen darstellen könnte, antwortet die überwiegende Mehrheit der Polen mit Ja (je nach Jahr und Bedrohungskategorie zwischen 61 und 79 Prozent). Vgl. Jacek Kucharczyk, Agnieszka Łada-Konefał: Zwiegespaltene Polen, skeptische Deutsche. Gegenseitige Wahrnehmungen vor dem Hintergrund der polnischen und deutschen Geschichtspolitik. Deutsch-Polnisches Barometer 2023. Teil 2. Darmstadt, Warschau 2023.

8   Die Daten stammen aus einer Umfrage im Rahmen des Deutsch-Polnischen Barometers 2022, deren Teilergebnisse nicht veröffentlicht wurden.

Die in unserem Buch behandelten Aspekte und Felder erschöpfen selbstverständlich nicht das breite Spektrum des polnischen Fachwissens über Osteuropa. Denn wie jede andere Studie unterliegt auch unsere Untersuchung gewissen Einschränkungen. So lassen wir die für die polnische Ostpolitik entscheidende Frage der in der polnischen Diplomatie oder in den staatlichen Geheimdiensten vorhandenen Osteuropaexpertise außen vor. Auf der anderen Seite berücksichtigen wir ebenfalls nicht das in den Schulen vermittelte Wissen. Grundsätzlich könnte man davon ausgehen, dass die in Literatur-, Geschichts- oder Geografielehrbüchern enthaltenen Bezüge zu Osteuropa eine spätere Auseinandersetzung mit dem Thema verleiden oder begünstigen und dergestalt eine Grundlage für das Entstehen professionellen Fachwissens bieten. Freilich handelt es sich dabei um eine so breit gefächerte Problematik, dass ihr eine einfache Beschreibung nicht gerecht wird; vielmehr müsste ihr eine eingehende Untersuchung der Inhalte von Schulbüchern und Lehrplänen gewidmet werden.

Es ist uns nicht möglich, in dieser Publikation alle oder zumindest die meisten der aktiven Nichtregierungsorganisationen vorzustellen, daher gehen wir einzig auf diejenigen ein, die auf den Gebieten von Wissenschaft, Kultur oder Zusammenarbeit mit Migrant:innen tätig sind. Gewiss beschäftigen sich vergleichsweise viele polnische humanitäre oder in der Entwicklungshilfe tätige Organisationen mit dem Osten. Dies liegt an der geografischen Nähe und der Kenntnis der Bedürfnisse, aber auch an der für solche Aktivitäten bereitstehenden finanziellen Unterstützung (Ausschreibungen von polnischen Ministerien geben häufig Projekten mit Osteuropabezug Vorrang). Die Prioritäten der polnischen Außenpolitik, die von den jeweiligen Regierungen festgelegt werden, sind von grundlegender Bedeutung für die Unterstützung der polnischen Osteuropakompetenz im weitesten Sinne. Es ist nicht der Zweck der vorliegenden Publikation, die Annahmen und die Umsetzung dieser Politik zu beschreiben.

Warum dieses Buch?

Ziel des Buches ist es, das verfügbare Fachwissen und die spezifische Kompetenz der polnischen Akteure im Umgang mit Osteuropa zusammenzutragen, kritisch zu reflektieren und es insbesondere in den deutschsprachigen Ländern zugänglich zu machen. Wir richten uns mit unseren Erkenntnissen in erster Linie an Entscheidungsträger:innen, Behördenmitarbeiter:innen und Diplomat:innen sowie die Medien und die Wissenschaft. Wir hoffen, dass die hier vorgestellten Inhalte darüber hinaus für diejenigen von Interesse sind, die ihr Wissen über

Polen und seine Besonderheiten erweitern möchten, insbesondere im Hinblick auf die Herausforderungen, vor denen Deutschland und Polen gegenwärtig gleichermaßen stehen.

Zur Mitarbeit an dem Buch haben wir Personen eingeladen, die in Polen als ausgewiesene Expert:innen für den Osten gelten. Wichtig war uns außerdem, dass der jeweilige Autor oder die jeweilige Autorin nicht das eigene Interessengebiet oder die eigene berufliche Tätigkeit beschreibt. Fraglos war es uns nicht in allen Fällen möglich, diese Abgrenzung vollständig einzuhalten, da eine beträchtliche Anzahl von Fachleuten zu Osteuropafragen in verschiedenen Bereichen tätig ist – Journalistinnen und Journalisten sind ebenfalls Expert:innen, und Personen, die an Universitäten oder in Denkfabriken arbeiten, haben mitunter ihre Kommentarspalten in der Presse. Dieser Umstand gehört aber auch zu den Besonderheiten der polnischen Ostforschung, was unseres Erachtens ein Zeichen für die breitgefächerten Kenntnisse vieler Akteure zu diesem Thema ist.

Die Publikation wurde von polnischen Autoren auf Polnisch im Frühjahr und Sommer 2024 geschrieben[9], richtet sich allerdings in erster Linie an eine deutschsprachige Leserschaft und bietet eine Übersicht und Beschreibung ausgewählter Bereiche des polnischen Fachwissens über Osteuropa. Sie soll zeigen, wie sich die Expertise über die Region in Polen entwickelt hat, wie sie sich gegenwärtig darbietet und vor welchen Herausforderungen sie steht. Es ist unsere Absicht, sowohl ihre Stärken als auch ihre Schwächen kritisch darzustellen. Eine Diskussion darüber, wie sie sich verändert, wer entsprechende Initiativen ergreifen und welche Richtung sie einschlagen sollte, führen wir in dieser Publikation jedoch nicht.

Wir nutzen die veränderte Wahrnehmung Osteuropas, die sich hinter dem Schlagwort »Zeitenwende« verbirgt, um zu versuchen, der deutschsprachigen Öffentlichkeit näherzubringen, woher die polnische Politik und die polnische Gesellschaft ihr Wissen über die Region beziehen. Ferner wollen wir zeigen, wie die Erfahrungen Polens genutzt werden können, um eine gemeinsame europäische Antwort auf die durch die russische Aggression ausgelösten geopolitischen Veränderungen und ihre Folgen für die Sicherheit und die internationale Ordnung in unserer unmittelbaren Nachbarschaft zu finden. Die Zukunft wird uns nicht dafür zur Rechenschaft ziehen, wer Recht hat oder nicht, sondern wer den Kampf um den Frieden in Europa gewonnen hat.

---

9   Die polnische Version der Publikation „Osteuropakompetenz in Polen" wurde im Herbst 2024 veröffentlicht dank der finanziellen Unterstützung des Juliusz-Mieroszewski-Dialogzentrums (Centrum Dialogu im. J. Mieroszewskiego) und ist verfügbar unter: https://www.isp.org.pl/pl/publikacje/polska-ekspertyza-wschodnia.

Die Osteuropakompetenz polnischer Denkfabriken

Agata Włodkowska

Die polnische Landschaft der Denkfabriken ist merklich anders beschaffen als im Westen. Dies gilt für ihre Ursprünge, ihre Entwicklung und ihre spezifischen Kennzeichen. Die Ursprünge der polnischen Denkfabriken gehen auf die erste Hälfte des 20. Jahrhunderts zurück, als der wiedergeborene polnische Staat seinen Platz in Europa neu bestimmen musste. Angesichts der Bedrohung, der Polen u. a. durch das bolschewistische Russland ausgesetzt war, gehörte das Gebiet östlich der Grenzen der Zweiten Republik zu den wichtigsten von Fachleuten analysierten Themen. Auch gegenwärtig resultiert die Bedeutung der Osteuropakompetenz für die polnische und europäische Außenpolitik aus der strategischen Bedeutung Osteuropas, unter Einschluss Russlands, für die Sicherheit Polens und der Mitgliedsstaaten von EU und Nato. Die geografische Nähe und die historische Erfahrung sowie die praktische Verifizierung einer Vielzahl der von polnischen Expert:innen aufgestellten Thesen sollte Grund genug sein, um ihnen genauer zuzuhören und Europas Osten aus einer polnischen Perspektive in den Blick zu nehmen. Andererseits ist es wichtig, dass sich polnische Denkfabriken nicht hinter einem einseitigen Narrativ ihrer angeblichen Unfehlbarkeit verschanzen.

Für die Zwecke dieser Publikation wurde eine weit gefasste Begriffsbestimmung für Denkfabriken gewählt. Demnach handelt es sich bei ihnen um »nichtstaatliche Organisationen oder Einheiten der staatlichen Verwaltung, die sowohl unabhängig als auch abhängig von der Regierung sein können, gemeinnützige oder gewinnorientierte Forschungs- und Analysezentren, die sich politischer Kommunikationstechniken bedienen und Entscheidungsprozesse [und gesellschaftspolitische Entwicklungen] zu beeinflussen suchen«.[1] Diese Begriffserklärung soll noch durch die Definition von Martin Thunert ergänzt werden, wonach wir uns hierbei auf »privat oder öffentlich finanzierte praxisorientierte Forschungsinstitute, die wissenschaftlich fundiert politikbezogene und praxis-

---

1 Wojciech Ziętara: Think tanki w Europie Środkowej i Wschodniej, Lublin 2021, S. 30.

relevante Fragestellungen behandeln«, beziehen.² Gegenwärtig ist in Polen der englischsprachige Begriff Thinktank gebräuchlich, obwohl man durchaus auf andere Bezeichnungen stößt, wie etwa Analysezentrum, Expertenzentrum, unabhängiges Analyse- und Forschungszentrum usw. Im vorliegenden Text werden diese Begriffe synonym verwendet. Die Unabhängigkeit dieser Einrichtungen, insbesondere derjenigen, die vom Staat oder (was im polnischen Fall seltener vorkommt) von einer politischen Partei gegründet und finanziert werden, ist nach wie vor umstritten und nur schwer zu überprüfen. Es wird weithin angenommen, dass die Unabhängigkeit von Denkfabriken ein wünschenswerter Zustand ist, der die Objektivität und damit den hohen Wert der Analysen und des präsentierten Fachwissens gewährleisten hilft.

Als Heimat der Denkfabriken gelten nach wie vor die Vereinigten Staaten, wo im 19. Jahrhundert die ersten Einrichtungen dieser Art gegründet wurden. Bis heute zeichnen sich die amerikanischen Thinktanks nicht nur durch ihre schiere Anzahl und Vielfalt aus, sondern auch durch ihren Wirkungskreis und ihren Einfluss auf die Entscheidungsfindung und gesellschaftspolitische Prozesse. Laut dem angesehenen Ranking *Global Go To Think Tank Index*³ gab es 2020 in den USA die meisten Denkfabriken, gefolgt von China und Indien.⁴ Die US-amerikanischen Thinktanks stehen auch in den wesentlichen Kategorien an erster Stelle. Die mitteleuropäische (und auch die polnische) Landschaft lässt sich bei Weitem nicht mit dem in den USA festgestellten Entwicklungsgrad vergleichen, zudem fehlt es den polnischen Pendants an einer entsprechenden Bekanntheit. Der erwähnten Rangliste zufolge existierten im Jahr 2020 72 Denkfabriken in Polen, womit das Land in der Region Mittel- und Osteuropa nach Russland (143) und der Ukraine (90) an dritter Stelle lag.⁵ Unter den polnischen Denkfabriken wurden das Zentrum für Sozial- und Wirtschaftsforschung (Center for Social and Economic Research, CASE), das Polnische Institut für Internationale Angelegenheiten (Polski Instytut Spraw Międzynarodowych, PISM) und das Zentrum für Oststudien (Ośrodek Studiów Wschodnich, OSW) am höchsten eingestuft. Abgesehen von diesen in der Rangliste aufgeführten Organisationen gehören das Zentrum für Internationale Beziehungen (Centrum Stosunków Międzynarodowych, CSM), das Zentrum für Wirtschaftsanalyse

---

2   Martin Thunert: Think Tank in Deutschland – Berater der Politik. In: Aus Politik und Zeitgeschichte 51/2003, S. 30–38, hier: S. 31.

3   Veröffentlicht in den Jahren 1989–2021 an der Universität von Pennsylvanien in Philadelphia.

4   James G. McGann: 2020 Global Go To Think Tank Index Report, 28. Januar 2021, S. 44. In: University of Pennsylvania, https://repository.upenn.edu/bitstreams/8fa7709a-310d-43b2-bee6-94c49db23e41/download (24.07.2024).

5   Ebd., S. 45 f. Nach Angaben der Autoren des Rankings gibt es in Deutschland 266 Denkfabriken, womit Deutschland weltweit an siebter Stelle steht.

(Centrum Analiz Ekonomicznych, CenEA) und die Casimir-Pulaski-Stiftung (Fundacja im. Kazimierza Pułaskiego, FKP) zu den wichtigsten polnischen Expertenzentren.

Besonderheiten der polnischen Thinktank-Landschaft

Die polnische Denkfabrik-Landschaft unterscheidet sich von der Situation im Westen. Erstens wurden polnische ebenso wie westliche Denkfabriken bereits zu Beginn des 20. Jahrhunderts gegründet. In Polen fiel dies mit der Ära des wiedererstandenen polnischen Staates nach mehr als 120 Jahren Teilung zusammen. Die wirtschaftliche Schwäche der Zweiten Polnischen Republik,[6] inklusive des unternehmerischen Umfelds nach 1918 führte dazu, dass sich die Bemühungen relevanter wirtschaftlicher Akteure eher auf soziale und wohltätige Aktivitäten konzentrierten, weniger hingegen auf die Finanzierung von Fachwissen generierenden Einrichtungen. Eine Besonderheit der polnischen Expertengemeinschaft besteht darin, dass sie aus einer Zusammenarbeit zwischen Angehörigen der akademischen Welt und der Regierung (in erster Linie dem Außenministerium) entstanden ist und nicht, wie im Westen, aus dem Zusammenspiel von Unternehmen, der wissenschaftlichen Gemeinschaft und der Regierung hervorging.[7]
Zweitens haben die in der Zwischenkriegszeit eingerichteten Expertenzentren den Zweiten Weltkrieg nicht überdauert. Als Polen in dessen Folge in den Herrschaftsbereich der UdSSR geriet, wurden Institutionen geschaffen, die nicht allein den sozialistischen Behörden, sondern zugleich der von Moskau aufgezwungenen Vision des polnischen Staates und seiner Außenpolitik untergeordnet waren. Dennoch ist in dieser Periode das unabhängige polnische politische Denken, auch jenes mit Bezug zu Osteuropa, nicht gänzlich verschwunden. Es war in der im Westen beheimateten polnischen Exilgemeinschaft weiterhin präsent und beeinflusste u. a. die Arbeiten von Richard Pipes, Adam Ulam, Zbigniew Brzeziński oder Piotr Wandycz. Außerdem wurde es über Radio Free

---

6   Im November 1918 erlangte Polen nach 123 Jahren Abwesenheit auf der politischen Landkarte Europas infolge der Teilungen durch Russland, Preußen und Österreich seine Unabhängigkeit zurück. Dieses Staatsgebilde wird von Historiker:innen als Zweite Polnische Republik bezeichnet, die formal zwischen 1918 und 1945 bestand.
7   Sławomir Dębski: O inflacji i dewaluacji... think tanków. In: Wszystko co Najważniejsze vom 30. Januar 2019, https://wszystkoconajwazniejsze.pl/slawomir-debski-o-inflacji-i-dewaluacji-think-tankow/#_ftn12 (29.07.2024).

Europe[8] und das Milieu der Pariser Zeitschrift KULTURA[9] nach Polen getragen. Nach 1989 avancierte es schließlich zur Grundlage der polnischen Außenpolitik und speziell ihrer Ostpolitik.

Drittens haben sich in Polen aufgrund der geopolitischen Lage des Landes zwei dezidierte Bereiche der Expertenanalyse im Feld der Außenpolitik und der internationalen Beziehungen herausgebildet: die Ostpolitik und die Europapolitik. Zu den Analysezentren, die sich auf Osteuropafragen spezialisiert haben, sind zu zählen: in Warschau das Zentrum für Oststudien (OSW)[10], das Juliusz-Mieroszewski-Dialogzentrum (Centrum Dialogu im. Juliusza Mieroszewskiego, CM)[11] und die Stiftung Institut für Oststudien (Fundacja Instytut Studiów Wschodnich, ISW)[12]; in Breslau (Wrocław) das Jan-Nowak-Jeziorański-Osteuropa-Kolleg (Kolegium Europy Wschodniej im. Jana Nowaka-Jeziorańskiego, KEW)[13]; in Lublin das Mitteleuropa-Institut (Instytut Europy Środkowej, IEŚ)[14]. Obwohl der Interessenbereich des bereits erwähnten PISM breit gefächert ist, bleibt die Analyse der Situation im Osten einer seiner Schlüsselbereiche.

Viertens dominieren in Polen öffentlich finanzierte Einrichtungen und Nichtregierungsorganisationen mit Stiftungs- oder Vereinsstatus. In den letzten 35 Jahren haben zudem die polnischen politischen Parteien – mit magerem Erfolg – Denkfabriken ins Leben gerufen. So gründete die Bürgerplattform (Platforma Obywatelska, PO) das Bürgerinstitut (Instytut Obywatelski, IO)[15] und der Bund der Demokratischen Linken (Sojusz Lewicy Demokratycznej, SLD) das Ignacy-Daszyński-Zentrum (Centrum im. Ignacego Daszyńskiego, CID)[16], die beide ihren Sitz in Warschau haben. Osteuropäische Themen bilden keinen Schwerpunkt ihrer Tätigkeit. Im Vergleich zu den USA und den westeuropäischen Ländern gibt es in Polen nur wenige universitäre oder gewinnorientierte Thinktanks. Die meisten von ihnen beschäftigen sich vorrangig mit wirtschaft-

---

8   Der 1949 gegründete und von der CIA finanzierte Sender Radio Free Europe lieferte unabhängige Informationen in den Muttersprachen der unter sowjetischer Herrschaft stehenden Länder.
9   Monatszeitschrift aus dem Kreise der polnischen Exilgemeinde, die von 1947 bis 2000 zunächst in Rom und später in Paris erschien und polnische Emigrant:innen der Nachkriegszeit zusammenbrachte.
10 https://www.osw.waw.pl/ (24.07.2024).
11 https://mieroszewski.pl/ (24.07.2024). In den Jahren 2011 bis 2022 war es unter der Bezeichnung Zentrum für polnisch-russischen Dialog und Verständigung (Centrum Polsko-Rosyjskiego Dialogu i Porozumienia, CPRDiP) tätig.
12 Die Stiftung konzentriert sich derzeit auf die Organisation des sogenannten Wirtschaftsforums: https://www.forum-ekonomiczne.pl/o-nas (22.08.2024).
13 https://www.kew.org.pl/ (24.07.2024).
14 https://ies.lublin.pl/ (24.07.2024).
15 http://www.instytutobywatelski.pl/ (24.07.2024).
16 http://www.cid.org.pl/ (24.07.2024).

lichen Themen, einige wenige hingegen mit den internationalen Beziehungen (nebst Sicherheitsfragen und Außenpolitik). Diejenigen unter ihnen, die ihre Interessen explizit auf Osteuropa ausrichten, muss man dann schon mit der Lupe suchen.

Schließlich bleibt fünftens festzuhalten, dass die Landschaft für Denkfabriken in Polen in Bezug auf ihre Zahl, die verfügbaren finanziellen Mittel und das Personal relativ klein ist. Die meisten von ihnen haben ihren Sitz in Warschau. Diejenigen, die sich mit osteuropäischen Fragestellungen auseinandersetzen, befinden sich in Warschau, Lublin und Breslau.

Die Entstehungsgeschichte polnischer Thinktanks

Der Beginn der polnischen Expertenzentren fällt mit der Wiedergeburt des polnischen Staates zusammen. Obgleich das 1928 in Warschau gegründete Institut für Konjunktur- und Preisforschung (Instytut Badań Koniunktur Gospodarczych i Cen, IBKGiC)[17] zumeist zu den Pionieren unter ihnen gerechnet wird, reichen ihre Ursprünge noch weiter zurück. Bereits im Dezember 1918 wurde das Kongressbüro (Biuro Prac Kongresowych, BPK) gegründet, um die polnischen Aktivitäten während der Pariser Friedenskonferenz zu unterstützen.[18] Das BPK setzte sich aus Vertretern der Wissenschaft, Nichtregierungsorganisationen und Wirtschaftskreisen zusammen. Finanzielle Unterstützung erhielt das Büro u. a. vom polnischen Außenministerium, dem es nach Abschluss der Friedenskonferenz angegliedert wurde.

Der Bedarf an Expertenwissen war enorm, da die Behörden der Zweiten Polnischen Republik die Herausforderungen und Bedrohungen sowie die Ziele des wiedererstandenen Staates definieren mussten. Die Bedrohungen für die Sicherheit und das Überleben des Staates waren in erster Linie mit dem deutschen und russischen (in der Folge: sowjetischen) Revisionismus verbunden. Die Analysen der ersten polnischen Denkfabriken, die sich im engeren Sinne mit internationalen und östlichen Fragen befassten, gingen genau in diese Richtung. Dazu zählten das Ostinstitut in Warschau (Instytut Wschodni, IW, gegründet 1925) und das Osteuropa-Forschungsinstitut in Wilna (Vilnius; Instytut Naukowo-Badawczy Europy Wschodniej, INBEW, gegründet 1930).[19] Ersteres hatte zum

---

17 Die Wissenschafts- und Forschungstätigkeit des IBKGiC konzentrierte sich auf den Außenhandel. Neben dem bereits erwähnten Edward Lipiński waren u. a. folgende Personen mit dem Institut verbunden: Ludwik Landau, Marek Breit und Michał Kalecki.
18 Dębski: O inflacji i dewaluacji.
19 Wilna als heutige Hauptstadt von Litauen gehörte vor dem Zweiten Weltkrieg zur Republik Polen.

Ziel, kompetente Beamte auszubilden, die sich mit der Osteuropa-Politik der Zweiten Polnischen Republik beschäftigten. Dadurch wurde das IW zu einem Beratungszentrum, das Gutachten für die Ostabteilung des Außenministeriums und die Abteilung II des Generalstabs erstellte. Das Institut verfügte über eine Schule für Ostkunde und entwickelte sich gleichermaßen in konzeptioneller und in propagandistischer Hinsicht zu einer Brutstätte der Idee des Prometheismus. Im Mittelpunkt des Prometheismus standen Aktivitäten, die auf die Erweckung des Nationalbewusstseins der Völker der Sowjetunion und, vor diesem Hintergrund, auf die Förderung zentrifugaler Bewegungen innerhalb dieser Föderation ausgerichtet waren. Die prometheische Idee richtete sich an die Ukrainer und die kaukasischen Völker unter besonderer Berücksichtigung der Georgier, Tataren und Kosaken. Der Prometheismus war ein wichtiges Instrument der polnischen Außenpolitik der Zwischenkriegszeit[20] Das INBEW leistete hingegen einen Beitrag zur Entwicklung der Sowjetologie, also der Erforschung der Ursprünge des Bolschewismus und der sowjetischen Politik und Wirtschaft.[21]

In der Volksrepublik Polen bestanden nach dem Zweiten Weltkrieg drei Institutionen, die als Expertenzentren für internationale Angelegenheiten bezeichnet werden können: das Westinstitut (Instytut Zachodni, IZ), das PISM und schließlich die Stefan-Batory-Stiftung (Fundacja im. Stefana Batorego). Das Westinstitut wurde bereits 1941 auf Initiative von Zygmunt Wojciechowski[22] in Posen (Poznań) gegründet, und zwar im Untergrund unter deutscher Besatzung. Die Arbeit des Instituts sollte sich auf die geopolitische, historische und sozioökonomische Analyse der West- und Nordgebiete konzentrieren.[23] Daneben setzte es sich in geringem Umfang mit Fragen auseinander, die den Osten betreffen. In der Volksrepublik Polen arbeitete das IZ auf der Grundlage eines Dekrets vom Februar 1945 und eines im August 1945 verabschiedeten Statuts als Wissenschafts- und Forschungseinrichtung auf Abteilungsebene, die zu verschiedenen Zeitpunkten von den folgenden Stellen finanziert wurde: Präsidium

---

20 Marek Kornat: Idea prometejska a polska polityka zagraniczna (1921–1939/1940). In: Marek Kornat (Hrsg.): Ruch prometejski i walka o przebudowę Europy Wschodniej (1918–1940). Studia i szkice, Warszawa 2012, S. 162.
21 Vgl. z. B. Zaur Gasimov: Zwischen Freiheitstopoi und Antikommunismus: Ordnungsentwürfe für Europa im Spiegel der polnischen Zeitung »Przymierze«. In: JAHRBUCH FÜR EUROPÄISCHE GESCHICHTE 12/2011, S. 207–222.
22 Zygmunt Wojciechowski (1900–1955), Professor, Absolvent der Johann-Kasimir-Universität in Lemberg, Staats- und Rechtshistoriker, Spezialist auf dem Gebiet der deutsch-polnischen Beziehungen und Wegbereiter des polnischen Westgedankens.
23 Zeitgenössische Bezeichnung für die nach dem Zweiten Weltkrieg an Polen angegliederten westlichen Gebiete (sie bezieht sich auf die ehemaligen deutschen Gebiete östlich von Oder und Lausitzer Neiße).

des Ministerrats (Büro für die Westgebiete), Ministerium für Öffentliche Verwaltung, Ministerium für die Wiedergewonnenen Gebiete.
Die zweite Institution, die genauso wie das IZ die Epoche des real existierenden Sozialismus überdauert hat, ist das Polnische Institut für Internationale Angelegenheiten. Es ist heutzutage die führende polnische Denkfabrik für die Analyse der internationalen Beziehungen, einschließlich der Situation in Osteuropa. Das PISM wurde im Juni 1947 als Forschungs- und Entwicklungsstelle unter der Aufsicht des Außenministeriums gegründet. Zu seinen Mitarbeitern gehörten der Direktor des Stockholmer Internationalen Friedensforschungsinstituts SIPRI (1991–2002) und spätere polnische Außenminister (2005) Adam Daniel Rotfeld sowie der Amerikanist und Senatsmarschall Longin Pastusiak. Beiden Einrichtungen war die Rolle zugedacht, Fachwissen und kompetentes Personal für die polnische Diplomatie bereitzustellen.
Der dritte Thinktank, der noch 1988, also unmittelbar vor dem Umbruch von 1989, gegründet wurde, war die Stefan-Batory-Stiftung. Als Ideengeber und Stifter fungierte der amerikanische Finanzier George Soros, der die weltweit operierende Open Society Foundation ins Leben gerufen hatte. Die bis heute tätige Batory-Stiftung konzentriert sich unter Berücksichtigung von außen- und europapolitischen Fragen schwerpunktmäßig auf die Förderung von Demokratie, Rechtsstaatlichkeit und Menschenrechten. Zwar finden sich in ihren Analysen ebenfalls Verweise auf Osteuropa, doch wäre es vermessen, die Region als Interessensschwerpunkt der Stiftung zu charakterisieren.

Die Umbrüche seit 1989 und die Entwicklung der Expertenberatung in Polen

Das Jahr 1989 war für Polen in jeder Hinsicht ein Wendepunkt, denn das Land stand nun vor Herausforderungen, die es unbedingt zu diagnostizieren galt. Dies betraf die Wiedervereinigung Deutschlands, den Zerfall der UdSSR und das Entstehen neuer unabhängiger Staaten in Osteuropa, das Auseinanderbrechen der Tschechoslowakischen Republik und die weiteren Konsequenzen all dieser Veränderungen. Ebenso wichtig waren die Bestrebungen Polens, seine Außenpolitik neu auszurichten und unter anderem die Mitgliedschaft in der Nato und der Europäischen Union anzustreben. Der Bedarf an Fachwissen und Beratung war schlichtweg kolossal.
Die bis dato bestehenden Expertenzentren wurden reformiert. Darüber hinaus wurden neue Einrichtungen geschaffen, darunter solche, die nicht der Regierung unterstehen. Denn vor 1989 waren die Analysezentren und Beratungsstellen in Polen Institutionen, die der öffentlichen Verwaltung untergeordnet waren (IZ, PISM). Die einzige Ausnahme bildete die Stefan-Batory-Stiftung,

die allerdings erst gegen Ende der Volksrepublik Polen eingerichtet wurde. Fast alle polnischen Expertenzentren der ersten Generation sind nach wie vor wichtige Analyseinstitute. In den 1990er Jahren entstanden überdies Expertenzentren für die Analyse der internationalen Beziehungen, die sich ebenfalls mit der Verbreitung von Wissen über den Osten beschäftigten. Zu diesen Einrichtungen gehören das 1990 gegründete Zentrum für Oststudien, das drei Jahre später gegründete Institut für Strategische Studien (Instytut Studiów Strategicznych, ISS) und die Stiftung Institut für Oststudien sowie das 1995 geschaffene Institut für Öffentliche Angelegenheiten (Instytut Spraw Publicznych, ISP).

Die zweite Phase der Entwicklung von Denkfabriken in Polen beginnt mit der Jahrtausendwende. Zu jener Zeit bereitete sich das Land intensiv auf die Mitgliedschaft in der Europäischen Union vor. Ferner wurden damals bedeutende Entscheidungen im Zusammenhang mit der nationalen Sicherheit getroffen (Intervention in Afghanistan im Jahr 2001 und Beteiligung an der »Koalition der Willigen« im Irak zwei Jahre später). In dieser Periode wurden die folgenden Einrichtungen aufgebaut: das Jan-Nowak-Jeziorański-Osteuropa-Kolleg (2001), das Mittelosteuropa-Institut (Instytut Europy Środkowo-Wschodniej, IEŚW, 2002)[24], das Sobieski-Institut (Instytut Sobieskiego, 2004)[25], das Institut für Auswärtige Angelegenheiten (Instytut Spraw Zagranicznych, ISZ, 2004)[26], die Casimir-Pulaski-Stiftung (2005)[27] und demosEUROPA – Zentrum für Europäische Strategie (demosEUROPA – Centrum Strategii Europejskiej, 2006)[28].

Da sich die vorliegende Untersuchung mit der polnischen Osteuropakompetenz beschäftigt, konzentrieren wir uns im Folgenden auf diejenigen polnischen Denkfabriken, für die Osteuropa fortlaufend ein wesentliches Forschungsgebiet darstellt und die Thematik von Publikationen bestimmt. Unter den öffentlich finanzierten Institutionen betrifft dies das PISM, das OSW und das Mitteleuropa-Institut. Ferner sind mit dem KEW und Eastbook sowie der Analysegruppe BELARUS–UKRAINE–REGION (Grupa Analityczna BIAŁORUŚ–UKRAINA–REGION[29]) nichtstaatliche Einrichtungen Gegenstand der Analyse. Eastbook ist ebenso wie die vom KEW herausgegebenen Zeitschriften Nowa Europa Wschodnia und New Eastern Europe ein Beispiel für ein Verbindungsglied zwischen Thinktanks, Wissenschaft und Medien. In der

---

24　Das IEŚW wurde 2018 in das Mitteleuropa-Institut (Instytut Europy Środkowej, IEŚ) umgewandelt.
25　https://sobieski.org.pl/ (Warschau) (24.07.2024).
26　Das Institut hat seine Tätigkeit eingestellt.
27　https://pulaski.pl/ (Warschau) (24.07.2024).
28　Infolge einer Fusion firmiert es seit dem 1. März 2016 als WiseEuropa – Warschauer Institut für Wirtschafts- und Europastudien (WiseEuropa – Warszawski Instytut Studiów Ekonomicznych i Europejskich): https://wise-europa.eu/ (24.07.2024).
29　https://by-ua-studium.pl/ (24.07.2024).

europäischen, Polen gleichfalls umfassenden Tradition erfüllen Zeitschriften, die Fachleute als Protagonisten einer bestimmten Vision oder ideologischen Richtung um sich scharen, eine wichtige Funktion bei der Gestaltung der öffentlichen Meinung und der Beeinflussung von Entscheidungsgremien. An dieser Stelle sei auf das Milieu um das britische Magazin THE NEW EUROPE oder die Pariser KULTURA verwiesen. Die Herausgeber dieser polnischen Exilzeitschrift, Jerzy Giedroyc und Juliusz Mieroszewski, gelten als Schöpfer des für das polnische politische Denken ausschlaggebenden sogenannten ULB-Konzepts,[30] wonach die staatliche Souveränität der Ukraine sowie von Litauen und Belarus einen wesentlichen Faktor darstellen, der Polens Sicherheit und Unabhängigkeit stärkt.

Osteuropafragen fallen in den Tätigkeitsbereich der Stiftung Institut für Oststudien sowie des Juliusz-Mieroszewski-Dialogzentrums. Das ISW ist an der Organisation des Wirtschaftsforums in Krynica (gegenwärtig in Karpacz) und des Forums Europa–Ukraine beteiligt. Es veröffentlicht Berichte, in denen die von ihm organisierten Veranstaltungen zusammengefasst werden. Dennoch kann man es wohl kaum als Expertenzentrum im klassischen Sinne einer Denkfabrik qualifizieren. Ähnliches gilt für das CM.

Regierungsnahe Expertenzentren

Polnisches Institut für Internationale Angelegenheiten (Polski Instytut Spraw Międzynarodowych, PISM)

Das PISM ist ein in den 1940er Jahren gegründeter Thinktank, der Anfang der 1990er Jahre mit finanziellen Schwierigkeiten zu kämpfen hatte. Dies führte im Jahr 1993 zunächst zu seiner Auflösung. Das Bestreben, das intellektuelle Potenzial des Instituts weiterhin zu nutzen, und der Bedarf an Politikberatung in dieser für Polen überaus turbulenten Zeit hatten noch im selben Jahr die Gründung einer (in die Strukturen des Außenministeriums eingegliederten) Ersatzinstitution in Form der Ministeriumsabteilung für Studien und Planung – PISM zur Folge. In seiner jetzigen Form besteht das PISM auf der Grundlage eines Gesetzes[31] von 1996 als staatliche Einrichtung, die unter der Aufsicht des Außenministers steht und Analysen für den Bedarf der öffentlichen Verwaltung

---

30 Weitere Informationen zu diesem Thema finden sich im Kapitel: Polens östliche Nachbarn im Spiegel polnischer Medien.

31 Gesetz vom 20. Dezember 1996 über das Polnische Institut für Internationale Angelegenheiten (Ustawa z dnia 20 grudnia 1996 r. o Polskim Instytucie Spraw Międzynarodowych. In: Gesetzblatt der Republik Polen 1996 Nr. 156 Pos. 777).

erstellt. Desgleichen initiiert das Institut öffentliche Fachdebatten und verbreitet Wissen zur aktuellen Lage in den internationalen Beziehungen.

Für die Entwicklung des Fachwissens des PISM ist das Büro für Forschung und Analyse (Biuro Badań i Analiz, BBiA) zuständig, das über acht Forschungsprogramme verfügt, von denen sich drei (Osteuropa, Internationale Sicherheit und Mitteleuropa) mit Themen befassen, die den Osten betreffen. Insgesamt sind 44 Analyst:innen im BBiA beschäftigt. In der Vergangenheit gehörten auch ausländische Experten diesem Kreis an, wie etwa Stanislav Secrieru, der derzeit am European Union Institute for Security Studies (EUISS) arbeitet, oder Valery Karbalevich, ein belarusischer Politikwissenschaftler und Hochschullehrer (beide befassten sich am PISM mit für Osteuropa relevanten Fragestellungen). Im Rahmen des für die Zwecke dieser Publikation wesentlichsten Forschungsprogramms (Osteuropa) sind drei Analysten tätig. Osteuropafragen fallen überdies in den Arbeitsbereich von sieben weiteren Beschäftigten der Programme Globale Angelegenheiten, Naher Osten und Afrika sowie Europäische Union. Die Analysten, die sich mit Osteuropafragen befassen, sind anerkannte Fachleute, die an polnischen und ausländischen Hochschulen einen Abschluss in den Bereichen Internationale Beziehungen, Oststudien, Sicherheit oder Slawistik erworben haben. Hervorzuheben ist, dass es sich bei diesen Personen nicht um reine Theoretiker handelt, die ihr Wissen während des Studiums erworben haben, sondern dass unter ihnen Praktiker zu finden sind, die nicht selten für eine gewisse Zeit in osteuropäischen Ländern gelebt haben oder diese besuchen. Einige der Angestellten waren in diplomatischen Vertretungen oder anderen polnischen und internationalen Institutionen tätig, die sich ebenfalls mit dem Osten befassen.

Genauso wie das OSW ist das PISM eines der am besten vernetzten polnischen Expertenzentren, das mit anderen in- und ausländischen Forschungsstellen kooperiert. Im Rahmen verschiedener Initiativen arbeitet das Institut mit deutschen politischen Stiftungen (Heinrich-Böll-Stiftung, Friedrich-Ebert-Stiftung usw.) und deutschen Denkfabriken wie der Stiftung Wissenschaft und Politik (SWP) zusammen und unterhält ein Büro in Berlin. Die Analysten, die sich am PISM mit Osteuropa befassen, nehmen alljährlich an dem vom KEW organisierten deutsch-polnischen Experten-Rundtisch teil. In der Vergangenheit beteiligten sie sich an einem deutsch-polnisch-russischen Trialog über europäische Sicherheit sowie bilaterale und trilaterale Beziehungen, der gemeinsam mit deutschen und russischen Partnern (Deutsche Gesellschaft für Auswärtige Politik, DGAP; Institut Mirovoj Ekonomiki und Meždunarodnyh Otnošenij, IMEMO) organisiert wurde. In jüngster Zeit haben keine derartigen Treffen im trilateralen Format stattgefunden. Mit der ukrainischen Seite werden ständige Kontakte gepflegt, z. B. bei Studienaufenthalten in der Ukraine oder während der Besuche ukrainischer Delegationen in Polen. Im Übrigen waren die

Analysten regelmäßig auf den polnisch-ukrainischen Treffen in Jaremtsche zu Gast, die von der Nationalen Wassyl-Stefanyk-Vorkarpaten-Universität Iwano-Frankiwsk organisiert wurden. Bis 2019 organisierten PISM und OSW den polnisch-belarusischen Experten-Rundtisch, eine regelmäßige Konferenz zur Erörterung regionaler Sicherheitsfragen und Herausforderungen in den bilateralen Beziehungen.

Beachtenswert ist die Beteiligung von PISM und OSW an der Think Visegrád–V4 Think Tank Platform, die ein Netzwerk von strategischer regionaler Bedeutung darstellt. Darüber hinaus besitzt das PISM drei ausländische Niederlassungen in Brüssel, Washington und Berlin. Letztere organisiert Debatten und Seminare, die sich u. a. mit osteuropäischen Themen beschäftigen, wie z. B. im Juni 2024 zur Desinformation und russischen Einmischung in die Wahlen zum Europäischen Parlament.

Die Analysten des PISM stellen die Ergebnisse ihrer Untersuchungen auf einer Website vor, die die folgenden Publikationsformate umfasst: BIULETYN (zweiseitige Analysen zu aktuellen Themen), RAPORT (längere 40- bis 60-seitige Analysen), KOMENTARZ (etwa zweiseitige Besprechung mit einer knappen Interpretation aktueller Ereignisse), POLICY PAPER (6- bis 7-seitige Analysen mit Empfehlungen für Politiker) und STRATEGIC FILE (eine ausführlichere Analyse inklusive der Darstellung des Kontexts eines bestimmten Ereignisses, allerdings ohne Empfehlungen). Zu den weiteren fortlaufenden Publikationen gehören POLSKI PRZEGLĄD DYPLOMATYCZNY, POLSKIE DOKUMENTY DYPLOMATYCZNE und ROCZNIK POLSKIEJ POLITYKI ZAGRANICZNEJ. Eine beträchtliche Anzahl der Publikationen erscheint in polnischer und englischer Sprache. Die Wahl der Forschungsthemen obliegt den Analysten. Sie sind es, die unter ständiger Beobachtung ihrer Interessensgebiete mit Blick auf bestimmte Ereignisse oder Themen über die jeweiligen Prioritäten entscheiden, was eine optimale und zügige Reaktion auf die sich verändernde internationale Lage gewährleistet.

Wichtige Bereiche der fachlichen Tätigkeit des PISM sind zudem Konferenzen, Vorträge und (offene wie nicht-öffentliche) Seminare sowie Buchveröffentlichungen.

Neue Formate für die Kommunikation und Präsentation von Forschungsergebnissen sind Podcasts und die Konferenz Strategic Ark. Die Podcasts wurden 2019 eingeführt und bestehen aus kurzen Gesprächen, in denen die Analysten des PISM die Resultate ihrer Analysen vorstellen. Die Gespräche wurden bisher zumeist auf Polnisch geführt, aber in den vergangenen zwei Jahren wurden zunehmend Podcasts in englischer Sprache angeboten. Die erste Konferenz PISM Strategic Ark[32] wurde drei Monate nach Beginn der russischen Aggression gegen

---

32 https://www.pism.pl/konferencje/pism-strategic-ark-2024 (24.07.2024).

die Ukraine im Mai 2022 organisiert. Bis zum gegenwärtigen Zeitpunkt folgten ihr drei weitere Ausgaben. Die Konferenzen, an denen Fachleute aus der ganzen Welt teilnehmen, dienen dem Anstoßen einer öffentlichen Debatte über die derzeitige Entwicklung der internationalen Beziehungen sowie neuartige Herausforderungen und Bedrohungen (Mitschnitte der Veranstaltung sind online auf Youtube verfügbar). Die PISM Strategic Ark 2022 Kyiv Edition fand ebenfalls im Jahr 2022 statt.

Zentrum für Oststudien (Ośrodek Studiów Wschodnich, OSW)

Das OSW wurde durch einen Beschluss des Ministerrats im Dezember 1990 als Teil des damaligen Ministeriums für Auswärtige Zusammenarbeit gegründet. Das Zentrum füllte ein Vakuum an dringend benötigtem Fachwissen über Osteuropa zu ebenjener Zeit, als 15 neue Staaten an die Stelle der UdSSR traten. Gegenwärtig arbeitet das OSW auf der Grundlage eines Gesetzes vom 15. Juli 2011 als juristische Person des öffentlichen Rechts, deren Aktivitäten öffentlich finanziert und vom polnischen Ministerpräsidenten beaufsichtigt werden. Die Idee zur Gründung einer eigenen Institution, die sich mit dem Osten befassen sollte – und aus der später das OSW hervorging –, entstand in den 1980er Jahren während der Londoner Treffen von Marek Karp, einem glühenden Verfechter des Dialogs zwischen Polen und seinen östlichen Nachbarn, mit Stanisław Swianiewicz, dem Nestor der polnischen Schule der Sowjetologie und einem der führenden Mitbegründer des Osteuropa-Forschungsinstituts. Die beiden Forscher teilten eine Leidenschaft für Geschichte und die Gemeinschaft der Sowjetologen. Seit 2006 trägt das OSW den Namen von Marek Karp, der bis zu seinem Tod im Jahr 2004 mit dem OSW verbunden war, zunächst als Direktor und dann als Mitarbeiter.

Derzeit arbeiten am OSW mehr als 40 Analysten in sieben Forschungsteams: (1) Belarus, Ukraine und Republik Moldau, (2) Deutschland und Nordeuropa, (3) Russland, (4) Mitteleuropa, (5) Türkei, Kaukasus und Zentralasien, (6) China und (7) Sicherheit und Verteidigung. Darüber hinaus koordinieren drei Analysten des Zentrums Projekte in den Bereichen Energie in Europa, Israel–Europa und Wirtschaftsbeziehungen in der Region. Von Anfang an lag der Schwerpunkt seiner Analysen auf dem Osten. In den 1990er Jahren kamen der Balkan und Mitteleuropa hinzu, im ersten Jahrzehnt des 21. Jahrhunderts überdies Deutschland und die Türkei, und in den letzten Jahren China, Israel sowie Fragen der Energiewirtschaft und Sicherheit, inklusive eines Bezugs zu den skandinavischen und nordischen Staaten. Dem sogenannten postsowjetischen Raum widmen sich insgesamt 17 Analysten in ihrer Arbeit. Themen mit Osteuropabezug werden gleichfalls in den Untersuchungen von Analysten des

Teams für Sicherheits- und Verteidigungsfragen sowie in den Projekten Energie in Europa sowie Wirtschaftsbeziehungen in der Region behandelt.

Die Analysten des OSW werden auf der Grundlage von unbefristeten Verträgen eingestellt. Nicht selten handelt es sich um Absolvent:innen europäischer (einschließlich deutscher) Universitäten sowie um Praktikanten und Stipendiaten von Universitäten und ausländischen Thinktanks. Zu nennen sind hier das estnische International Centre for Defence and Security (ICDS), die deutsche DGAP, das Norwegische Verteidigungsforschungsinstitut und die Universität der Bundeswehr in München. Das sich mit Ostfragen beschäftigende Personal verfügt nicht nur über eine einschlägige Ausbildung, sondern hat auch an akademischen Austauschprogrammen mit russischen Universitäten (vor der Annexion der Krim im Jahr 2014), der Staatlichen Universität Moldau und der Nationalen Taras-Schewtschenko-Universität Kyjiw teilgenommen. Einige von ihnen sind promoviert beziehungsweise habilitiert und besitzen Erfahrung aus ihrer Tätigkeit in polnischen diplomatischen Vertretungen in Osteuropa. Die ehemalige stellvertretende Leiterin des OSW Katarzyna Pełczyńska-Nałęcz war in den Jahren 2012–2014 stellvertretende Außenministerin und wurde anschließend zur polnischen Botschafterin in der Russischen Föderation (2014–2016) ernannt. Noch in ihrer Funktion als Mitarbeiterin des OSW arbeitete sie mit Außenminister Radosław Sikorski an der Entwicklung des Konzepts der Östlichen Partnerschaft.

Im OSW arbeiten Analysten aus drei Generationen, manche davon mit mehr als 25 Jahren Arbeitserfahrung. Die Beschäftigten der jüngeren Generation haben somit die Möglichkeit, von ihren älteren Kolleg:innen das analytische Handwerkszeug zu erlernen, die Tradition der Organisation fortzusetzen und das institutionelle Gedächtnis in der nächsten Generation weiterzuführen. Das Fachwissen wird zugleich durch Treffen mit ehemaligen Expert:innen des OSW und Mitarbeiter:innen anderer Analyse- und Forschungseinrichtungen aus Polen und dem Ausland bereichert, die in benachbarten wissenschaftlichen Disziplinen forschen. Wie beim PISM werden – mit Ausnahme von in Auftrag gegebenen Gutachten – die Ideen für zur Veröffentlichung anstehende Themen vom Personal des Zentrums selbst eingereicht.

Die Grundlage für diese Arbeit sind verständlicherweise Sprachkenntnisse und regelmäßige Studienreisen, um das Land, mit dem sich die Mitarbeiter:innen des OSW jeweils beschäftigen, in seiner Gesamtheit kennenzulernen. Auf diesen Reisen sprechen die Analysten mit Politiker:innen, Fachleuten und Journalist:innen ebenso wie mit einfachen Menschen.[33] So wird sichergestellt, dass die Veröffentlichungen des Zentrums weder zu theoretisch noch realitätsfern sind,

---

33 Monika Sus: Doradztwo w polityce zagranicznej Polski i Niemiec. Inspiracje dla Polski na przykładzie wybranych ośrodków eksperckich, Wrocław 2011, S. 190.

sondern Tatsachen präsentieren und die Stimmung in den untersuchten Regionen wiedergeben.[34] Aus derartige Reisen erwachsen des Öfteren Bücher, die die polnische Leserschaft fesseln.[35]

Sein gesammeltes Fachwissen präsentiert das OSW in traditionellen Formaten (auf Polnisch und Englisch) auf seiner Website: KOMENTARZE OSW, ANALIZY, RAPORTY OSW und PRACE OSW sowie PUNKTY WIDZENIA. Hinter KOMENTARZE OSW und ANALIZY verbergen sich kurz gefasste, 6- bis 10-seitige Papiere zur politischen, wirtschaftlichen und gesellschaftlichen Lage mit Schlussfolgerungen und Kommentaren. Demgegenüber darf man unter den Formaten RAPORTY und PRACE OSW sowie PUNKTY WIDZENIA längere Dokumente in einem Umfang von 40 bis 100 Seiten erwarten, die neben eingehenden Analysen und Schlussfolgerungen zugleich Prognosen enthalten.

Zwischen 1994 und 1997 gab das OSW eine Fachzeitschrift mit dem Titel EURAZJA heraus, in der eine ganze Reihe von bekannten polnischen und ausländischen Experten publizierten, so etwa Wojciech Jagielski, Wojciech Zajączkowski, Tadeusz Świętochowski, Siergiej Karaganow, Wołodymyr Kułyk, Witalij Portnikow, James Sherr, Dmitrij Trenin, Marina Pawłowa-Silwanska oder Walerij Karbalewicz. Seit 2019 sind die Analysen des OSW zusätzlich als Podcasts und Videos (inklusive englischsprachiger Versionen) verfügbar. Nach dem Start der Initiative der Östlichen Partnerschaft im Jahr 2011 rief das OSW ein Jahr später die Website www.easternpartnership.org ins Leben.[36]

Daneben organisiert das Zentrum Treffen mit polnischen und ausländischen Politiker:innen sowie Expertendiskussionen. Die fachliche Zusammenarbeit mit deutschen Denkfabriken, etwa der SWP, die als einer der einflussreichsten europäischen Thinktanks gilt, entwickelt sich gut. Die sich mit dem Osten beschäftigenden Analysten nehmen jährlich an dem bereits erwähnten, vom KEW organisierten deutsch-polnischen Experten-Rundtisch teil, bei dem sie mit ihren Kolleg:innen aus anderen polnischen Denkfabriken zusammentreffen. Die Zusammenarbeit der beiden in Warschau ansässigen Expertenzentren OSW und PISM zeigt sich überdies in dem 2016 veröffentlichten Bericht *NATO and the Future of Peace in Europe: Towards a Tailored Approach*[37]. Dieser Bericht ist für

---

34 15 lat Ośrodka Studiów Wschodnich, rozmowa J. Kędzierskiej z Jackiem Cichockim. In: Radio Polonia vom 14. September 2007, http://www.polskieradio.pl/zagranica/news/ (14.07.2007).

35 Wojciech Górecki: Planeta Kaukaz, Wołowiec 2002; ders.: Abchazja, Wołowiec 2013; ders.: Buran. Kirgiz wraca na koń, Wołowiec 2018; Kamil Całus: Mołdawia. Państwo niekonieczne, Wołowiec 2020.

36 Die Website ist derzeit außer Betrieb und nur über das Webarchiv zugänglich.

37 NATO and the Future of Peace in Europe: Towards a Tailored Approach, https://pism.pl/publications/PISM_Report__NATO_and_the_Future_of_Peace_in_Europe__Towards_a_Tailored_Approach (20.09.2024).

das hier behandelte Thema besonders relevant, da er sich mit den Maßnahmen des nordatlantischen Bündnisses angesichts der Bedrohungen durch die Russische Föderation befasst.

Mitteleuropa-Institut (Instytut Europy Środkowej, IEŚ)
Das IEŚ ist das jüngste der sich mit dem Osten befassenden Expertenzentren. Seine Wurzeln reichen bis in den Dezember 1991 zurück, als die Gesellschaft des Mittelosteuropa-Instituts (IEŚW) in Lublin aus der Taufe gehoben wurde. Von Anfang an arbeiteten Jan Nowak-Jeziorański, der Gründer des KEW, und Marek Karp, der Initiator des OSW, mit ihr zusammen. 10 Jahre später schlug die Gesellschaft die Gründung des IEŚW als einer dem Außenministerium unterstellten Entwicklungs- und Forschungsstelle vor.[38] Die Gesellschaft – und später das IEŚW – wurde von Professor Jerzy Kłoczkowski, einem Historiker und Mitteleuropaexperten, geleitet. Zu den Errungenschaften des Instituts gehört die enge und fruchtbare Zusammenarbeit mit ukrainischen, belarusischen und russischen Forscher:innen. Das Institut hat eine von einheimischen Wissenschaftler:innen verfasste Geschichte von Belarus und der Ukraine sowie eine mehrbändige Sammlung von didaktischen Materialien für den Geschichtsunterricht an polnischen und russischen Schulen herausgegeben, außerdem erscheint bis heute das Jahrbuch des Instituts Rocznik IEŚW.
Im Jahr 2018 wurde das IEŚW in das Mitteleuropa-Institut (IEŚ) umgewandelt, eine juristische Person des öffentlichen Rechts unter der Aufsicht des Ministerpräsidenten.[39] Die Gründung des IEŚ wurde von Kontroversen und Diskussionen unter Osteuropaexpert:innen begleitet. Viele von ihnen sprachen sich gegen die vorgenommene Umstrukturierung aus, da sie vermuteten, dass sich dahinter politische Motive der damaligen Regierungspartei Recht und Gerechtigkeit (Prawo i Sprawiedliwość, PiS) verbargen. In einem Protestbrief schrieben sie: »Die Auflösung des Instituts ist ein fatales Signal an Polens östliche Nachbarn, sie untergräbt die Glaubwürdigkeit der polnischen Außenpolitik und schwächt auf gefährliche Weise Polens Position in der Europäischen Union in diesem Bereich.«[40] In den fünf Jahren seines Bestehens ist es dem Institut jedoch

---

38 Kraft der Verordnung des Außenministers vom 5. Oktober 2001 über die Einrichtung der Forschungs- und Entwicklungsstelle Mittelosteuropa-Institut (rozporządzenie Ministra Spraw Zagranicznych z dnia 5 października 2001 r. w sprawie utworzenia jednostki badawczo-rozwojowej Instytut Europy Środkowo-Wschodniej. In: Gesetzblatt der Republik Polen Nr. 120 Pos. 1296).

39 Kraft des Gesetzes vom 9. November 2018 über das Mitteleuropa-Institut (ustawa z dnia 9 listopada 2018 r. o Instytucie Europy Środkowej. In: Gesetzblatt der Republik Polen 2018 Pos. 2270).

40 Protest przeciwko likwidacji Instytutu Europy Środkowo-Wschodniej. In: Rzeczpospoli-

gelungen, seine Zuverlässigkeit und die Professionalität seiner fachlichen Arbeit unter Beweis zu stellen. Es findet in der Debatte über Mittel- und Osteuropa zunehmend Gehör.

Genauso wie das PISM und das OSW ist die Tätigkeit des IEŚ darauf ausgerichtet, die Außenpolitik des polnischen Staates durch die Bereitstellung zuverlässiger Kenntnisse über die in der Region stattfindenden Prozesse inhaltlich zu unterstützen. Für die Ansiedlung des Instituts in Lublin gibt es mehrere Gründe. Von Bedeutung waren erstens die Traditionen der Erforschung dieses Teils von Europa durch das vormals existierende IEŚW und assoziierte Forscher der hier ansässigen Universitäten (Katholische Universität Lublin und Maria-Curie-Skłodowska-Universität). Zweitens sollte so das Bewusstsein für die Stellung Lublins als Hauptstadt Ostpolens zum Ausdruck gebracht werden. Diese geografische und kulturelle Nähe zu Osteuropa ermöglicht es laut den Mitarbeiter:innen des Instituts, diese Region Europas adäquater wahrzunehmen und zu verstehen. Drittens ergab sich der Verbleib des IEŚ in Lublin aus der thematischen Aufteilung der staatlich betriebenen Fachinstitute. Die analytische Tätigkeit des Warschauer OSW konzentriert sich auf das Gebiet der ehemaligen UdSSR, die des Westinstituts in Posen auf Deutschland und die des IEŚ in Lublin auf Mitteleuropa. Seine Forschungen und Analysen beziehen sich auf die Länder Mitteleuropas im weitesten Sinne, also Albanien, Belarus, Bosnien und Herzegowina, Bulgarien, Kroatien, Montenegro, Estland, Griechenland, Kosovo, Litauen, Lettland, Nordmazedonien, Moldau, Tschechien, Rumänien, Serbien, Slowakei, Slowenien, die Ukraine und Ungarn. Dabei bleibt die Russische Föderation außen vor, für die nach dem Willen des Gesetzgebers in erster Linie das OSW zuständig ist. Dies bedeutet jedoch nicht, dass Russland bei den Analysen des IEŚ völlig ausgeklammert wird. Dies wäre hauptsächlich mit Blick auf den andauernden Krieg in der Ukraine und die Bedeutung dieses Staates für die Sicherheit der mitteleuropäischen Länder nicht zweckmäßig.

Im Vergleich zu den bisher besprochenen Denkfabriken ist das Team des Instituts eher klein. Es besteht aus 17 Analysten, die in vier Teams arbeiten: (1) Balkan, (2) Baltikum, (3) Osteuropa, (4) Visegrád. Dazu kommt ein Projekt zur Erforschung der öffentlichen Meinung in mitteleuropäischen Ländern. 10 Analysten befassen sich mit für Osteuropa relevanten Themen. Eine Besonderheit des IEŚ sind zweifelsohne seine Verbindungen zur akademischen Welt. Die meisten der Analysten sind Universitätsdozenten, und alle besitzen einen unbefristeten Arbeitsvertrag. Wie die zuvor beschriebenen Expertenzentren geht das IEŚ nur selten Kooperationen auf der Grundlage von Fellowships ein. Die am Institut beschäftigten Analysten sind mit den Sprachen der Länder, zu denen sie arbei-

---

TA vom 4. Dezember 2018, https://www.rp.pl/spoleczenstwo/art1603851-protest-przeciwko-likwidacji-instytutu-europy-srodkowo-wschodniej (09.08.2024).

ten, vertraut und unternehmen regelmäßig (mindestens zweimal im Jahr) Studienreisen dorthin. Sie nehmen an Seminaren und Konferenzen teil und pflegen Kontakte zu Forscherinnen und Forschern aus Osteuropa. Dies gilt insbesondere für die Kontakte mit der Ukraine und der Republik Moldau. Die Zusammenarbeit des IEŚ mit dem Institut für Internationale Beziehungen der Nationalen Taras-Schewtschenko-Universität Kyjiw und der ebenfalls in Kyjiw ansässigen Diplomatischen Akademie der Ukraine zeichnet sich durch ihre besondere Intensität aus. Demgegenüber sind Studienreisen und die wissenschaftliche und fachliche Zusammenarbeit mit belarusischen Partnern aufgrund der gegenwärtig eingeschränkten Kontakte zu diesem Land auf ein Minimum reduziert.

Die analytischen Abhandlungen des Instituts erscheinen in folgenden Formaten: KOMENTARZE IEŚ – etwa 3-seitige Analysen aktueller Ereignisse mit Erläuterungen; IEŚ POLICY PAPERS – 50- bis 100-seitige monografische Analysen polnischer und ausländischer Forscher:innen; PRACY IEŚ – circa 100-seitige monografische Analysen, sowie RAPORTY IEŚ. Daneben wurden Berichte und Berichterstattungen über Meinungsumfragen in den Ländern der Drei-Meere-Initiative[41] veröffentlicht. Außerdem hat das IEŚ eine als MONOGRAFIE IEŚ bekannte Reihe in seinem Programm. Seit 2021 richtet das Institut das Lublin Central Europe Forum aus, eine wissenschaftliche Veranstaltung, die vom IEŚ in Zusammenarbeit mit vielen Partnern aus Polen und Europa organisiert wird. Eine Eigenart des Instituts sind die IEŚ POLICY PAPERS – bei ihnen handelt es sich um englischsprachige Publikationen, die in Zusammenarbeit zwischen den Mitarbeiter:innen des Instituts und ausländischen Autorinnen und Autoren erstellt werden. Dadurch kann die polnische Perspektive in einem ausländischen Blickwinkel gespiegelt und in einen breiteren Kontext gestellt werden, wodurch sich die polenzentrierte Wahrnehmung des jeweiligen Themas abschwächen lässt. Zu den Besonderheiten des IEŚ gehört zudem die Herausgabe der wissenschaftlichen Zeitschrift ROCZNIK IEŚW, die in polnischer und englischer Sprache erscheint und in die Liste der Zeitschriften des Ministeriums für Wissenschaft und Hochschulbildung aufgenommen wurde (100 Punkte).[42] In der Vergangenheit besaß auch das PISM eine eigene wissenschaftliche Zeitschrift: das seit 1948 vierteljährlich erscheinende Periodikum SPRAWY MIĘDZYNARODOWE. Im Jahr 2018 ging die Herausgeberschaft indessen auf das Institut für Politische

---

41 Die Drei-Meere-Initiative ist eine Plattform für die Zusammenarbeit zwischen den Präsidenten von 12 Ländern, die zwischen der Adria, der Ostsee und dem Schwarzen Meer liegen. Ihr Ziel besteht darin, den Zusammenhalt der EU durch die Stärkung der Kooperation in den Bereichen Infrastruktur, Energie und Wirtschaft zwischen den Ländern Mitteleuropas zu stärken. Zu den Mitgliedern der Initiative gehören Österreich, Bulgarien, Kroatien, Tschechien, Estland, Litauen, Lettland, Polen, Rumänien, Slowakei, Slowenien und Ungarn.
42 Erscheint fortlaufend seit 2003.

Studien der Polnischen Akademie der Wissenschaften über. Seit 2019 organisiert das IEŚ ebenso wie andere Expertenzentren Webinare, zeichnet Videos auf und stellt Podcasts zur Verfügung.

Nichtstaatliche Expertenzentren

Osteuropa-Kolleg
(Kolegium Europy Wschodniej im. Jana Nowaka-Jeziorańskiego, KEW)

Das KEW ist eine regierungsunabhängige Einrichtung mit dem Status einer Stiftung. Es wurde im Jahr 2001 im Rahmen der zweiten Welle der Entwicklung von Denkfabriken in Polen auf Initiative von Jan Nowak-Jeziorański gegründet.[43] Nach dem Tod des Gründers im Jahr 2005 nahm das KEW seinen Namen an. Anders als das PISM oder das OSW kann das Kolleg nicht auf eine dauerhafte Finanzierung aus dem Staatshaushalt rechnen, so dass es sich um eine Beschaffung von Mitteln aus externen Quellen kümmern muss. Ein Großteil seines Budgets deckt es über EU-Programme und die Unterstützung der Stadtverwaltungen von Breslau und Danzig sowie des Ministeriums für Kultur und Nationales Erbe. Es arbeitet häufig mit dem Europäischen Solidarność-Zentrum in Danzig (Europejskie Centrum Solidarności, ECS) zusammen. Zum Kreis der Partner des Kollegs zählen weitere Expertenzentren wie das OSW, Universitäten und Stiftungen, z. B. das National Endowment for Democracy, die Stiftung für deutsch-polnische Zusammenarbeit und deutsche politische Stiftungen (Konrad-Adenauer-Stiftung, Heinrich-Böll-Stiftung).

Das KEW ist keine Denkfabrik im üblichen Sinne, und seine Beschäftigten definieren es nicht als eine solche. Gleichwohl verweisen sie darauf, dass einige ihrer Aufgaben durchaus die Merkmale einer Expertenanalyse aufweisen – so etwa im Rahmen der Publikationen der regelmäßig stattfindenden Konferenz Polnische Ostpolitik (Polska Polityka Wschodnia, PPW), runder Tische sowie der fachlichen Arbeit an einzelnen Projekten. Die im Zweimonatsrhythmus erscheinende Zeitschrift Nowa Europa Wschodnia (NEW) wird seit 2008 herausgegeben, die Zeitschrift New Eastern Europe (NEE)[44] seit 2011, seit 2023 überdies Nowa Europa Wschodnia online. Zu diesen Zeitschriften wer-

---

43   Jan Nowak-Jeziorański war während des Zweiten Weltkriegs ein Abgesandter der Polnischen Heimatarmee (Armia Krajowa, AK). In der Nachkriegszeit machte er sich als erster Leiter des polnischen Rundfunkprogramms von Radio Free Europe und Verfechter des Aufbaus guter Beziehungen zu den östlichen Nachbarn Polens einen Namen.

44   NEE ist nicht etwa die englische Version von NEW. Zwar weisen die beiden Titel bestimmte Gemeinsamkeiten auf, allerdings haben sie unterschiedliche Zielgruppen und andere Autoren.

den Podcasts veröffentlicht, um den Zugang zu potenziellen Empfängerkreisen zu erleichtern. Genauso wie die Zeitschrift selbst werden die NEE-Podcasts in englischer Sprache erstellt. Es soll nicht unerwähnt bleiben, dass die Entstehung von NEW[45] und NEE parallel zu den Ereignissen im Zusammenhang mit der Orangen Revolution in der Ukraine, der russischen Aggression gegen Georgien und dem Auftakt der Östlichen Partnerschaft verlief. Die Wahrnehmbarkeit der Expert:innen des KEW wird durch ein spezielles Onlineportal[46] gestärkt, das sich an eine Leserschaft außerhalb des auf Fachleute beschränkten engeren Kreises für internationale Angelegenheiten und Politik richtet. Die für die Leitung des Portals verantwortlichen Personen verfolgen die Idee, mit den entsprechenden Inhalten ein möglichst großes Publikum im In- und Ausland zu erreichen, indem ein Netzwerk für den Austausch von Informationen geschaffen wird. Während das Onlineportal mit kurzen Materialien zu aktuellen Themen bestückt ist, bietet die Zeitschrift einen Zugang zu ausführlichen Analysen. Alle diese Formate umfassen Veröffentlichungen aus der Feder von polnischen und ausländischen Autorinnen und Autoren, die mit wissenschaftlichen Einrichtungen oder Denkfabriken verbunden sind.

Teil der auf Expertenwissen basierenden Aktivitäten des KEW sind u. a. die seit 2005 alljährlich stattfindende Konferenz Polnische Ostpolitik und der Deutsch-Polnische Runde Tisch (seit 2019). Während der PPW analysieren Vertreterinnen und Vertreter von polnischen und ausländischen Expertenzentren, Nichtregierungsorganisationen und Körperschaften der kommunalen Selbstverwaltung sowie Journalist:innen und Entscheidungsträger aktuelle politische Fragen zu Osteuropa. Die Panels der Konferenz werden von wichtigen Einrichtungen mitorganisiert, die sich in Polen mit derartigen Fragestellungen befassen (OSW, Osteuropastudien an der Universität Warschau, IEŚ usw.). Der gemeinsam mit der Stiftung Deutsch-Russischer Austausch[47] organisierte Deutsch-Polnische Runde Tisch zu Osteuropa soll dagegen dem Führen einer Debatte zwischen polnischen und deutschen Expertenkreisen beider Länder über die Lage im Osten des Kontinents dienen. Diese Idee wird von der Stiftung für deutsch-polnische Zusammenarbeit und der Heinrich-Böll-Stiftung unterstützt. Ebenfalls mit deutschen Partnern führt das KEW seit 2020 das Projekt *Europäisches Netzwerk für Belarus* durch, dessen Ziel es ist, »ein dauerhaftes Netzwerk von zivilgesellschaftlichen Organisationen und Fachleuten zum demokratischen

---

45 NEW erschien ursprünglich als Beilage zur Zeitschrift Tygodnik Powszechny.
46 https://magazyn.new.org.pl/ (12.08.2024).
47 Firmiert gegenwärtig als Austausch (mit dem Namenszusatz: für eine europäische Zivilgesellschaft), https://austausch.org/ (12.08.2024).

Belarus mit Partnern aus Deutschland, Polen und Belarus zu schaffen«.[48] In diesem Projekt kooperiert das KEW u. a. mit dem Arbeitskreis Belarus, der sich aus deutschen Organisationen zusammensetzt, die an Fachwissen zu Belarus interessiert sind.

Die analytische und fachliche Arbeit des KEW wird von einem Team von etwa 10 ständigen Beschäftigten sowie von weiteren Personen geleistet, die zu spezifischen Projekten hinzugeboten werden, die sich hauptsächlich mit Themen rund um die Europäische Union und die Nato befassen. Die Zusammenarbeit mit externem Personal läuft über mehrmonatige bezahlte Praktika, die insbesondere jungen Menschen (Studierenden) angeboten werden, Honorarverträge mit Expert:innen, denen die Erstellung spezifischer Projekte übertragen wird, sowie auf der Grundlage von Fellowships, die ausländischen Analysten zuerkannt werden. Eine Besonderheit des KEW ist die Streuung seines Teams über ganz Polen und das Ausland. Der Kern der Belegschaft ist in Breslau, Warschau und Krakau tätig. Das Team zeichnet sich durch eine Vielfalt von Ausbildungen und Berufserfahrungen (in den Bereichen Medien, Expertenanalyse, internationale Beziehungen, Diplomatie und Kulturwissenschaft) aus. Die Internationalisierung des Teams kommt etwa dadurch zum Ausdruck, dass der Leiter des Kollegs Litauer und der Chefredakteur von NEE Amerikaner ist und dass Deutsche und Georgier in den Redaktionen der Zeitschriften mitarbeiten.

Eastbook

Beim 2010 gegründeten Eastbook können wir nicht von einem typischen Thinktank sprechen. Es handelte sich vielmehr um einen Blog über Osteuropa, der 2010 von Studierenden der Osteuropastudien an der Universität Warschau (Studium Europy Wschodniej UW, SEW) eingerichtet wurde. Die Idee entstand während einer Studienreise auf die Krim und im Rahmen der laufenden Debatte über Polens Ostpolitik. Die Schaffung der Östlichen Partnerschaft war für die Initiator:innen nicht minder von Bedeutung. Eastbook zeichnete sich durch seine Mehrsprachigkeit aus, denn seine Inhalte mit Bezug zum postsowjetischen Raum wurden in vier Sprachen (Englisch, Polnisch, Russisch und Ukrainisch) dargeboten. Die Datenbank des Portals umfasste 400 Autorinnen und Autoren aus über 20 Ländern, die pro Monat an die 30 000 Nutzer:innen erreichten.[49] Noch im selben Jahr wurde die Stiftung Gemeinsames Europa (Fundacja Wspólna Europa) mit dem Ziel gegründet, Brücken zwischen der

---

48 European Network for Belarus. In: kew.org.pl, https://www.kew.org.pl/network-for-belarus/ (12.08.2024).
49 Eastbook.eu – nowa strona, nowa jakość. In: polakpotrafi.pl, https://polakpotrafi.pl/projekt/eastbook (11.08.2024).

polnischen und den osteuropäischen Gesellschaften zu bauen. Diese jungen Enthusiasten glaubten an die Idee des Aufbaus eines gemeinsamen demokratischen Europas und wollten Ostpolitik auf einer menschlichen und gesellschaftlichen Ebene gestalten. Dies war zugleich mit dem Versuch verbunden, aus der traditionellen, von »großen Pressetiteln« dominierten Medienwelt auszubrechen.

Nach den ersten fünf Jahren seines Bestehens beschloss das Team von Eastbook, eine neue professionelle Version des Portals zu erstellen, die seine polnische Leserschaft über wichtige Ereignisse sowie die Gesellschaften, Kultur und Politik der osteuropäischen Länder und im Gegenzug russischsprachige Leserinnen und Leser über Polen und Mitteleuropa informierte. Um die finanziellen Mittel für den Betrieb von Eastbook aufzubringen, wurden Zuschüsse beim polnischen Außenministerium, dem Visegrád-Fonds und der Stiftung für deutsch-polnische Zusammenarbeit beantragt, überdies kam Crowdfunding zum Einsatz.

Der Kern des Teams von Eastbook bestand von Anfang an aus acht Personen, die auf ehrenamtlicher Basis und später auf der Grundlage zivilrechtlicher Verträge tätig waren. Sie arbeiteten mit Autorinnen und Autoren aus osteuropäischen Ländern zusammen. Eastbook präsentierte essenzielle Themen in einer zugänglichen Sprache, wobei der politische Kontext von den Autor:innen in gesellschaftliche und kulturelle Phänomene eingebettet wurde. Die Inhalte von Eastbook wurden vorrangig durch knappe Formate vermittelt, dank derer das Portal an Reichweite gewann und die »Klickrate« seiner Texte steigern konnte – zu Spitzenzeiten wurden 60 000 originäre Nutzer:innen gezählt.

Einer der Gründe für die Einstellung des Portals im Jahr 2018 war finanzieller Natur. Die ehemaligen Macher von Eastbook sind weiterhin als Journalist:innen oder Fachleute für Osteuropafragen tätig. Einige von ihnen sind in Denkfabriken, NGOs oder in der Regierungsverwaltung beschäftigt. Was Eastbook zweifellos auszeichnete, war sein Charakter als Basisinitiative und der jugendliche Enthusiasmus des Teams, das sich ostentativ auf die Tradition des Gründers und langjährigen Herausgebers der KULTURA, Jerzy Giedroyc, bezog und diese durch das Hinzufügen neuer Themen (vornehmlich wirtschaftlicher Natur) bereicherte. Daher wurden seine Mitglieder nicht selten als »Giedroyc-Anhänger« bezeichnet.

Analysegruppe BELARUS–UKRAINE–REGION
(Grupa analityczna Białoruś-Ukraina-Region)

Die Entstehung dieses Zentrums geht auf das Jahr 2020 zurück, als im Rahmen der Osteuropastudien an der Universität Warschau die Analysegruppe »Belarus in der Region« eingerichtet wurde. Sie kann daher als eine Art von Äquivalent für ein an der Universität tätiges Expertenzentrum betrachtet werden. Die der Gruppe angehörenden Analysten bezeichnen sich jedoch ausdrücklich nicht als

Expertenzentrum, sondern als internationale Analysegruppe, die sich fließend, unsystematisch und situationsbezogen mit ihren jeweiligen Themen auseinandersetzt. Die Inspiration ging vom Außenministerium aus, das die Gruppe auch finanziell unterstützte, zum Beispiel durch das Programm Solidarisch mit Belarus (Solidarni z Białorusią). Anlass zur Gründung der Gruppe gaben die manipulierten Präsidentschaftswahlen in Belarus, und ihr wesentliches Ziel bestand in der Analyse politischer, gesellschaftlicher und wirtschaftlicher Phänomene auf staatlicher und internationaler Ebene. Infolge des seit Februar 2022 geführten Angriffskriegs der Russischen Föderation wurde die Expertentätigkeit auf die Ukraine ausgeweitet. Dies spiegelte sich in der Namensänderung auf BELARUS–UKRAINE–REGION wider. Ein besonderes Merkmal der Gruppe ist zweifelsohne ihr Nischencharakter und der eingegrenzte Forschungsbereich.

Das kleine Team setzt sich aus Fachleuten zusammen, die sich analytisch und wissenschaftlich mit Osteuropa beschäftigen. Der Kern der Gruppe besteht aus acht Personen aus Polen, Belarus und der Ukraine. Bislang wurde das Team von ehemaligen Diplomaten geleitet. Derzeit hat die Gruppe freilich mit Schwierigkeiten organisatorischer und finanzieller Natur zu kämpfen. Wie so oft bei NGOs betrifft dies die Arbeitsbelastung und die Einstellung von Expert:innen auf Honorarbasis für die Arbeit an ausgewählten Berichten, weshalb sich kein Bewusstsein einer kontinuierlichen Arbeit herausbilden kann.

Die fachliche Tätigkeit besteht hauptsächlich in der Veröffentlichung von Berichten, also ausführlichen 100- bis 200-seitigen Analysen zur Lage in Belarus und der Ukraine. Bis dato sind 10 solcher Studien – einige von ihnen in zwei Sprachversionen (Polnisch und Englisch) – veröffentlicht worden. Die jeweilige Arbeitsmethodik basiert auf der vorgegebenen thematischen Aufteilung des betreffenden Berichts. Die Analysegruppe hat zudem mit NEW zusammengearbeitet und Beilagen für zwei seiner Ausgaben in den Jahren 2022 und 2023 bereitgestellt.

Zusammenfassend lässt sich festhalten, dass öffentlich finanzierte Denkfabriken wie das PISM, OSW oder IEŚ in weit geringerem Maße als Stiftungen auf externe Zuschüsse und Kooperationen auf der Basis von Non-Resident-Fellows, also zeitlich begrenzt für ein bestimmtes Projekt beschäftigten Analysten, zurückgreifen. Von den oben präsentierten Organisationen macht lediglich das KEW regelmäßig von einer solchen Möglichkeit Gebrauch. Ihre gesicherte Finanzierung erlaubt Expertenzentren wie dem PISM einerseits das Verfolgen einer stabilen Entwicklungsdynamik und Personalpolitik, schränkt aber andererseits ihre Unabhängigkeit ein, die bei Einrichtungen wie dem KEW oder Eastbook deutlich stärker ausgeprägt ist.

Expertenanalyse zu Osteuropa nach dem 24. Februar 2022

Die Analyse der Veröffentlichungen und der ausführlichen Interviews mit Personen, die mit den untersuchten Zentren in Verbindung stehen, zeigt, dass in der Folge der russischen Annexion der Krim im Jahr 2014 das öffentliche Interesse am Osten, insbesondere an der Ukraine und Russland, zunahm. Dieser Trend hat sich nach dem 24. Februar 2022 weiter verstärkt, was gleichermaßen in der Zahl der in Auftrag gegebenen Expertenberichte und in den von Denkfabriken veröffentlichten und frei zugänglichen Materialien seinen Niederschlag fand.

Eine Analyse der verfügbaren Materialien zeigt, dass sich vor dem 24. Februar 2022 weitaus mehr Arbeiten mit Belarus und der Republik Moldau sowie den Staaten des Südkaukasus beschäftigten. Seit dem Überfall der Russischen Föderation auf die Ukraine dominieren demgegenüber russische und ukrainische Themen aus den Bereichen Politik und Militärwesen. Ein erheblicher Teil der Publikationen ist dem Konflikt, der russischen Propaganda und Desinformation sowie der Sanktionspolitik und der Tätigkeit russischer Söldner gewidmet. Darüber hinaus finden in den Publikationen seit Februar 2022 der russische Kontext und der anhaltende Konflikt Berücksichtigung, und zwar unabhängig davon, ob sich die betreffenden Texte mit den Wahlen in den USA, der EU-Politik oder der Lage in anderen Regionen der Welt auseinandersetzen. Im Übrigen hat in jüngster Zeit das Interesse an der EU-Mitgliedschaft der Ukraine und den Aussichten auf ein Friedensabkommen und den Wiederaufbau der Ukraine nach dem Krieg deutlich zugenommen.

Die Ereignisse in Belarus im Jahr 2020, die russische Aggression in der Ukraine sowie die Unterstützung Russlands durch das Lukaschenko-Regime hatten die Einstellung bestimmter Aktivitäten wie etwa Studienreisen nach Russland und Belarus und das Ende der Zusammenarbeit mit Zentren aus diesen Ländern zur Folge. Zwar wird die Zusammenarbeit mit belarusischen und russischen Analysten aufrechterhalten, doch betrifft dies ausschließlich Personen, die sich im Exil aufhalten und mit der Opposition in Verbindung stehen. Dennoch existieren nach wie vor Expertenzentren, die sich mit belarusischen Themen befassen. Dies gilt insbesondere für die Analysegruppe BELARUS–UKRAINE–REGION.

Nach Ansicht der befragten Fachleute wird die polnische Osteuropakompetenz seit 2022 in der westlichen Welt besser wahrgenommen. Die polnische Perspektive hat für die westlichen Partner an Attraktivität und Bedeutung gewonnen, da sie sich hinsichtlich der Politik der Russischen Föderation schlicht als zutreffend erwiesen hat. Das gestiegene deutsche Interesse an Fachwissen zu Osteuropa hat vermutlich wirtschaftliche Gründe. Im Jahr 2023 betrug der Anteil der EU an den ukrainischen Exporten 66 Prozent und an den Importen 53 Prozent. Der Beitrag Polens zum Handel mit der Ukraine belief sich auf ein Viertel des gesamten EU-Umsatzes mit diesem Land. Auf der deutschen Seite, die einen immensen Wert auf die Erzielung von wirtschaftlichem Nutzen legt, ist das Gefühl der Sinnhaftigkeit einer Zusammenarbeit mit Polen deutlich erkennbar, insbesondere nach dem Regierungswechsel in Polen von 2023, der eine Deutschland gegenüber weitaus weniger konfrontativ eingestellte Regierung ans Ruder brachte.

Den von uns befragten Gesprächsteilnehmer:innen zufolge ist unter den westlichen Partnern seit 2022 ein unübersehbarer Wandel in der Wahrnehmung der Russischen Föderation zu beobachten, der nach der Annexion der Krim noch nicht so eindeutig ausgeprägt war. Gleichwohl lässt sich die Frage, ob diese Einstellungsänderung von langfristiger Natur ist oder ob im Westen letzten Endes nicht doch die Kriegsmüdigkeit und der Wunsch nach einer Rückkehr zum Business as usual mit Russland erneut die Oberhand gewinnen werden, bisher nicht mit Sicherheit beantworten.

Ferner wollen wir uns hier nicht der kritischen Nachfrage entziehen, was die sich mit Osteuropa beschäftigenden polnischen Expertenzentren von ihren westlichen Pendants unterscheidet. Finnland, Schweden oder Deutschland können sich ebenfalls ihrer hervorragenden Expert:innen für Osteuropa rühmen, doch deren Zahl liegt in Polen weitaus höher. Außerdem zeichnet sich das polnische Publikum ebenso wie die Analysten selbst durch ein tiefgründigeres Verständnis für die Mechanismen und die Besonderheiten des europäischen Ostens aus. Die Ursache dafür ist in den jahrhundertelangen historischen Erfahrungen, den schwierigen Beziehungen zu Russland und dem komplexen Beziehungsgefüge zu suchen, das die Polen mit Ukrainern und Belarusen verbindet. Vor diesem spezifischen Hintergrund bleibt kein Platz für Illusionen. Ganz abgesehen davon ist ein umfassendes Verständnis und Wissen über Osteuropa für Polen nicht ausschließlich für die Außenpolitik von Belang, sondern es besitzt den Rang eines für die staatliche Sicherheit und das strategische Denken ausschlaggebenden Themas.

Wenn man dem Historiker und Politiker Paweł Kowal Glauben schenken darf, der derzeit ein Mandat als Abgeordneter der Bürgerkoalition (Koalicja Obywatelska, KO) und den Vorsitz des Ausschusses für auswärtige Angelegenheiten des polnischen Sejms innehat, besteht das Umfeld der polnischen »Ostkundler« nicht einfach aus »Politologen, die kühl beschreiben, was sie sehen, und es anschließend in das eine oder andere Paradigma einordnen«[50]. Weit gefehlt: Bei ihnen handelt es sich oftmals um leidenschaftlich engagierte Menschen, die sich persönlich kennen, eng zusammenarbeiten und herzlich miteinander streiten. Die polnische Debatte über den Osten wird weiterhin lebendig und – seit der Zwischenkriegszeit – ununterbrochen geführt. Die ursprünglichen Konzepte prägen weiterhin die Arbeit der gegenwärtigen Expert:innen, obwohl sie hier

---

50 Paweł Kowal: Piąte pokolenie. In: Młoda myśl wschodnia, Kolegium Europy Wschodniej im. Jana Nowaka-Jeziorańskiego we Wrocławiu, Wrocław 2014 (E-Book).

und da um neue Elemente bereichert und, womöglich, an die derzeitigen Bedürfnisse angepasst und dank der modernen Technologien in die heutige Sprache übersetzt werden.

Herausforderungen und Perspektiven

Angesichts der Lage im Osten, vor allem mit Blick auf den andauernden Krieg in der Ukraine und die künftige EU-Mitgliedschaft des Landes, besteht eine hohe Nachfrage nach Fachwissen über die Region, was die Zukunftsaussichten für polnische Denkfabriken einigermaßen rosig gestaltet. Der Konsens über die Ausrichtung der Außenpolitik, nebst der Wahrnehmung Russlands, der Ukraine und anderer Staaten in Osteuropa, der nach wie vor zwischen den wichtigsten politischen Akteuren in Polen und im Westen existiert, hält den Expert:innen in ausreichendem Maße den Rücken frei, um sich auf die Analyse jener Themen zu konzentrieren, die sie selbst als zentral ansehen.[51] Darüber hinaus verstärkt die weiterhin laufende europäische Debatte über Osteuropa auch in Polen den Nährboden für Expertenzentren. Als problematisch erachteten es unsere Interviewpartner hingegen, dass polnische Thinktanks im Westen noch immer als provinzielle Einrichtungen wahrgenommen werden, die sich nicht ausreichend von überkommenen Vorstellungen emanzipiert hätten. Die fast schon einer Kanonisierung gleichkommende Verehrung für die Ideen von Giedroyc, Mieroszewski und anderen Denkern, die einerseits ein genuin polnisches intellektuelles Pfund darstellen, mit dem Expertenzentren wuchern könnten, hemmt andererseits innovative Analysen und bremst die kritische Reflexion aus. Die Postulate von Giedroyc in die Sprache des Geldes und der wirtschaftlichen Interessen zu übersetzen, scheint unverändert ein Sakrileg zu sein. Nicht weniger bedeutsam – und zugleich eine gefährliche Hürde für die polnische Osteuropakompetenz – ist die Tendenz zu einer Orientalisierung des Ostens, vor der Adam Balcer[52] ausdrücklich gewarnt hat und die dazu führt, dass Polen seine östlichen Nachbarn leider allzu häufig als in der Entwicklung zurückgeblieben wahrnimmt und von ihnen verlangt, dass sie von uns, die wir dem Westen zugehörig sind, lernen sollten.

Die geografische »Nähe zum Osten« kann theoretisch gesehen dazu beitragen, dass es Analysten an jener Objektivität und Aufgeschlossenheit im Denken

---

51 Sus: Doradztwo w polityce, S. 101.
52 Die Orientalisierung ist »eine Art von Diskurs, der dazu dient, andere zu ›definieren‹, indem der Begriff ›Osten‹ (Orient) zusammen mit den ihm zugeschriebenen festen Eigenschaften im Gegensatz zum ›Westen‹ (Okzident) in einem negativen Sinne verwendet wird«. Adam Balcer: Na Wschodzie bez zmian? Orientalizacja we współczesnej Polsce, Wrocław 2013.

mangelt, die Expert:innen aus Ländern mit anders gelagerten Erfahrungen mit dem Osten gegebenenfalls mitbringen. Doch hat sich inzwischen das polnische Fachwissen über Russland und seine revisionistische, neoimperialistische Politik in der Praxis als richtig erwiesen – eine Tatsache, die eine ganze Reihe von westlichen Fachleuten und Politikern unumwunden zugibt. Daher verwundert es nicht, dass polnischen Expert:innen derzeit wesentlich mehr Aufmerksamkeit widerfährt. Mit anderen Worten: Im Moment hat polnische Osteuropakompetenz Konjunktur. Deswegen ist es enorm wichtig, sich gerade jetzt nicht der Selbstverliebtheit hinzugeben und das polnische Narrativ keinesfalls auf der simplen Tatsache aufzubauen, dass »wir Recht hatten«. Stattdessen ist es das Gebot der Stunde, sich mit kühlem Kopf der eigenen Fähigkeiten und der Aussagekraft konkreter Einschätzungen bewusst zu bleiben und sich tatkräftig darum zu bemühen, die westlichen Partner stärker auf den Osten zu konzentrieren und unter ihnen um Unterstützung für die polnische Wahrnehmung dieses Teils von Europa zu werben. Gegenwärtig stimmen die die Lage in Osteuropa betreffenden Bewertungen Polens und der westlichen Länder weitgehend überein. Freilich muss sich erst noch zeigen, inwieweit es sich dabei um einen langfristigen Wandel im Denken handelt. Es mangelt keineswegs an Einflussfaktoren, die diese Wahrnehmung erneut umkehren und es zugleich schwieriger gestalten könnten, den Fokus auf dieser Region aufrechtzuerhalten. Dies dürfte sich wiederum auf einen Rückgang des Interesses an Fachwissen zu Osteuropa im Allgemeinen und aus Polen im Besonderen auswirken. In den westlichen Gesellschaften ist schon heute eine gewisse Kriegsmüdigkeit festzustellen. Nicht auszuschließen, dass im Laufe der Zeit verstärkt kritische Stimmen an der polnischen Haltung laut werden, die der Wahrnehmung Auftrieb geben, Deutschlands östlicher Nachbar sei ausschließlich ein Bremser bei der Normalisierung der Beziehungen zu Russland. Nicht ohne Bedeutung ist auch die Frage, in welcher Kondition die Ukraine und Russland aus dem Krieg hervorgehen. Da die internationale Lage (einschließlich der in Osteuropa) durch eine hohe Dynamik und Unvorhersehbarkeit gekennzeichnet ist, sind bereits jetzt Analysen und Vorschläge polnischer Expertenzentren hinsichtlich potenzieller Entwicklungsszenarien mit Blick auf die Nachkriegssituation erforderlich. Derartige Einschätzungen sind bisher Mangelware.[53] Lediglich eine Handvoll von ihnen berücksichtigt überdies explizit die Frage einer möglichen Niederlage der Ukraine.

---

53 Ein Beispiel dafür, das Ende 2024 veröffentlicht wurde, ist *The Russian Challenge. A Polish-German expert paper for a new Russia policy*, das gemeinsam von zwei Einrichtungen – dem polnischen Zentrum für Oststudien und dem deutschen Zentrum Liberale Moderne – erstellt wurde; vgl. https://www.osw.waw.pl/en/publikacje/osw-report/2024-12-18/russian-challenge (18.12.2024).

Die modernen Technologien sind zweifelsohne eine Herausforderung für Thinktanks. Einerseits ermöglichen sie es ihnen, auf attraktive und einfache Weise ihr Publikum im In- und Ausland zu erreichen, andererseits verarmt das Fachwissen und der Beruf des Analysten durch die schiere Inflation von Twitter- und Youtube-»Experten«, die eine grob vereinfachte Sicht der Welt propagieren. Polnische Denkfabriken beschränken sich darauf, Erklärungsansätze, Schlussfolgerungen und Empfehlungen zu präsentieren. Im Gegensatz dazu haben sie wenig schöpferischen Einfluss in Bezug auf das westliche Denken. Sie führen keine neue Debatte über die Ostpolitik. Man kann davon ausgehen, dass die nächste große Debatte nach dem Abschluss des russisch-ukrainischen Kriegs stattfinden wird. Es wäre gut, wenn sie von polnischen, sich mit Osteuropa befassenden Thinktanks angestoßen würde und es sich dabei um eine Debatte handeln würde, die in den Kontext der Europäischen Union eingebettet ist und ausdrücklich eine Beteiligung der Ukraine vorsieht.

Unter den Herausforderungen, mit denen polnische Expertenzentren zu kämpfen haben, dürfen zudem organisationsinterne Faktoren nicht außer Acht gelassen werden. Dazu gehören zum einen die finanziellen Schwierigkeiten speziell jener Thinktanks, die ihre Geschäftstätigkeit im Rahmen des zivilgesellschaftlichen Sektors ausüben, und zum anderen die allgemein vergleichsweise niedrigen Gehälter polnischer Analysten. Die Personalknappheit und Unterbezahlung in der polnischen Expertenbranche können zu Arbeitsüberlastung und beruflichem Burnout beitragen. Eine weitere Schwierigkeit besteht in der geringen Größe des Markts für Osteuropaspezialisten, vor allem in der jüngeren Generation. Die Zahl derjenigen Hochschulabsolvent:innen, die über ausreichende Russischkenntnisse, eine einschlägige Ausbildung und das erforderliche analytische Denkvermögen verfügen, ist im freien Fall begriffen. Gleichzeitig könnten die augenscheinlich wachsenden Ukrainischkenntnisse unter jüngeren Polen und die künftig steigende Zahl an eingebürgerten Ukrainern und Belarusen eine Chance bieten, neue Rekrutierungsquellen für die Beschäftigten von Denkfabriken in Polen zu erschließen.

Zu guter Letzt soll die keineswegs unerhebliche Konkurrenz zu ukrainischen Thinktanks nicht verschwiegen werden. Diese können für sich in Anspruch nehmen, mitunter als noch bessere Experten für Osteuropa zu gelten, kranken aber gleichzeitig daran, im Vergleich mit Polen als noch größere Hemmschuhe in den Beziehungen zu Russland wahrgenommen zu werden. In dieser Hinsicht könnte gerade in einer Zusammenarbeit zwischen Polen und der Ukraine eine Chance liegen, den Westen von polnischen Vorstellungen zu überzeugen. Dafür ist es allerdings unverzichtbar, dass sich Polen von seiner Neigung zur Orientalisierung des Ostens befreit und das eigene Überlegenheitsgefühl gegenüber den östlichen Nachbarn überwindet.

Literaturverzeichnis

15 lat Ośrodka Studiów Wschodnich, rozmowa J. Kędzierskiej z Jackiem Cichockim. In: Radio Polonia vom 14. September 2007, http://www.polskieradio.pl/zagranica/news/ (14.07.2007).

2020 Global Go To Think Tank Index Report, veröffentlicht am 28. Januar 2021, S. 44. In: University of Pennsylvania, https://repository.upenn.edu/bitstreams/8fa7709a-310d-43b2-bee6-94c49db23e41/download (24.07.2024).

Balcer, Adam: Na Wschodzie bez zmian? Orientalizacja we współczesnej Polsce, Wrocław 2013.

Dębski, Sławomir: O inflacji i dewaluacji... think tanków. In: Wszystko co Najważniejsze vom 30. Januar 2019, https://wszystkoconajwazniejsze.pl/slawomir-debski-o-inflacji-i-dewaluacji-think-tankow/#_ftn12 (29.07.2024).

Eastbook.eu – nowa strona, nowa jakość. In: polakpotrafi.pl, https://polakpotrafi.pl/projekt/eastbook (11.08.2024).

European Network for Belarus. In: kew.org.pl, https://www.kew.org.pl/network-for-belarus/ (12.08.2024).

Kornat, Marek: Idea prometejska a polska polityka zagraniczna (1921–1939/1940). In: Marek Kornat (Hrsg.): Ruch prometejski i walka o przebudowę Europy Wschodniej (1918–1940). Studia i szkice, Warszawa 2012.

Kowal, Paweł: Piąte pokolenie. In: Młoda myśl wschodnia, Kolegium Europy Wschodniej im. Jana Nowaka-Jeziorańskiego we Wrocławiu, Wrocław 2014 (E-Book).

McGann, James G.: 2020 Global Go To Think Tank Index Report, The University of Pennsylvania, 28. Januar 2021, https://repository.upenn.edu/bitstreams/8fa7709a-310d-43b2-bee6-94c49db23e41/download (24.07.2024)

Protest przeciwko likwidacji Instytutu Europy Środkowo-Wschodniej. In: Rzeczpospolita vom 4. Dezember 2018, https://www.rp.pl/spoleczenstwo/art1603851-protest-przeciwko-likwidacji-instytutu-europy-srodkowo-wschodniej (9.08.2024).

Rozporządzenie Ministra Spraw Zagranicznych z dnia 5 października 2001 r. w sprawie utworzenia jednostki badawczo-rozwojowej Instytut Europy Środkowo-Wschodniej (Dz.U. 2001 nr 120 poz. 1296).

Sus, Monika: Doradztwo w polityce zagranicznej Polski i Niemiec. Inspiracje dla Polski na przykładzie wybranych ośrodków eksperckich, Wrocław 2011.

Thunert, Martin: Think Tank in Deutschland – Berater der Politik. In: Aus Politik und Zeitgeschichte 51/2003, S. 30–38.

Ustawa z dnia 20 grudnia 1996 roku o Polskim Instytucie Spraw Międzynarodowych (Dz.U. 1996 nr 156 poz. 777).

Ustawa z dnia 9 listopada 2018 roku o Instytucie Europy Środkowej (Dz.U. 2018 poz. 2270).

Zbieranek, Piotr: Struktura polskiego sektora organizacji typu think tank w świetle badań empirycznych. Przyczynek do opisu polskiego modelu think tanku. In: Tomasz Bąkowski, Jakub H. Szlachetko (Hrsg.): Zagadnienie think tanków w ujęciu interdyscyplinarnym, Gdańsk 2012.

Ziętara, Wojciech: Think tanki w Europie Środkowej i Wschodniej, Lublin 2021.

Das Osteuropawissen an polnischen Universitäten und Hochschulen

Małgorzata Nocuń

In Polen befassen sich die Angestellten von Analysezentren, regierungsnahen Denkfabriken, Medien, Unternehmen usw. mit dem postsowjetischen Raum. Bei ihnen handelt es sich um Absolventinnen und Absolventen von ostwissenschaftlichen Studiengängen und der ostslawischen Philologie (Russistik, Ukrainistik und Belorusistik). Ihr theoretisches Wissen und ihre Forschungsmethoden, aber nicht selten auch ihre Ansichten bilden sich während ihres universitären Studiums heraus. Das Modell der Hochschulbildung an diesen Fakultäten übt somit einen gewaltigen Einfluss auf die Qualität des polnischen Fachwissens über den Osten im weiteren Sinne aus, das seit dem Jahre 2022, also mit dem Ausbruch des Krieges in der Ukraine, enorm an Bedeutung gewonnen hat.

Noch vor etwa 20 Jahren konnten sich die Osteuropastudien in Polen ebenso wie andere Regionalstudien, also Europastudien, Amerikastudien, Nah- und Fernoststudien, durchaus einiger Beliebtheit erfreuen. So bewarben sich beispielsweise jeweils mehr als drei Personen um einen Studienplatz in Russistik an der Jagiellonen-Universität Krakau. Dieser Popularität der Ostwissenschaften lagen bestimmte politische Ereignisse zugrunde. Zu Beginn des 21. Jahrhunderts war die Nachfrage nach der Ausbildung von Fachleuten für den postsowjetischen Raum so groß, dass Studiengänge, deren Bezeichnung die Begriffe »Ost« oder »östlich« einschloss, nicht etwa nur an Universitäten mit einer langen Tradition und einem hervorragenden Ruf eingerichtet wurden, sondern auch an Hochschulen in kleineren Städten. Während sich an der Krakauer Jagiellonen-Universität die Philologie (Russistik, Ukrainistik und Belorusistik) jahrein, jahraus eines anhaltenden Interesses erfreute, erlebten die Ostwissenschaften, das heißt Studiengänge, die sich neben dem Erwerb von Sprachkenntnissen zugleich mit den aktuellen politischen, sozialen und wirtschaftlichen Prozessen in Osteuropa befassen, damals eine Blütezeit. Worin besteht nun – im polnischen Bildungssystem – der Unterschied zwischen Oststudien und philologischen Studien? Die Idee hinter den »Osteuropastudien«, die im Jahr 1990 als erstes von der Universität Warschau ins Leben gerufen wurden, besteht darin, Absolvent:innen auszubilden, die nicht nur eine Fremdsprache fließend beherrschen und in erster Linie in der Übersetzungsbranche oder im Bildungswesen eingesetzt werden können, sondern im weiteren Sinne Spezialist:innen mit einem Spezialwissen über die betreffende Region sind. In Polen können Studierende ein Studium in Studiengängen wie den Oststudien (an der Historischen Fakultät der Adam-Mickiewicz-Universität Posen), Russlandstudien (am Institut für internationale und politische Studien der Jagiellonen-Universität Krakau) sowie Osteuropastudien (an der Historischen Fakultät der Universität Warschau und an der Universität Danzig) aufnehmen.

Die Oststudien sind in starkem Maße von der Entwicklung der politischen Lage in Polen abhängig. Seit dem 24. Februar 2022 (dem Beginn des Angriffskrieges Russlands in der Ukraine) zeigen immer weniger Abiturient:innen ein Interesse daran, Studienfächer mit Osteuropabezug zu belegen – das gilt sowohl für die ostslawische Philologie als auch für die Ostwissenschaften. Infolge des Krieges wurde der Osten in die Defensive gedrängt. Die regionale Krakauer Presse hat diesem Problem Beachtung geschenkt.[1] Das Portal Głos 24 Kraków berichtete unter Berufung auf Adam Koprowski, den Pressesprecher der Jagiellonen-Universität: »Während des Bewerbungs- und Immatrikulationsverfahrens hat die Jagiellonen-Universität den Studierenden mehr als 160 Studiengänge angeboten. Wie bereits im vergangenen Jahr zählten erneut die Russlandstudien, die am Russland- und Osteuropa-Institut der Jagiellonen-Universität studiert werden können, zu den unbeliebtesten unter ihnen. Obwohl bislang (die Bewerbungsphase läuft noch) nur 17 Bewerbungen für diesen Studiengang eingegangen sind, ist dies im Vergleich zu den Vorjahren immerhin die höchste Bewerberzahl. In den letzten Jahren hatten sich bei einer Obergrenze von 60 Plätzen für Russlandstudien jeweils folgende Bewerberzahlen ergeben: 12 (2021), 13 (2022) und 10 (2023).« Koprowski zufolge steht »die sehr geringe Popularität der vom Russland- und Osteuropa-Institut an der Jagiellonen-Universität angebotenen Studiengänge im Zusammenhang mit der russischen Aggression gegen die Ukraine«.

Zum Vergleich: Um einen Studienplatz in russischer Philologie bewarb sich an der Jagiellonen-Universität im gleichen Zeitraum statistisch gesehen jeweils etwas mehr als eine Person. Im Jahr 2023 konkurrierten 90 Kandidat:innen um 80 Plätze, wohingegen der Studiengang in den Jahren zuvor deutlich attraktiver war. Im Jahr 2022 lag die Zahl der Bewerber:innen noch bei 110 (2021 sogar bei 174).

---

1   Mirosław Haładyj: Wszystko przez wojnę. »Rosyjskim« kierunkom na UJ-ocie grozi zamknięcie?. In: Głos24.pl Kraków vom 19. August 2024, https://glos24.pl/wszystko-przez-wojne-rosyjskim-kierunkom-na-uj-ocie-grozi-zamkniecie (7.10.2024).

Hochschulbildung vor dem Umbruch von 1989

Vor dem Zusammenbruch des kommunistischen Systems in Polen (1989) war der Russischunterricht ebenso wie die Vermittlung der russischen Kultur, Geschichte und Literatur eng mit der herrschenden Ideologie verbunden. Wie in anderen Ländern des sozialistischen Lagers war das Studienfach »Russische Philologie« nicht im Institut für slawische Philologie angesiedelt. Vielmehr wurden separate Institute für ostslawische Philologie gegründet, die über einen großen Lehrkörper verfügten, z. B. das Institut für Ostslawische Philologie an der Jagiellonen-Universität Krakau, der Lehrstuhl für Russistik an der Warschauer Universität und das Institut für Russistik an der Universität Lodz. Anders war (und ist) die Situation in den westlichen Ländern, wo die russische Sprache und Kultur als Teil der Slawistik gelehrt wird. In Westeuropa erlernen die Studentinnen und Studenten neben der russischen Sprache, Literatur, Geschichte und Kultur jeweils eine weitere slawische Sprache, etwa Tschechisch oder Slowakisch, und befassen sich zusätzlich zur osteuropäischen zugleich mit der mitteleuropäischen Kultur. Das Wissen über den Osten ergänzt somit auf originäre Weise die Kenntnisse über Mitteleuropa, ohne ein eigenständiges Studienfach zu sein. Während der kommunistischen Ära war die russische Sprache in Polen – was niemanden überraschen dürfte – unbeliebt, und die Gymnasiast:innen betrachteten die Vermittlung der Kultur, Literatur und Geschichte der östlichen Länder als ideologisch aufgeladen.[2] Das Studium der ostslawischen Philologie wurde von den Liebhabern der jeweiligen Sprachen sowie von Menschen, die eine Karriere in der Diplomatie anstrebten oder eine Tätigkeit im damals sehr weit entwickelten Kultursektor aufnehmen wollten, beziehungsweise von Personen gewählt, die später als professionelle Übersetzer:innen arbeiten wollten. Głos 24 Kraków zitiert eine Studentin, die in den Jahren 1988 bis 1993 Russistik an der Jagiellonen-Universität studierte und sich daran erinnert, dass »das Fach total überlaufen war: […] Es war eine schwierige, aber auch hochinteressante Zeit des Wandels, der Perestroika, des Zusammenbruchs und des Zerfalls der UdSSR. Ich machte die Aufnahmeprüfung für Philologie. Damals kamen etwa vier Bewerber auf einen Platz.«[3]

In der kommunistischen Zeit spielte Polen eine wesentliche Rolle im Osten. Für Russen, Ukrainer und Belarusen war das Land ein Fenster zur Welt, was sich in beruflichen und wissenschaftlichen Kontakten niederschlug. Die gebildeten

---

2   Haładyj: Wszystko przez wojnę.
3   So etwa Professor Andrzej Drawicz, ein weltweites Renommee besitzender Wissenschaftler, der u. a. am Slavischen Institut der Universität zu Köln lehrte und sich als Übersetzer russischer Literatur ins Polnische betätigte. Drawicz war von 1981 bis 1991 am Institut für russische Philologie der Jagiellonen-Universität in Krakau angestellt.

Schichten der Sowjetunion waren bestrebt, die Beziehungen zur polnischen Bildungselite zu stärken und die polnische Sprache zu erlernen. In Polen, das neben Ungarn als »fröhlichste Baracke im sozialistischen Lager« galt, erschienen Zeitungen und Zeitschriften, in denen deutlich offener berichtet wurde. Gebildete Russen und Ukrainer ergatterten einzelne Ausgaben von Przekrój oder Szpilki (deren Auflage war gering, weil sie von den Behörden streng reglementiert wurde), vertieften sich in den Tygodnik Powszechny und versuchten, Sendungen des Polnischen Rundfunks zu empfangen. Die genannten Zeitschriften wurden legal herausgeben, und jede ihrer Ausgaben wurde vor dem Druck von der Zensur genehmigt. Den Redaktionen und Journalist:innen der Zeitschriften gelang es dennoch, geschickt solche Inhalte einzuschmuggeln, die nicht hundertprozentig auf Linie lagen, und über Tabuthemen zu schreiben, indem sie sich einer äsopischen Sprache bedienten. In allen diesen Blättern spielten die Kultur- und Literaturrubriken eine gewichtige Rolle. Obwohl zwar nicht explizit über das autoritäre System im eigenen Land geschrieben wurde, hatten die Leser:innen das Gefühl, dass sie dennoch bestimmte Informationen darüber erhielten. Gleichzeitig erfuhren sie etwas über die kulturellen und politischen Prozesse, die sich auf der anderen Seite des Eisernen Vorhangs abspielten.

Der Osten faszinierte im Gegenzug auch die polnische Bildungselite. Daher ist es nicht verwunderlich, dass einige Vertreter der heutigen älteren Generation polnischer Osteuropaexperten aus der vormaligen antikommunistischen Opposition stammten. Während der kommunistischen Ära suchten sie den Schulterschluss mit der sowjetischen Opposition. Sie kämpften gegen denselben Feind – die Sowjetunion. Der Osten weckte daher zwei widersprüchliche Gefühle: Neugierde und Entsetzen. Mit anderen Worten: Polnische Wissenschaftler:innen fesselte die Kultur, Kunst und Literatur des Ostens, während sie dem totalitären System, das jede Form der schöpferischen Freiheit zerstörte, fassungslos gegenüberstanden. Die Sowjetunion wurde folglich in einer Doppelrolle wahrgenommen: als Unterdrücker, der brutal seine Macht ausübte und Polen seiner Freiheit beraubte, und als Heimat der Freidenker und Dissidenten. Die das Herrschaftssystem der Volksrepublik Polen ablehnende Bildungselite übersetzte daher beispielsweise die Gedichte »verstoßener« russischer Dichter und Dichterinnen wie Natalja Gorbanewskaja, Iossif Brodski und Žanna Bitschewskaja und lauschte den Liedern der verbotenen Barden Wladimir Vysockij und Bulat Okudžava. Zeitlose literarische Werke, die sich gegen die Diktatur richteten und Stalin kritisierten, wurden ins Polnische übersetzt, so etwa *Der Meister und Margarita* von Michail Bulgakow sowie die Gulag-Literatur von Alexander Solschenizyn, Wladimir Bukowski und Wladimir Woinowitsch. Im Samisdat wurden Übersetzungen von Werken russischer Autor:innen veröffentlicht, die von der Bildungselite begierig gelesen wurden. Die Übersetzung, der illegale Druck und der Vertrieb waren hauptsächlich das Werk von wissenschaftlich tätigen Personen, die sich mit Osteuropa beschäftigten und an Instituten für ostslawische Philologie angestellt waren. Der Lehrkörper der ostslawischen Institute konnte sich einiger Koryphäen rühmen.[4] Nach dem Zusammenbruch des kommunistischen Systems waren es gerade die von Osteuropa faszinierten Gelehrten, Redakteure und Publizisten, die die neuen universitären Studiengänge einrichteten, an denen zukünftige Generationen von Osteuropafachleuten ausgebildet werden sollten.[5] Den polnischen Wegbereitern der Oststudien kam die Erfahrung des Lebens unter einem autoritären Regime zugute, dank der sie besser in der Lage waren, die politischen Mechanismen in den osteuropäischen Ländern zu verstehen.

Eine neue Ära, eine neue Öffnung

Die Beschreibung der Entstehungsgeschichte der Oststudien wäre ohne den Blick auf die Situation vor dem Zusammenbruch des kommunistischen Systems in Polen unvollständig. Zu jener Zeit war die ostslawische Philologie ein gut finanzierter Forschungszweig, und es herrschte keinerlei Mangel an Studierenden, weil die Beherrschung der russischen Sprache und Kenntnisse der kulturellen Gegebenheiten in der UdSSR den Weg zu einer Karriere ebnen konnten. Die polnische Wissenschaft, der Außenhandel und der kulturelle Austausch waren eng mit dem Osten verbunden. Die diplomatischen Vertretungen der Volksrepublik Polen in Osteuropa beschäftigten eine Vielzahl von Diplomaten und verfügten über einen großen Pool von Expert:innen, die sich mit politischen und kulturellen Fragen beschäftigten. Heutzutage ist es ein schwieriges Unterfangen, genaue Angaben über die Zahl der Studierenden zu erhalten, die in den letzten beiden Jahrzehnten vor dem Ende des kommunistischen Regimes an polnischen Universitäten Russistik studiert haben. Die Abteilung für russische Philologie an der Universität der Kommission für Nationale Bildung in Krakau gibt Folgendes an: »In den 1970er und 1980er Jahren stieg die Zahl der Beschäftigten und Studierenden. Mehr als 20 Personen schlossen ihre Promotion ab.«[6]

---

4   Unter anderem wurden die folgenden Einrichtungen geschaffen: die Osteuropastudien an der Universität Warschau, die als »Kaderschmiede« im Bereich Osteuropa betrachtet werden, sowie an der Jagiellonen-Universität Krakau die Russlandstudien (Institut für Internationale und Politische Studien) und der Studiengang Kultur Russlands und seiner Nachbarländer (Institut für Ostslawische Philologie).
5   Historia kierunku. In: Uniwersytet Komisji Edukacji Narodowej, o. D., https://fros.uken.krakow.pl/filologia-rosyjska/historia-kierunku/ (7.10.2024).
6   Zum Kreis dieser Persönlichkeiten gehörten Professor Andrzej Romanowski vom Institut für Polonistik der Jagiellonen-Universität Krakau, Professor Grzegorz Przebinda vom In-

In starkem Kontrast dazu stehen die Informationen über die schwierigen (1990er) Jahre des Übergangs für die Mitarbeiter:innen und Studierenden, denn nach 1989 hatte sich die Situation drastisch verändert. Das kommunistische System war zusammengebrochen, das Land trat in den Transformationsprozess ein, was auch eine Umstrukturierung der Beschäftigung in staatlichen Einrichtungen zur Folge hatte. Dabei stellte sich heraus, dass die Heerscharen an Osteuropafachkräften schlicht nicht mehr benötigt wurden. Polen richtete sich nun auf eine Zusammenarbeit mit Westeuropa aus. In den Schulen und Universitäten fiel dem Englischen anstelle des Russischen die Rolle als verpflichtende Fremdsprache zu, und wissenschaftliche Institute, die mit dem Osten zusammengearbeitet hatten, kollabierten reihenweise. Außerdem gestaltete sich bereits die Aufnahme politischer, wirtschaftlicher und kultureller Kontakte mit Osteuropa schwierig, wenn sie nicht gar zeitweise gänzlich unmöglich war. Die Länder der ehemaligen Sowjetunion taumelten in eine akute Notlage. Die Zeit nach 1991 wird in Russland in Anlehnung an die Zeit der Wirren (russ. *Smutnoje wremja*) des frühen 17. Jahrhunderts, als es im Russischen Zarenreich zu einer dynastischen und wirtschaftlichen Krise kam, als »Zweite Zeit der Wirren« bezeichnet. Das Verschwinden der UdSSR von der Weltkarte ging mit einem Chaos einher. In den postsowjetischen Ländern, die durch neu entstandene Grenzen voneinander getrennt wurden, brach ein Krieg nach dem anderen aus (die blutigsten fanden im Nord- und Südkaukasus, in Zentralasien und in Transnistrien statt), staatliche Unternehmen wurden über Nacht unrentabel, die Beschäftigten erhielten ihre Löhne nicht in bar, sondern in Naturalien (also in den von ihnen produzierten Waren). Als Konsequenz wurden Hunderttausende Russen, Ukrainer und Belarusen ihrer Existenzgrundlage beraubt. Unter diesen dramatischen Bedingungen musste Polen ein neues Modell für das Studium des Ostens entwickeln, und dafür wurden neue, entsprechend ausgebildete Fachkräfte benötigt. Damit waren Absolvent:innen gemeint, die eingehender mit der Lebenswirklichkeit in Osteuropa vertraut waren – in erster Linie also Praktiker, keine Theoretiker. Philolog:innen, die ausschließlich die Literatur und Sprache studiert hatten, waren dieser Aufgabe nicht gewachsen. Dabei muss unbedingt berücksichtigt werden, dass sich auch die Position Polens im Osten verändert hatte: Polen war nicht länger ein Fenster zur freien Welt, sondern entwickelte sich zu einem riesigen Handelsbasar, auf dem die Osteuropäer händeringend versuchten, alles nur Erdenkliche zu verhökern, um die eigene Haut zu retten. Als sich die stürmische Lage dann zu Beginn der 2000er Jahre einigermaßen normalisiert hatte, brauchte der Osten Polen schlicht nicht mehr. Die Bevölkerung Russlands und der Ukraine – nicht aber in Belarus, wo sich die autori-

stitut für Russistik der Jagiellonen-Universität Krakau und Professorin Wiktoria Śliwowska vom Institut für Geschichte der Polnischen Akademie der Wissenschaften.

tären Tendenzen seit der Machtübernahme Alexander Lukaschenkos im Jahre 1994 zunehmend verstärkt hatten – suchte nunmehr nach anderen, westlicheren Fenstern zur Welt. Zeitgenössische russische Schriftsteller:innen veröffentlichten ihre Bücher lieber in Berlin als in Warschau. Forschende suchten nicht in Polen, sehr wohl aber in den Vereinigten Staaten nach Stipendien. Für Russland war Polen in den Status einer Provinz zurückgefallen. Anders lag der Fall in der Ukraine, die im Vergleich zur Russischen Föderation deutlich kleiner und weniger wohlhabend ist und sich daher naturgemäß mehr zu Polen hingezogen fühlt. Mit dem Untergang des Kommunismus und den darauf folgenden gesellschaftspolitischen Veränderungen sah sich der Mitarbeiterstamm der Ostslawistikinstitute vor die Aufgabe gestellt, junge Menschen für eine Vertiefung des Wissens über Osteuropa zu begeistern. Sie versuchten es mit dem Hinweis darauf, dass der Osten mit dem Kollaps der Sowjetunion keineswegs verschwunden sei. Das unabhängige Russland, die Ukraine, Belarus und Litauen seien die neuen Nachbarn Polens. Zu ihnen müssten nun Beziehungen aufgebaut werden, und zwar nicht nur auf der politischen Ebene, sondern auch in wirtschaftlicher, kultureller und gesellschaftlicher Hinsicht.

Trotz der Bemühungen bedeutender Literaturwissenschaftler schwand Anfang der 1990er Jahre in Polen zusehends das Interesse der jungen Leute an Osteuropa. Nach einem Leben unter der sowjetischen Knute war es ganz natürlich, dass nun eine Hinwendung zum Westen erfolgte. Kein Wunder also, dass Anglistik und Germanistik zu den begehrtesten Studienfächern gehörten, die eine Vermittlung der Sprache und der Lebenswirklichkeit im Ausland leisteten. Der Entscheidung, die russische Sprache zu studieren und sich mit der Geschichte, Literatur und Kultur der ostslawischen Länder zu beschäftigen, wurde in der Öffentlichkeit kaum Verständnis entgegengebracht. Um einen Studienplatz in russischer Philologie bewarben sich im Schnitt circa 0,5 Kandidat:innen. Um ihre eigene Existenz zu sichern, mussten die sich mit dem Osten befassenden Wissenschaftler, bei denen es sich in ihrer überwiegenden Mehrheit um Vertreter der russischen Philologie handelte, einen neuen Weg finden, um Studierende anzulocken. Nach dem Zusammenbruch der UdSSR war augenfällig, dass sich das Studium Osteuropas nicht mehr allein auf die Sprache beschränken konnte. Ein neuer Ansatz war unumgänglich.

Trotz der Krise, die sich in dem Mangel an Studierenden manifestierte, die sich für osteuropäische Themen interessierten, gab es an den polnischen Universitäten weiterhin hervorragendes Lehrpersonal. Zu ihm zählte ein Kader von Professor:innen, die mit der Materie des Ostens ausgezeichnet vertraut und überdies international anerkannt waren. Ferner war es nicht ohne Bedeutung, dass eine ganze Reihe von Forschenden ihre wissenschaftlichen Recherchen in den Archiven fortsetzten und gleichzeitig ständig die ehemaligen Sowjetrepubliken besuchten, so dass sie über Kenntnisse aus erster Hand verfügten. Dank dieses Spagats waren einige polnische Osteuropaexperten durchaus in der Lage, die sich jenseits der polnischen Ostgrenze überschlagenden Ereignisse treffend zu analysieren und originelle Einschätzungen zu liefern. Sie beschränkten sich nicht nur auf die wissenschaftliche Perspektive, sondern veröffentlichten auch populärwissenschaftliche Bücher und waren publizistisch tätig.[7]

An der Jahrtausendwende war sich dieses akademische Personal, das zumeist an Instituten für ostslawische Philologie beschäftigt war, schmerzlich bewusst, dass die archaischen Methoden des Russischunterrichts und der Vermittlung der Literatur der postsowjetischen Länder anhand alter Lehrbücher für die an Oststudien interessierten jungen Menschen ausgesprochen unattraktiv waren. So entstanden in Polen neue Osteuropastudiengänge. Anders als in der Philologie sollte der Schwerpunkt der Ausbildung anstelle der Vergangenheit auf der Gegenwart liegen, also die politischen, gesellschaftlichen und wirtschaftlichen Veränderungen in der ehemaligen Sowjetunion in den Blick nehmen.

Die erste derartige Einrichtung, die auf eine grundlegend andere Art und Weise über den Osten unterrichten sollte, waren die bereits erwähnten Osteuropastudien (SEW), die bereits im Jahre 1990 an der Universität Warschau eingerichtet wurden. Zu ihren Zielen gehörte neben dem Russischunterricht für Studierende und der Vertiefung von Kenntnissen über die Literatur und Geschichte der osteuropäischen Länder auch die Ausbildung künftiger Spezialist:innen für die Probleme Osteuropas, Russlands und Zentralasiens.

Die Erforschung und wissenschaftliche Beschäftigung mit Osteuropa durch die Beschäftigten der Osteuropastudien war eine Fortsetzung der polnischen Sowjetologie. Das Personal der SEW berief sich zudem auf das Erbe der polnischen Sowjetologen, die in den Jahren der autoritären Herrschaft im Exil tätig gewesen waren.[8]

---

[7] Dazu gehörte Professor Stanislaw Swianiewicz, ein Wirtschaftsforscher und polnischer Zeuge des Massakers von Katyń (obwohl er auf der Liste der zu liquidierenden Personen stand, entging er letztendlich doch dem Tod, denn als Fachmann für die Wirtschaft Vorkriegsdeutschlands war er für die Russen zu wertvoll). Vor dem Krieg arbeitete Prof. Swianiewicz an der Stefan-Batory-Universität in Wilna (Vilnius) und leitete das Wirtschaftsseminar des dortigen Osteuropa-Forschungsinstituts. Die Forschungstradition von Prof. Swianiewicz wird fortgesetzt. Er war einer der Initiatoren der Gründung des Zentrums für Oststudien, einer polnischen Denkfabrik für die politische, wirtschaftliche und gesellschaftliche Analyse des Wandels in den postsowjetischen Staaten.

[8] Im Jahr 2002 baten Studierende des Studiengangs Russlandstudien die Leitung der Jagiellonen-Universität Krakau darum, Veränderungen im Lehrplan vorzunehmen. Sie begründeten dies damit, dass sie einerseits nicht genügend Wissen über das heutige Russland erwerben würden, während ihnen andererseits in mehreren Fächern stets dasselbe Wissen über russische Philosophie, Literatur oder Kultur vermittelt werde.

Die Veränderungen in den postsowjetischen Staaten bescherten den Ostwissenschaftlern einen zweiten Frühling. Als Boris Jelzin 1999 die Macht an Wladimir Putin abgab, begannen sich junge Menschen erneut für Russland zu interessieren. In Westeuropa entstand der Eindruck, dass sich in Russland neue Möglichkeiten ergäben. Die polnische politische und diplomatische Elite setzte im Einklang mit Unternehmern und Geschäftsleuten große Hoffnungen in Präsident Wladimir Putin. Damals hielt man ihm seine Tätigkeit im Bürgermeisteramt von St. Petersburg an der Seite des systemkritischen Politikers Anatoli Sobtschak zugute und überging dabei geflissentlich seine engen Verbindungen zur ehemaligen ostdeutschen KGB-Zentrale [in Berlin]. Man erwartete, dass der »junge und tatkräftige Präsident«, wie Putin damals von der polnischen Presse genannt wurde, einen demokratischen Wandel an der Wolga einleiten und dass sich Polen gegenüber Russland öffnen würde. Nun würden wieder Fachleute für den kulturellen und wirtschaftlichen Austausch gebraucht.

Neun Jahre nach der Einrichtung der Osteuropastudien wurden in Krakau die Russlandstudien eröffnet. Obgleich der Studiengang an der Fakultät für Ostslawische Philologie angesiedelt war, sollte er in gewisser Weise ihr Gegenstück bilden. Russisch wurde auf experimentelle Weise gelehrt, will sagen nicht aus Lehrbüchern, sondern direkt aus den Medien, um es so als lebendige und zeitgenössische Sprache zu vermitteln. Wie angekündigt, sollte dies nicht allein ein Studiengang für Übersetzer und Dolmetscher und Literaturwissenschaftler sein; angesprochen wurden hauptsächlich Menschen, die sich eine erfolgreiche Zukunft in Journalismus, Diplomatie und Wirtschaft erträumten. Im Lehrplan suchte man vergebens nach Altkirchenslawisch und der deskriptiven Grammatik des Russischen. Der Umfang von Fächern wie Literaturtheorie wurde erheblich reduziert. Stattdessen beschäftigten sich die Studierenden mit dem zeitgenössischen politischen Leben in Russland, mit der Kultur und Literatur der russischen Gegenwart und dem wirtschaftlichen Wandel im Lande. Im Jahr 2000 bewarben sich mehr als drei Kandidat:innen um je einen Studienplatz in den Russlandstudien.

Unterdessen wuchs in Polen die Nachfrage nach Osteuropafachleuten. An den großen polnischen Universitäten wurden Osteuropastudiengänge eingerichtet. An der Historischen Fakultät der Adam-Mickiewicz-Universität Posen wurden die Oststudien eröffnet, an der Fakultät für Philologie der Danziger Universität starteten die Osteuropastudien. Langsam aber sicher gelang es den sich mit Osteuropa befassenden Studiengängen, der Russistik den Rang abzulaufen. Die Studierenden wurden dadurch angelockt, dass ihnen während des Studiums (zumindest gemäß den Beschreibungen der Programme) Wissen über laufende Ereignisse jenseits der polnischen Ostgrenze geboten würde und sie sich mit aktuellen Entwicklungen beschäftigten würden. Die Beschreibung des Profils der zukünftigen Absolvent:innen, die Informationen über Beschäftigungsmöglichkeiten enthielten, dürften das Ihre getan haben. Die Rede war von einer Karriere in der Diplomatie, dem Beruf des Auslandskorrespondenten, auf östlichen Märkten tätigen Handelsvertretern und dem Personal von Kulturinstitutionen. In Momenten, an denen politische Wendepunkte überschritten wurden, wie etwa bei der Neubewertung der politischen Beziehungen zwischen Washington und Moskau (2009), stand das Verhältnis zwischen Bewerbungen und Studienplätzen in Russland- oder Osteuropawissenschaften bei ungefähr 3 zu 1. Die Lehrstühle, die künftige Osteuropaexperten ausbildeten, stellten zunehmend Praktiker ein oder arbeiteten mit ihnen zusammen. Diplomaten, Journalisten und Aktivisten polnischer Institute in Osteuropa hielten Vorlesungen und führten Übungen durch, wobei die Osteuropastudien der Universität Warschau eine Vorreiterrolle spielten (was auch weiterhin der Fall ist). Der Erwerb von theoretischem Wissen über Osteuropa wurde Schritt für Schritt mit praktischem Wissen angereichert. Dank des steigenden Interesses an osteuropäischen Themen fanden in Polen zudem regelmäßig dieser Region gewidmete Debatten und Konferenzen statt. Die Attraktivität des Ostens wurde auch durch die politischen Ereignisse in der Ukraine beeinflusst, insbesondere durch die Orange Revolution von 2004/2005 und die Revolution der Würde (Euromaidan) von 2014.

Osteuropa als Forschungsgebiet und Lehrbereich an den Universitäten nach 1991

Der Zusammenbruch des kommunistischen Systems stellte die auf östliche Fragestellungen spezialisierten Mitglieder der Wissenschaftsgemeinde vor die Aufgabe, eine völlig neue Herangehensweise für ihren Forschungsgegenstand zu entwickeln. Im Jahr 1991 brach die Sowjetunion zusammen, und der Begriff des Ostens erhielt eine neue Bedeutung. Von enormem Belang ist dabei die Tatsache, dass die Polen – ganz im Gegensatz zur Perspektive des Auslands auf Polen – ihre Heimat gerade nicht Osteuropa zurechnen. Ihre Argumente schöpfen sie aus der Geschichte: Polen war nie eine Sowjetrepublik gewesen. Nach 1991 war für jeden der 15 unabhängigen Staaten, die über Nacht auf der Landkarte Europas und Asiens erschienen, ein grundverschiedener Forschungsansatz vonnöten. Obwohl Russisch immer noch die Verkehrssprache war, betonten Polens Nachbarn, die Ukrainer, Belarusen und Litauer, ihre nationale Eigenständigkeit und Unabhängigkeit von Moskau. Im Bewusstsein der tiefgreifenden Veränderungen wechselten Vertreter:innen der Bildungselite jener Länder zum Ukrainischen und Belarusischen. Die Bemühungen der östlichen Nachbarn Polens konzentrierten sich zuvörderst darauf, nun als von Russland getrennte Länder wahrgenommen zu werden. Ukrainer, Belarusen und Litauer stellten sich freilich im gleichen Atemzug gegen die koloniale Perspektive, die leider nur allzu oft in Polen spürbar war.

So wurden im Rahmen der ostslawischen Philologie die ukrainische und die belarusische Philologie ausgebaut oder neu geschaffen. Institute für Regionalstudien richteten Ukrainestudien und Belorussistik ein. In allen großen akademischen Zentren entstanden Osteuropa gewidmete Studiengänge. Es bestand der Wunsch, die Ostwissenschaft in der gegenwärtigen Realität zu verankern. Von den Studierenden wurde erwartet, dass sie den gesellschaftlichen, politischen und wirtschaftlichen Wandel in Russland, der Ukraine und Belarus verfolgten und die Mechanismen der zeitgenössischen autoritären Systeme verstanden, um die Prozesse im Osten nicht auf der Basis vereinfachender Klischees zu kommentieren und zu analysieren. Die Konzepte der neuen Oststudien klangen grundsätzlich gut. Das Problem bestand jedoch darin, dass es nur eine Handvoll Wissenschaftler gab, die wirklich mit den politischen und gesellschaftlichen Realitäten in den osteuropäischen Ländern vertraut waren. Nur wenige von ihnen hatten Russland, die Ukraine oder Belarus bereist, verfolgten die östlichen Medien und hielten Kontakt zu Gelehrten und Publizisten im Osten des Kontinents. Der Mangel an geeignetem Personal stellte eine große Herausforderung dar. Die neu eingerichteten ostwissenschaftlichen Studiengänge wurden daher weiterhin von einem Lehrkörper dominiert, der sich aus ehemaligen Beschäftigten der ostslawischen Philologie rekrutierte. Mit Wissenschaftler:innen anderer Fakultäten wurde aufgrund der begrenzten Anzahl von Stellen und wegen der Knappheit finanzieller Mittel nur zögerlich zusammengearbeitet. Die zuvor von Philologen gelehrten Fächer wurden daher lediglich umetikettiert, um ihnen einen zeitgemäßeren Anstrich zu verleihen. Aus Spezialist:innen für die russische Philosophie des 19. Jahrhunderts wurden plötzlich Fachleute für das heutige Russland. Die einzige rühmliche Ausnahme bildeten vielleicht die Osteuropastudien, denen aufgrund ihrer privilegierten Lage – in der polnischen Hauptstadt – eine Sonderstellung zukommt. Hier wurden ehemalige Diplomaten, die in osteuropäischen Ländern im Einsatz gewesen waren, Analysten staatlicher Institutionen und Journalisten zur Mitarbeit ermutigt. Dadurch wurde sichergestellt, dass das Wissen über den Osten nicht nur Lehrbuchcharakter hatte (und weiterhin hat), sondern auch weitgehend praxisbezogen war.

Die Studierenden der ostwissenschaftlichen Studiengänge fühlten sich mitunter hinters Licht geführt.[9] Sie sollten sich Wissen über das heutige Russland oder die Ukraine aneignen, indessen stellten sie mit der Zeit fest, dass die Dozent:innen überhaupt nicht darauf vorbereitet waren, dieses Wissen entsprechend zu vermitteln. Auf die Einwände der Studierenden hin behaupteten die Hoch-

---

9   Diese Informationen wurden aus anonymen Interviews mit Dozent:innen der genannten Studiengänge gewonnen.

schullehrer:innen, »Wissen über das heutige Russland oder die Ukraine« könne man nur aus den Medien gewinnen, und das sei ja wohl keine Wissenschaft. Die Krux lag in der mangelnden Bereitschaft der älteren Wissenschaftlergeneration, die postsowjetischen Länder zu besuchen. Weder führten sie anthropologische Forschungen durch noch erweiterten sie ihre Forschungsgebiete. Polnische Universitäten schlossen aus verschiedensten Gründen keine Kooperationen mit renommierten Bildungseinrichtungen im Osten, wobei die Zurückhaltung häufig von Moskau ausging. Während der kommunistischen Ära konnten polnische Studierende im Rahmen von Auslandsstipendien oder bilateralen Austauschprogrammen beispielsweise an der renommierten Moskauer Staatlichen M.-V.-Lomonossow-Universität oder am Staatlichen Institut für Internationale Beziehungen in Moskau studieren, einer Einrichtung, die als Kaderschmiede für russisches diplomatisches Personal gilt. Zu Beginn des neuen Jahrtausends stand diese Möglichkeit nur noch wenigen jungen Studierenden der Ostwissenschaften offen. Zum Vergleich: In den 1980er Jahren durften Studierende der Russistik, die gute akademische Leistungen erzielten, ein sechsmonatiges Stipendium am Moskauer Puschkin-Institut in Anspruch nehmen. Zu Beginn des 21. Jahrhunderts war es einfacher, an renommierten westlichen Universitäten zu studieren, zum Beispiel im Rahmen des Erasmus-Programms. Das Studium an den genannten osteuropäischen Einrichtungen war gebührenpflichtig und damit nur einem kleinen Kreis von Studierenden zugänglich.

Mit der Zeit schlitterten sowohl die ostslawische Philologie als auch die Ostwissenschaften immer tiefer in die Malaise. Die Studierenden waren nicht länger sonderlich erpicht darauf, sich Wissen über den Osten anzueignen. Das lag insbesondere an dem bereits erwähnten Mangel an kompetentem Personal, aber auch an der politischen Situation. Belarus und Russland entfernten sich immer weiter von Europa. Im Jahr 2014 annektierte Russland die Krim, und in Belarus verstärkten sich die autoritären Tendenzen. Nur die Ukraine entschied sich nach der Revolution der Würde 2014 für den Westen. Um Studierende anzuziehen, verlegte man sich in den ostwissenschaftlichen Studiengängen auf verschiedene Marketingtricks. So beschloss die Universität Danzig beispielsweise, Spezialist:innen für Russland, China und Japan gleichermaßen auszubilden. Vom akademischen Nachwuchs wurde erwartet, dass er neben Russisch auch Chinesisch in drei Jahren fließend beherrschen lernte. Der Prozess der Abwanderung von Studierenden hielt jahrelang an. Er wurde durch den Krieg in der Ukraine drastisch verschärft. In seinem Kampf um Studierende sucht das Institut für Ostslawische Philologie der Jagiellonen-Universität Krakau sein Heil in einem englischsprachigen Studiengang, der im Jahr 2025 eingeführt wird. Das Angebot soll sich an junge Menschen aus Polen und dem Ausland (über das Erasmus-Programm) richten. Leider haben selbst derartige Bemühungen in den bereits bestehenden Studiengängen nicht dazu geführt, dass die Ostwissenschaften und die ostslawische Philologie für junge Menschen ausreichend attraktiv sind. Das ist der Grund, warum einige dieser Einrichtungen geschlossen wurden. So erging es auch dem Studiengang für die Kultur Russlands und seiner Nachbarländer (am Institut für Ostslawische Philologie an der Jagiellonen-Universität Krakau). Den Aussagen von Dozent:innen der ostslawischen Philologie und der Oststudien zufolge sind die Erstsemester von Jahr zu Jahr schlechter auf ein Hochschulstudium vorbereitet und haben sich nicht selten rein zufällig für einen dieser Studiengänge entschieden, weil sie an anderen Fakultäten nicht zum Studium zugelassen wurden.[10] Die Studierenden, die sich für einen Osteuropastudiengang entscheiden, erwarten in Übereinstimmung mit aktuellen Trends ein interdisziplinäres Programm. Sie wollen sich nicht auf das althergebrachte Ausbildungsmodell einlassen, das die Geschichte der russischen Literatur oder die Geschichte Russlands von den Anfängen bis zur Gegenwart präsentiert. Sie bevorzugen ein problemorientiertes Lernen. Sie fordern, dass in den Kursen gegenwärtig im postsowjetischen Raum ablaufende Prozesse behandelt werden, z. B. feministische Bewegungen oder die Situation von Homosexuellen in autoritär geführten Ländern.

Desgleichen gewinnt die postkoloniale Perspektive unter jungen Menschen immer mehr Fürsprecher. Sie wollen den Osten losgelöst vom polnischen Paternalismus kennen lernen: Sie widersprechen der Überzeugung, dass Polen als ein Land, das der Europäischen Union und der Nato beigetreten ist, das Recht habe, Osteuropa die Nutzung der polnischen Erfahrungen mit der Transformation zu diktieren oder sich zu einer Art Oberlehrer des Ostens aufzuschwingen. Diese dekolonisierende Lesart des Ostens findet allmählich auch unter jüngeren Lehrkräften Anklang. Mit dem Aufkommen autoritärer Tendenzen im heutigen Russland und der Konsolidierung der demokratischen Übergänge in der Ukraine kamen ferner Diskussionen über die Legitimität der Zusammenlegung der Fachrichtungen Russistik und Ukrainistik in einem Institut auf. In diesem Zusammenhang wurde das Argument vorgebracht,[11] dass eine Bezeichnung wie Institut für Russland und Osteuropa einen paternalistischen Ansatz gegenüber der Ukraine und Belarus impliziere.

---

10 Diese Aussage stammt von Professor Włodzimierz Mokry, dem langjährigen Leiter der Lehrstuhls für Ukrainistik und Ukrainestudien an der Jagiellonen-Universität Krakau.
11 Ebenda. Mehr zu diesem Thema im Kapitel: Russischunterricht in Polen und das Interesse der Polen an Russland.

Osteuropaexperten auf der Bühne

Die Teilnahme an Konferenzen und Podiumsdiskussionen über den postsowjetischen Raum erlaubt es bis zu einem gewissen Grad, sich eine Meinung über das Modell der Ausbildung polnischer Fachleute für Osteuropafragen zu bilden. Während solcher Veranstaltungen werden Ansichten über die untersuchte Region ausgetauscht und Prognosen über ihre Zukunft abgegeben. Die Teilnahme an diesen Debatten zeigt, dass sich die Mitglieder der polnischen Expertengemeinschaft, die sich mit Osteuropa beschäftigt, als besonders prädestiniert für das Studium des postsowjetischen Raums betrachten. Diese »Gabe« eines adäquaten Blicks auf den Osten ist vorgeblich auf die geografische Lage und die Geschichte des Landes zurückzuführen. Polen hatte und hat nicht nur direkte Grenzen mit Belarus, der Ukraine, Russland und Litauen; zwischen 1569 und 1795 bildeten die polnischen, litauischen und belarusischen Gebiete sowie auch weite Teile der heutigen Ukraine einen gemeinsamen Staatsverband, die Polnisch-Litauische Adelsrepublik. Von 1815 bis 1918 waren die östlichen Grenzregionen der polnischen Kernländer als Königreich Polen (sogenanntes Kongresspolen) hingegen Teil des Russischen Reiches. Es existiert also ein Gefühl der historischen, kulturellen und auch sprachlichen Nähe zu den osteuropäischen Ländern. Allein die Tatsache, dass sich die Polen ebenso wie die Russen, Ukrainer und Belarusen eines ähnlichen kulturellen Codes bedienen, sorge nicht nur dafür, dass polnische Expert:innen den Osten kennen, sondern versetze sie zugleich in die Lage, Entwicklungen jenseits von Polens Ostgrenzen zu interpretieren und vorherzusagen. Polnische Wissenschaftler und Analysten lassen sich auf Fachkonferenzen gelegentlich zu der Behauptung hinreißen, die polnische Analyse des postsowjetischen Raums suche ihresgleichen und westliche Analysten verfügten schlichtweg nicht über das entsprechende Forschungsinstrumentarium, um bestimmte Prozesse wahrzunehmen.

Welche Irrtümer können sich aus einem solchen Ansatz ergeben? Bei der Beschreibung des postsowjetischen Raums zieht die ältere Generation von Wissenschaftlern, Analysten und Journalisten allzu oft Analogien zwischen der Volksrepublik Polen und den Ländern des heutigen Osteuropas. Die gemeinsame Diktaturerfahrung ist zweifellos hilfreich, da sich viele der Mechanismen zur Ausübung von Kontrolle über die Gesellschaft in Polen vor 1989 und im heutigen Osteuropa gleichen. Ein solches Denken kann das Bild der zu analysierenden Ereignisse jedoch ungebührlich verzerren. Die autoritären oder totalitären Regime, die in den postsowjetischen Staaten entstanden sind, unterscheiden sich nämlich in erheblichem Maße von denen der Volksrepublik Polen. Neben dem ideologischen Element darf das auf den Trümmern der UdSSR entstandene clanhaft-oligarchische System in Russland und Belarus nicht außer Acht gelassen werden. In diesen Ländern riss eine Handvoll von Akteuren, die zu

Sowjetzeiten mit staatlichen Strukturen (beispielsweise Wladimir Putin mit den Geheimdiensten) verbunden waren, die Macht an sich. Neben ideologischen Zielen – wie dem »Russkij Mir« (dt. Russische Welt) zur Wiederauferstehung des Sowjetimperiums – verfolgen sie eine Politik zur Sicherung ihrer ganz privaten (in erster Linie finanziellen) Interessen. Ein Teil der polnischen Wissenschaftsgemeinschaft erkundet den Osten zu selten, um die dort stattfindenden Prozesse adäquat wahrzunehmen. Diese Situation wird sich zunehmend bemerkbar machen, da Feldforschung gegenwärtig nicht nur schwierig, sondern schlicht unmöglich ist. Bei Reisen nach Russland und Belarus läuft man Gefahr, verhaftet zu werden, und in der Ukraine tobt weiterhin ein bewaffneter Konflikt.

Vorhersagen

Die Osteuropastudien und die ostslawische Philologie haben eine ganze Reihe von Fachleuten für osteuropäische Angelegenheiten hervorgebracht, die in Polen hohes Ansehen genießen. Heute arbeitet dieser Personenkreis in den prestigeträchtigsten Positionen, deren Tätigkeit mit dem postsowjetischen Raum in Verbindung steht. Sie sind als Diplomaten, Angestellte der öffentlichen Verwaltung, des Kultursektors und auch in multinationalen Unternehmen tätig. In Bezug auf die Qualität der Ausbildung des polnischen, sich mit dem postsowjetischen Raum befassenden Personals stellt sich trotz allem die Frage, ob diese Tradition tatsächlich fortgesetzt wird. Anders ausgedrückt: Gibt es in Polen entsprechende Mechanismen und Möglichkeiten, um Osteuropaexperten weiterhin auf einem angemessenen Niveau auszubilden? Unter den derzeitigen politischen Bedingungen wachsen die Hürden für die Aneignung eines tiefgründigen Wissens über den Osten – ja, er verschließt sich geradezu Schritt für Schritt vor den Polen. Der Krieg in der Ukraine will kein Ende nehmen. Die politischen Beziehungen Polens mit Russland und Belarus sind auf einem Tiefststand, weswegen den Forschern kaum Möglichkeiten zur Durchführung wissenschaftlicher Nachforschungen in Archiven offenstehen. Einige Dokumente wurden ohnehin niemals zugänglich gemacht, z. B. Materialien über das sowjetische Unterdrückungssystem, andere konnten nur während kurzer Tauwetterperioden beschafft werden, so dass sich Forscher:innen gegenwärtig außer Stande sehen, ihre Recherchen zu Ende zu führen. Die Aneignung anthropologischen Wissens über den Osten ist ebenfalls erschwert, wenn nicht gar völlig unmöglich. Es ist praktisch ausgeschlossen, ein Visum für Russland zu erhalten und dorthin zu reisen. Die Erkundung des ukrainischen Territoriums birgt enorme Gefahren, und selbst Reisen in den Nordkaukasus können eine Herausforderung darstellen (die Einreise nach Bergkarabach ist eine heikle Angelegenheit). Bei den Ereignissen im Osten auf dem Laufenden zu bleiben, ist eine echte Herkulesaufgabe, wenn der Wissenserwerb ausschließlich auf wissenschaftliche Recherchen in Bibliotheken und die Lektüre der Tagespresse beschränkt ist. Schon eine flüchtige Lektüre von Pressetexten zeigt, dass polnische Journalist:innen, die nicht nur allgemein die Meinung über den Osten prägen, sondern auch den Stand des polnischen Wissens über den Osten beeinflussen, ausschließlich damit beschäftigt sind, die russisch- und ukrainischsprachige Presse zu lesen und darauf basierend ihre eigenen Texte zu schreiben. Diesen Materialien fehlt es schlicht an starken Thesen und kritischem Urteilsvermögen. Um tatsächlich als besserer und tiefgründigerer »Ostversteher« gelten zu dürfen, muss Polen bei der Ausbildung von Fachleuten auf diesem Gebiet ganz neue Wege gehen. Voraussetzung dafür ist es, die These von der »Unerkennbarkeit« Russlands zu verwerfen und die vielerorts anzutreffende paternalistische Herangehensweise an die Ukraine abzulegen. Andernfalls drohen wichtige Prozesse, wie der seinerzeit heraufziehende Krieg Russlands gegen die Ukraine, übersehen zu werden.

Die Dozent:innen polnischer Hochschulen sind sich mit den Analyst:innen des postsowjetischen Raums darüber einig, dass die Aneignung von Wissen über Russland in Polen eine immer größere Herausforderung darstellt. In der gegenwärtigen Lage war es verständlich, dass die institutionelle Zusammenarbeit zwischen polnischen und russischen Universitäten ausgesetzt wurde, das Gleiche gilt im Übrigen für kulturelle Einrichtungen. Selbst unter Mitgliedern der russischen Opposition gilt Polen als ein russophobes Land, weshalb regimekritische Journalist:innen, Schriftsteller:innen und Wissenschaftler:innen zögern, sich in Polen niederzulassen. Sie ziehen Prag oder Berlin als ihre »zweite Heimat« vor. Aus diesem Grund haben polnische Fachleute keinen ausreichenden Zugang zu Debatten und Diskussionen über Russland. Sie können es praktisch nur durch die Analyse von Medieninhalten studieren, und es liegt auf der Hand, dass es damit nicht getan sein kann.

Das Schicksal der betreffenden Studiengänge wird außerdem durch die Tatsache beeinflusst, dass viele Studierende, die sich für ostwissenschaftliche Studiengänge entschieden, ursprünglich die Hoffnung gehegt hatten, dass ihnen die Beherrschung der russischen Sprache auf dem Arbeitsmarkt zum Vorteil gereichen würde. Bis zum Jahr 2022 stellten westliche Unternehmen mit Niederlassungen in Polen reihenweise Absolvent:innen der Russistik, der Ukrainistik oder der Oststudien ein. Heute ist der polnische Arbeitsmarkt dagegen mit zugewanderten Menschen aus der Ukraine und Belarus gesättigt, und jetzt sind sie es, die als Muttersprachler gegenüber solchen Unternehmen die Nase vorn haben. Dieser Umstand wirkt sich bereits jetzt auf die betreffenden Studiengänge und universitären Fächer aus.

Literaturverzeichnis

Lucjan Suchanek: Rosjoznawstwo. Wprowadzenie do studiów nad Rosją, Kraków 2004.

Małgorzata Mrowiec: Najmniej popularne kierunki studiów w Krakowie. Na niektóre nie było nawet 0,5 kandydata na miejsce. In: Dziennik Polski 24, https://dziennikpolski24.pl/najmniej-popularne-kierunki-studiow-w-krakowie-na-niektore-nie-bylo-nawet-05-kandydata-na-miejsce/ar/c5-18615925.

Mirosław Haładyj: Wszystko przez wojnę. »Rosyjskim« kierunkom na UJ-ocie grozi zamknięcie?. In: Głos24.pl Kraków vom 19. August 2024, https://glos24.pl/wszystko-przez-wojne-rosyjskim-kierunkom-na-uj-ocie-grozi-zamkniecie.

Osteuropastudien an der Universität Warschau, https://studium.uw.edu.pl/historia/.

Jagiellonen-Universität Krakau, https://studia.uj.edu.pl/kierunki/wfilg/filolo.rosy.

Adam-Mickiewicz-Universität Posen, https://rekrutacja.amu.edu.pl/kierunki-studiow/wschodoznawstwo,403.

Universität Danzig, https://fil.ug.edu.pl/studenci/plany-studiow-i-zajec/studia-wschodnie.

Russischunterricht in Polen und das Interesse der Polen an Russland

Elżbieta Żak

Das Erlernen der russischen Sprache war sowohl in der Volksrepublik Polen als auch nach der Systemtransformation von verschiedenen historischen, politischen, sozialen und mentalen Gemengelagen belastet. Dadurch war es schlicht unmöglich, diese Sprache neutral zu behandeln und sie als eine Fremdsprache zu betrachten, die polnischen Schüler:innen aus eigenem Antrieb oder unter pragmatischen Gesichtspunkten als zweite Fremdsprache im Rahmen ihrer Schulbildung wählen würden. Aufgrund der diffizilen historischen Beziehungen wird das Russische gerade nicht als Verkehrssprache zur Verständigung mit den Nachbarn genutzt. Ihm haftet ein im kollektiven Bewusstsein von Polen verschiedener Generationen weiterwirkendes Odium an, und zur Rechtfertigung des Russischerwerbs wird ein ambivalenter Ausspruch zitiert: »Die Sprache des Feindes muss man kennen.« Im Laufe der vergangenen Jahrzehnte wurden wir Zeuge mehrerer aufeinander folgender Phasen der polnischen Haltung gegenüber dieser Sprache: Zunächst herrschte ein überaus frostiges Verhältnis, auf das alsbald ein leichtes Tauwetter folgte, das anschließend angesichts der expansiven Russlandpolitik unter Wladimir Putin durch eine erneute Abkühlung zunichte gemacht wurde. Das unablässig schwelende Misstrauen wird durch im Gedächtnis lebendige historische Erfahrungen verstärkt, denn, so betonen Forschende: »In den geopolitischen Vorstellungen über die UdSSR/Russland kann man ein Echo der im polnischen geopolitischen Denken der letzten 200 Jahre fortbestehenden Vorstellung von Polens ›verfluchtem‹ Platz in Europa sehen, der an der Schnittstelle zwischen Ost und West, an der Peripherie der westlichen Zivilisation, liegt«.[1] Bei der Einstellung der Polen zum Erlernen der russischen Sprache lassen sich je nach der Intensität des Einflusses äußerer Umstände drei Hauptphasen unterscheiden: eine distanzierte Haltung während des Bestehens der Volksrepublik Polen, eine differenzierte Übergangsphase nach dem Zusam-

---

1 Jarosław Macała: »Oddech Rosji plecy mrozi mi«. Związek Radziecki i Rosja w wyobrażeniach geopolitycznych polskiej muzyki popularnej po 1989 roku. In: STUDIA NAD AUTORYTARYZMEM I TOTALITARYZMEM 42 (2020) 4, S. 377–402, hier S. 377.

menbruch der UdSSR und dem geopolitischen Wandel, der sich in diesem Teil Europas nach 1991 vollzog, und die jüngste Phase im Kontext des von Russland im Jahr 2022 losgetretenen Angriffskrieges in der Ukraine. Jeder dieser Zeiträume ist durch seine eigenen Bildungsziele, ein spezifisches Narrativ, das sich im kollektiven Bewusstsein festgesetzt hat, sowie durch Richtlinien und Methoden für den Sprachunterricht in Polen gekennzeichnet.

Russischunterricht im kommunistischen Polen

Vor 1991 war die allgemeine Haltung der Polen gegenüber der russischen Sprache, die verächtlich als »Russki« bezeichnet wurde, eindeutig negativ.[2] Dies wurde durch die seit 1945 aufgezwungene (und zeitweise sogar in den Verfassungsrang[3] erhobene) polnisch-sowjetische Freundschaft, die mit der Sowjetunion verbundene propagandistische Dimension des Bildungswesens und den Zwang zum Erlernen dieser Sprache beeinflusst. Der Sprachunterricht erfolgte ab der fünften Klasse der Grundschule,[4] in der weiterführenden Schule bis zur Abiturprüfung und (für mindestens zwei Jahre) an den Hochschulen. Den Daten von 1974 zufolge belegte Polen mit 7 117 000 Kindern und Jugendlichen, die vom obligatorischen Russischunterricht in den Schulen erfasst wurden, im globalen Maßstab einen der vordersten Plätze. Dies ist im Vergleich mit anderen Staaten des vormaligen Ostblocks – wie etwa Bulgarien (etwas mehr als eine Million), Ungarn (eine Million), DDR (drei Millionen), ČSSR (anderthalb Millionen) – eine beachtliche Zahl, wobei natürlich die proportional deutlich kleinere Bevölkerung der jeweiligen Länder nicht außer Acht gelassen werden darf.[5]

2   Sprachlich korrekt müsste es eigentlich »język rosyjski« heißen. Diese Herabwürdigung des Russischen und der Russen (bzw. der Soldaten der Roten Armee) war auch in der DDR ein weit verbreitetes Phänomen, wo eine Unmenge von Witzen mit dem feststehenden Refrain »Russki, Russki, gar nicht dumm« im Umlauf waren [A. d. Ü.].
3   In der im Jahre 1952 (Gesetzblatt der Republik Polen 1976 Nr. 7 Pos. 36) verabschiedeten Verfassung enthielt der Artikel 6 die Bestimmung »Die Volksrepublik Polen stärkt in ihrer Politik [...] die Freundschaft und Zusammenarbeit mit der Union der Sozialistischen Sowjetrepubliken [...]«, was im Gesetz vom 10. Februar 1976 über die Änderung der Verfassung der Volksrepublik Polen (Gesetzblatt der Republik Polen 1976 Nr. 5 Pos. 29) bestätigt wurde.
4   Im damaligen polnischen Bildungssystem umfasste die Grundschule 8 Klassen, das allgemeinbildende Lyzeum [entspricht in Deutschland dem Gymnasium, A. d. Ü.] 4 Klassen, die berufsbildenden Mittelschulen 3 Klassen und die technischen Schulen 5 Klassen. Das Hochschulstudium dauerte 5 Jahre.
5   Die Daten stammen aus der Publikation von Vitaly Kostomarov, auf die sich Władysław Figarski in folgendem Text beruft: Język rosyjski w Polsce – fakty i mity. In: Przegląd Rusycystyczny 1 (121)/2008) 1, S. 84–97, hier S. 89.

In einem Bildungssystem, in dem eine ideologisierte Vermittlung von Wissen über die UdSSR gang und gäbe war, litt der Russischunterricht unter einer Primitivisierung des gesamten Lehrplans, der Monotonie der Lehrbücher, die aus einer Aneinanderreihung von propagandistischen Phrasen bestanden, und der Instrumentalisierung der Russischlehrkräfte durch die Parteiinstanzen und Schulaufsichtsbehörden. Insbesondere nach der Verhängung des Kriegsrechts in Polen im Dezember 1981 beteiligten sich die Schülerinnen und Schüler am patriotischen Widerstand gegen den politischen Hegemonen, indem sie aus Protest jedwede aktive Beteiligung am Sprachunterricht unterließen. Für sie war es Ehrensache und Ausdruck einer patriotischen Haltung, wenn ihnen beim Erlernen dieser Sprache keine Fortschritte bescheinigt wurden – die Note »ausreichend« auf dem Zeugnis wurde geradezu als Auszeichnung betrachtet.[6] Diese respektlose Haltung fand ihren Niederschlag u. a. in der polonisierten, sehr harten Aussprache von Lauten wie ч, щ durch einen Teil jener Generationen, die die phonetischen Grundlagen während der kommunistischen Ära erlernten. Dies weicht deutlich von der korrekten Artikulation ab, die doch gerade die sanft dahinfließende und weiche Melodie der russischen Sprache ausmacht.

Als wären diese ausgesprochen stark nachwirkenden Umstände und das dem Russischen in der kollektiven Vorstellungswelt anhaftende Kainsmal, das jegliche Motivation zum Erlernen dieser Sprache zunichtemachte, nicht schon genug, so gaben das Aussehen und der Inhalt der Schulbücher, die quasi als Pars pro Toto zu einer generationellen Erinnerung an die kommunistische Ära geworden sind, dem Sprachunterricht den sprichwörtlichen Rest. Die beispielhaft für die Epoche stehende vierteilige Reihe für den Grundschulunterricht beginnt mit einem bräunlichen Einband eines kleinen Buches mit einer farbenfrohen Zeichnung eines ikonischen Paares von Gegenspielern – Wolf und Hase[7] –, das den Polen aus den berühmten, im Fernsehen ausgestrahlten sowjetischen Zeichentrickfilmen bekannt war.[8] Auf den ersten fünfzehn Seiten werden die Schülerinnen und Schüler von eingerahmten bräunlich-dunkelroten, monochromen Zeichnungen begrüßt, denen phonetisches Material zugeordnet ist. Das erste Bild zeigt Jugendorganisationen: Pioniere und Pfadfinder. Nach den einleitenden Phrasen: Wer ist da? Dort ist Tamara, Mama, Papa, eine Schulbank und

---

6 Damals galt eine vierstufige Bewertungsskala: 2 – ungenügend, 3 – ausreichend, 4 – gut und 5 – sehr gut.

7 Für Leser:innen, die nicht in der DDR aufgewachsen sind: Wolf und Hase waren sozusagen Tom und Jerry des Ostens [A. d. Ü].

8 Zenon Harczuk, Władysław Figarski, Alisa Pawlik: Język rosyjski. Podręcznik dla klasy piątej szkoły podstawowej, Warszawa ²1984; WSiP, Anmerkung zur Genehmigung für den Schulgebrauch durch den Minister für Bildung und Erziehung, erstellt auf der Grundlage des Lehrplans für die russische Sprache für die Klassen 5–8 Nr. SN-40-126/82 vom 16. Dezember 1982, Auflage 700 000 + 160 Exemplare.

eine Landkarte (Кто там? Там Тамара, мама, папа, парта, карта), erscheinen ein Traktor, ein Dorf, ein Sommer auf der Krim und die Kamaz-Autofabrik am Fluss Kama, wo Onkel Boria arbeitet *(трактор, деревня, лето в Крыму, автозав од Камаз на реке Каме, в котором работал дядя Боря).* In der Mitte des Lehrbuchs befindet sich der Text *Das Alphabet kennen, schreiben und lesen wir schon (Алфавит уже мы знаем, уже пишем и читаем),* und gegen Ende taucht – mit Schlüsselcharakter – das Lied *Immer soll die Sonne scheinen (Пусть всегда будет солнце)* auf. Diese schematische Aufstellung sollte sich nach dem ersten Jahr des obligatorischen Russischunterrichts in der Grundschule notgedrungen in den Köpfen polnischer Kinder festsetzen.

Alle vier Teile dieses Russischlehrbuchs, das in den 1980er Jahren von der 5. bis zur 8. Klasse in polnischen Grundschulen Verwendung fand, zeichnen sich durch eine bemitleidenswerte grafische Gestaltung und eine bescheidene Größe im Format A5 aus. Die Zeiten des Mangels hinterließen im Unterricht durch vergilbtes Papier, unscharfe Zeichnungen und gelegentliche Schwarz-Weiß-Abbildungen ihre Spuren. Außerdem war der Inhalt durch einfache Dialoge und primitive Sätze gekennzeichnet, die buchstäblich danach schrien, verballhornt zu werden. Der Widerstand und die prinzipielle Abneigung der damaligen Schüler:innen gegen die russische Sprache vermengten sich mit ihrem Gefühl tödlicher Langeweile. Darüber hinaus war die Ideologisierung des Inhalts von Russischlehrbüchern für die Sekundarstufe durch die einseitige Auswahl von Texten, Illustrationen und Kommentaren weitaus stärker greifbar.[9] Sie manifestierte sich beispielsweise in Texten über die großen Aufbauprojekte des Kommunismus (Industrialisierung, zivilisatorischer Wandel in Sibirien, wissenschaftliche Erforschung der Antarktis) und Geschichten über den Revolutionsführer Lenin, der sich zusammen mit seiner Ehefrau Nadeschda Krupskaja zwischen 1912 und 1914 in Krakau und Podhale aufhielt. Die staatlich verordnete kommunistische Propaganda hatte jedoch nicht die gewünschte Wirkung und regte die Polen im Gegenteil nur weiter dazu an, sich über sie lustig zu machen und sich im Ersinnen von Schmähreimen zu überbieten.[10]

---

9 Michał Sarnowski: Ideologizacja polskich podręczników do nauki języka rosyjskiego – próba rekonesansu. In: Oblicza Komunikacji, Bd. 1, 2008: Ideologie w słowach i obrazach, S. 200, 203.

10 Im Gedächtnis der in der Volksrepublik Polen erzogenen Generationen sind mündlich weitergegebene Reime haften geblieben, die die ironische und zugleich kritische Haltung gegenüber der aufgezwungenen Indoktrination plastisch widerspiegeln: »W Poroninie na wyżynie/jedlinie/drabinie wiszą gacie po Leninie, wiatr je wieje/buja w lewo w prawo, a partyjni/komuchy biją brawo« [nachgedichtet: »In Poronin auf dem Hügel hängen Lenins Unterhosen an 'nem Kleiderbügel. Von links nach rechts der Wind sie dreht, und das Parteivolk vor Ergötzen fast vergeht«]. Es gab allerdings noch eine derbere Variante: »W Poroninie na leszczynie wiszą gacie po Leninie, kto chce wyżej

Die Darstellung der sowjetischen Jugend in den Schulbüchern war eindimensional und ideologisch überzeichnet (es wimmelte nur so von musterhaften Komsomolzen, die ins Kino gingen, um sich sowjetische Kriegsfilme[11] anzusehen). Die präsentierten Haltungen hatten rein gar nichts mit der Realität zu tun und konnten, da sie offenkundig propagandistische Funktionen erfüllten, unter jungen Polen nicht die Spur von Vertrauen erwecken. Gleichzeitig blieb die Tatsache, dass der begrenzte Sprachunterricht im kommunistischen Polen nicht im Entferntesten durch eine differenzierte Methodik für das Erlernen von Fremdsprachen untermauert wurde, eine weitere objektive Bedingung für sein Scheitern. Das Zusammenwirken all dieser Faktoren verhinderte das Kennenlernen breiterer interkultureller Kontexte, da das damalige methodische Ziel überhaupt nicht in der Entwicklung kommunikativer Kompetenz bestand. Eine 1979 veröffentlichte Studie unter Beteiligung von 124 Grundschüler:innen, die Russisch lernten, brachte ans Licht, dass die im Unterricht verwendeten Methoden und Techniken die Motivation zum Erlernen des Russischen nicht nur nicht förderten, sondern dass sie im Laufe der Schulkarriere kontinuierlich weiter abnahm.[12] In der sowjetischen Methodologie wurden das chorische Rezitieren von Liedern und das gemeinsame Singen gerne eingesetzt und von der Lehrkraft in einer Atmosphäre künstlicher Begeisterung gefördert. Trotz des oft kindlichen Inhalts dieser Reime hatte ihre Wiederholung eine gewisse Wirkung. Sie blieben den Generationen von Polen, die in der Volksrepublik Polen Russisch lernten, eher als anekdotisches Zeichen der Zeit denn als erworbene Sprachkompetenz in Erinnerung. Nach ihren Sprachkenntnissen befragt, geben viele von ihnen an, dass sie sich an das kyrillische Alphabet erinnern, es lesen können und viele der Wörter, die sie hören, passiv verstehen. In dieser Sprache sprechen oder kommunizieren können Sie hingegen nicht.[13]

---

awansować, musi gacie wycałować« [nachgedichtet: »Willst Du wirklich hoch hinauf, dann nach Poronin schnell lauf. Lenins Unterhosen hängen dort in einem Haselstrauch, die musst Du küssen, so ist es Brauch«].

11 Sarnowski: Ideologizacja polskich podręczników, S. 201.
12 Maria Kliś: Motywacja jako jedna z podmiotowych determinant procesu uczenia się języka obcego. In: PRZEGLĄD GLOTTODYDAKTYCZNY 1979, Bd. 3, S. 19–30, zit. nach: Marzanna Karolczuk: Nauczanie języka rosyjskiego jako drugiego języka obcego w Polsce z perspektywy edukacji międzykulturowej, Białystok 2016, S. 53.
13 Laut einer Umfrage des Meinungsforschungsinstituts TNS OBOP aus dem Jahr 2004 gaben 28 Prozent der Polen an, Russisch zu verstehen, es stand damit an erster Stelle der genannten Fremdsprachen. Vgl. Jakie języki obce rozumieją Polacy, TNS OBOP 087, 2004, S. 1–3, public.kantarpolska.com/archiv_files/087-04.pdf (29.08.2024). Eine Umfrage des Meinungsforschungsinstituts CBOS von 2015 bestätigt, dass die Polen bis ins Jahr 2006 an erster Stelle Russischkenntnisse erklärten (zwischen 24 und 22 Prozent). Im Jahr 2015 lagen die Werte für die Kenntnisse dieser Sprache bei 20 Prozent.

Die ersten Vorboten einer zukünftigen langsamen Weiterentwicklung in der sprachbezogenen Bildung machten sich in der Endphase der kommunistischen Ära bemerkbar. Damals wurde der Versuch unternommen, den didaktischen Ansatz der Russistik zu ändern, was einen allmählichen Prozess der Befreiung aus dem »engen Korsett der traditionellen Methodik des Russischunterrichts« einleitete.[14] In den Jahren 1983–1984 wurden für die Grundschulen und 1986–1987 für die weiterführenden Schulen neue Lehrpläne entwickelt sowie neue Ziele, Unterrichtsinhalte und methodische Annahmen definiert, denen zufolge es wichtig war, »zwei Arten von Kompetenzen bei den Schülern auszubilden: kommunikative Kompetenz und sprachliche (linguistische) Kompetenz«.[15] Es bedurfte indessen einer politischen Revolution sowie einer grundlegenden Umgestaltung der Vorstellungswelt und der Motivation, um einen wirklichen Wandel herbeizuführen. Demgegenüber hatte sich bis zu diesem Zeitpunkt noch so gut wie nichts in der Schulpraxis geändert. Das System funktionierte weiterhin routinemäßig nach den alten Mustern, was sich im Ausbleiben einer dynamischen Entwicklung der Sprachkenntnisse von Schüler:innen der polnischen Grund- und Sekundarstufe niederschlug.

Vergleicht man zwei Ausgaben des Lehrbuchs *Język rosyjski. Podręcznik dla klasy siódmej szkoły podstawowej* von Janusz Poznanski – die dritte von 1989 und die achte von 1994 –, so fällt ins Auge, dass die inhaltlichen Unterschiede lediglich in der Änderung des Namens Leningrad in Sankt Petersburg in Kapitel 10 und in der Kürzung der Leseempfehlungen am Ende des Buches bestanden. Beibehalten wurden die Punkte »Märchen der Völker der Sowjetunion« und (sic!) »Langweilt Euch nicht *(Не скучайте)*«, während »Der Pionierkontinent«, die Zeitschrift Kleines Mosaik[16], Lagerfeuer[17] und die beiden Zeitschriften Pionierwahrheit[18]

Vgl. CBOS, Komunikat z badań, Nr. 5/2016, O wyjazdach zagranicznych i znajomości języków obcych, S. 13 f., cbos.pl/SPISKOM.POL/2016/K_005_16.pdf (29.08.2024).
14   Figarski: Język rosyjski w Polsce, S. 92.
15   Ebenda. In dem zitierten Text bezieht sich der Autor u. a. auf das Grundschulprogramm für die russische Sprache. Język Rosyjski nr 2/1983.
16   Mała Mozaika war eine Zeitschrift zum Thema Sprachenlernen, die vom Bildungsverlag Wspólna Sprawa zwischen 1958 und 1990 in vier Sprachen veröffentlicht wurde: Deutsch, Englisch, Russisch und Französisch.
17   Ognisko, im Original Костёр – eine an Kinder und Jugendliche gerichtete Zeitschrift, die seit 1936 herausgegeben wurde. Vgl. Ленинградские детские журналы 1920–1930-х годов, https://expositions.nlr.ru/ex_rare/child_journals/koster.php (29.08.2024).
18   Pionierska Prawda – eine sowjetische und russische Zeitung für Kinder und Jugendliche, die seit 1925 vom nationalen Presseorgan des Leninistischen Kommunistischen Allunions-Jugendverbandes (ВЛКСМ) – Komsomol und dem Zentralrat der Allunions-Pionierorganisation herausgegeben wurde. Nach einer organisatorischen Umstrukturierung wird sie in Russland bis heute unter demselben Namen veröffentlicht. Vgl. gazetina.ru/p/5 (29.08.2024).

und Pionier[19] – die Kinder und Jugendliche ansprechenden allsowjetischen Presseorgane des Komsomol und der Pionierorganisation – aussortiert wurden. Die Entrümpelung der Schulbücher von ideologischem und politischem Ballast erfolgte erst Ende der 1990er Jahre mit der Umsetzung eines neuen Kommunikationskonzepts.[20]

Folgt man dem heutzutage gültigen Blick auf Schulbücher als ein Instrument, das neben der rein sprachlichen zusätzlich eine kulturelle Dimension aufweist, so lässt sich feststellen, dass die inhaltsarmen und abstoßend wirkenden Schulbücher des kommunistischen Regimes das starre und eindimensionale Bild von Russland im kollektiven Bewusstsein der Polen endgültig zementiert haben. Die von der sowjetischen Methodik vorgegebene Präsentationsweise eliminierte mit durchschlagendem Erfolg alle interessanteren Kontexte und Phänomene, die dieses größte und wohl kontrastreichste Land der Welt doch in Hülle und Fülle zu bieten hat. Die damaligen Umstände ließen keine Überprüfung zu, es bestand keine Möglichkeit, die gängigen Wahrnehmungen mit der Wirklichkeit abzugleichen. Vertreter:innen der linguistischen Methodik sind sich einig: »Der oberflächliche Unterricht über die Kultur des Zielsprachenlandes, ohne die Möglichkeit, sie mit der eigenen Kultur zu vergleichen, trug zu einer Trivialisierung der Lehrinhalte bei, beschränkte sie auf das Alltagsleben oder gar nur ausgewählte, eigentlich schablonenhafte Fragmente und vermittelte ein verzerrtes, gewissermaßen ›defektes‹ Bild dieses Landes und seiner Bewohner. Das Weglassen von Bestandteilen der Hochkultur, von Traditionen und Werten öffnete einer enorm simplizistischen Sichtweise auf andere Gesellschaften und in der Folge der Entstehung negativer Einstellungen gegenüber deren Kultur und Sprache Tür und Tor.«[21]

Angesichts dieser historisch-mentalen Bedingungen wurde die Aufgabe der kompetenten Vermittlung der russischen Sprache bereits während der kommunistischen Ära von polnischen Hochschulen übernommen, die Studiengänge der Russistik anboten. Einzelne universitäre Zentren schufen ihre eigenen Schulen und konnten sich einer Vielzahl bedeutender intellektueller Autoritäten für die Kenntnis Russlands rühmen.[22] Diese Hochschulen und ihre Dozent:innen

---

19 Pionier – eine Monatszeitschrift zu literarischen, künstlerischen, sozialen und politischen Themen für Kinder und Jugendliche, das Presseorgan des Komsomol und der Pionierorganisation. Sie erschien in den Jahren 1924–2016. Vgl. Журнал ПИОНЕР / полиграфический комбинат ПРАВДА, old.topos.memo.ru/node/973, (29.08.2024).
20 Sarnowski: Ideologizacja polskich podręczników, S. 201.
21 Karolczuk: Nauczanie języka rosyjskiego, S. 81 f. Vgl. Michał Sarnowski: Ideologizacja polskich podręczników, S. 203 f.
22 Hier sollten die folgenden Persönlichkeiten Erwähnung finden: Wiktor Jakubowski, Ryszard Łużny, Andrzej Drawicz (Jagiellonen-Universität Krakau), Rene Śliwowski (Universität Warschau), Andrzej Walicki (Universität Warschau und Universität Łódź), Andrzej

setzten sich auf unkonventionelle Weise mit dem am stärksten ideologisierten Gebiet dieser Epoche auseinander und bemühten sich nonkonformistisch darum, die widersprüchliche russische Realität darzustellen, in die sie auch Werke regimekritischer Kunst- und Kulturschaffender einbezogen. Das damalige inhaltliche Studium der Sprache und Literatur ermöglichte es, auf der Grundlage der in früheren Bildungsstufen erworbenen Kenntnisse der russischen Sprache eine breitere kulturelle Kompetenz zu erwerben.

Das Ende des obligatorischen Russischunterrichts

Im Zuge der durch die Solidarność-Bewegung eingeleiteten Veränderungen und der ersten teilweise freien Wahlen in Polen im Jahr 1989 wurde ein komplexer Prozess der Aufhebung des Pflichtunterrichts in russischer Sprache an polnischen Schulen eingeleitet. Im Erlass des Ministers für Nationale Bildung vom 2. Februar 1990 wurde in die Tabelle der Pflichtfächer für die Klassen 5–8 der Grundschulen folgender Eintrag aufgenommen: Russisch oder eine westeuropäische Sprache,[23] was de facto die Aufhebung des obligatorischen Russischunterrichts bedeutete. Im Jahre 1992 wurde eine weitere semantische Änderung in den ministeriellen Lehrplänen umgesetzt: Für die Klassen 5–8 enthielt die Fächerliste nur noch den Eintrag einer – modernen – Fremdsprache, ohne dass Russisch explizit ausgewiesen wurde.[24]

Die von oben herab getroffenen Entscheidungen und ministeriellen Leitlinien im Zusammenspiel mit den schrittweisen Änderungen der Kernlehrpläne kreuzten sich mit den individuellen Entscheidungen von Schulleitungen bestimmter Schulen, die über unterschiedliche Möglichkeiten verfügten, den von ihnen betreuten Schüler:innen verschiedener Schulstufen eine Palette von Sprachen anzubieten. Das vor 1989 als Russischlehrer angestellte Personal konnte mitunter eine Umschulung absolvieren, arbeitete aber nicht selten bis zur Pensionierung – erst dann konnten neue Lehrkräfte für beliebte westliche Sprachen eingestellt werden. Gleichzeitig war die Einstellung von Anglisten und Germanisten, die bereit waren, trotz des fortschreitenden Prestigeverlusts des Lehrerberufs in Polen als Sprachlehrer in öffentlichen Schulen zu arbeiten, ein schwieriges

De Lazari (Universität Łódź), Marian Jakóbiec, Leszek Ossowski, Zbigniew Barański (Universität Breslau), Piotr Fast (Schlesische Universität Kattowitz).

23 Zarządzenie nr 5 Ministra Edukacji Narodowej z dnia 2 lutego 1990 r. w sprawie planów nauczania w szkołach ogólnokształcących oraz zmian w planach nauczania w szkołach zawodowych (Amtsblatt des Bildungsministeriums 1990 Nr. 2 Pos. 8).

24 Zarządzenie nr 13 Ministra Edukacji Narodowej z dnia 28 maja 1992 r. w sprawie ramowych planów nauczania w publicznych szkołach ogólnokształcących i zawodowych (Amtsblatt des Bildungsministeriums 1992 Nr. 2 Pos. 12).

Unterfangen: Sowohl die enormen Kompetenzanforderungen als auch die unverhältnismäßig niedrigen Gehälter hielten sie davon ab. In ganz Polen standen zu Beginn der 1990er Jahre 18 000 Russischlehrer einer bescheidenen Zahl von 900 Englischlehrern gegenüber.[25] Die Anglisten fanden im Gegensatz dazu eine Anstellung auf dem privaten Markt, der eine um ein Vielfaches höhere finanzielle Vergütung bot als das staatliche Bildungssystem. Aus offensichtlichen Gründen wurde der Russischunterricht an den Schulen also nicht sofort eingestellt, und im Laufe der Zeit wurde er in den östlichen Regionen Polens, also den Woiwodschaften Podlachien und Lublin, wo diese Sprache am häufigsten als zweite Fremdsprache unterrichtet wird, sogar noch intensiviert.[26] Władysław Figarski nimmt bei seiner Einschätzung der damaligen Veränderungen kein Blatt vor den Mund: »Es begann die Zeit der Vergeltung, will sagen die Beseitigung dieser Sprache [des Russischen] aus den Schulen, und zwar auf breiter Front, was in eine schlimme Zeit der Diskriminierung sowohl der Sprache selbst als auch ihrer Lehrer mündete. Meinungen, dass es sich um eine ›kommunistische‹ (sic!) Sprache handele, die genau deshalb aus den Schulen entfernt werden müsse, waren keine Seltenheit«,[27] und die Russisten wurden mit Geringschätzung und Verachtung gestraft. Wie Figarski weiter ausführt, wurden »in den Jahren 1991/1992 fast 4500 Russischlehrer für andere Fächer abgezogen, wodurch sie über Nacht zu Lehrern ohne entsprechende Qualifikation wurden«.[28] Um diese schwierige Situation zu überwinden und den Russisten beizuspringen, wurden sukzessive neue und attraktivere Schulbücher herausgegeben. Der zahlenmäßige Anteil des Russischunterrichts in Polen ist in den Jahren 1992 bis 1995 auf ein Fünftel zurückgegangen.[29] Dem Russischen haftete damit weiterhin seine Stellung als eine abgelehnte Sprache an.

---

25 Hanna Komorowska: Dobra komunikacja jest potrzebna, by żyć w spokoju. In: frse.org.pl, o. D., https://www.frse.org.pl/eksperci-dla-frse/dobra-komunikacja-jest-potrzebna-by-zyc-w-spokoju (21.08.2024).
26 Powszechność nauczania języków obcych w roku szkolnym 2009/2010. In: ore.edu.pl, 2011, https://ore.edu.pl/powszechnosc-nauczania-jezykow-obcych-2009-2010-2/ (30.09.2024); Nauczyciele języków obcych w roku szkolnym 2010/2011. In: ore.edu.pl, 2011, https://ore.edu.pl/2015/03/raporty-2/ (30.09.2024); Anna Braunek: Powszechność nauczania języków obcych w roku szkolnym 2011/2012. In: ore.edu.pl, 2013, http://www.bc.ore.edu.pl/Content/426/Powszechnosc_nauczania_jezykow_2011_2012_17.04_final.pdf (30.09.2024); Karolczuk: Nauczanie języka rosyjskiego, S. 18.
27 Figarski: Język rosyjski w Polsce, S. 94.
28 Ebenda.
29 Ebenda.

Sozialer Wandel und die Neuerfindung Russlands

Vor dem Hintergrund dieser allgemeinen Einstellung der Polen gegenüber der russischen Sprache ist es sinnvoll, die Kontexte der Zeit nach 1991 zu berücksichtigen, die die Wahrnehmung des postsowjetischen Raums beeinflusst haben. Ihre mehrschichtige Entwicklung findet Widerhall in der kognitiven Motivation der jungen Generation, die auf der Ebene der Familie, der Gesellschaft und der Medien mit einer spezifischen Vision der polnisch-russischen Beziehungen vertraut gemacht wird. Konkrete Veränderungen im Kontakt von Kindern und Jugendlichen mit dem Russischen in der Schule wurden gleichfalls durch zahlreiche Reformen des polnischen Systems des Sprachunterrichts bewirkt.

Die Erlangung der politischen Souveränität Polens, neue wirtschaftliche Bedingungen und die sich verändernde Sicht auf die Kultur jenseits der östlichen Grenzen des Landes waren Schlüsselfaktoren für den Fortgang der Transformation des politischen Systems. Dies schuf einen neuen Horizont und lieferte Gründe für das Interesse an diesem Gebiet, wenngleich sich das Bewusstsein eher auf der Ebene der akademischen Bildung als im Schulunterricht herauskristallisierte. Wegen der veränderten geopolitischen Lage Polens, der Hinwendung zu euroatlantischen Integrationsprozessen und Polens Beitritt zur Nato im Jahr 1999 rückte Russland im polnischen kollektiven Bewusstsein in den Hintergrund. Die politische und emotionale Interaktion zwischen den beiden Ländern schwächte sich ab, während beide Länder mit ihren ganz eigenen Transformationsproblemen zu kämpfen hatten.

Der Zusammenbruch der UdSSR und die Öffnung Russlands gegenüber dem Westen förderten neue vielversprechende Perspektiven für die wirtschaftliche Zusammenarbeit zutage. Die Veränderungen kamen durch den zunehmenden Grenzverkehr und die Anwesenheit von »Russkis« auf polnischen Basaren und Märkten zum Ausdruck. Die Händler in der Dreistadt[30] begannen, Russischkurse zu belegen, und aufgrund der Geschäftskontakte mit Russland kehrte auch die Sprache allmählich zurück, obgleich eher auf dem Niveau von Wirtschaftshochschulen.[31] In der Situation einer vormaligen »Verweigerung« und späteren »Befreiung« nahm das Interesse an Russland allmählich zu, da nun die Aussicht bestand, dass sich dieser Markt für polnische Unternehmen öffnen würde.

Russland und die aus der Konkursmasse der UdSSR hervorgegangenen Staaten waren nun in journalistischen Kreisen en vogue und hielten auf vielfältige Weise in den Medien Einzug. Dies war mit der wachsenden Popularität des Genres der Reportage in Polen verbunden, die neues Wissen zu historischen, po-

---

30 »Dreistadt« (poln. Trójmiasto) ist die Bezeichnung für die Metropolregion an der Danziger Bucht, die sich aus Danzig, Zoppot und Gdingen zusammensetzt [A. d. Ü.].
31 Komorowska: Dobra komunikacja.

litischen und gesellschaftlichen Themen vermittelte, zumal dafür einheimische Vorbilder wie Ryszard Kapuścińskis *Imperium* oder die Tradition der soziologisch und philosophisch tiefgründigen Reportagen von Hanna Krall vorlagen. Eine Schlüsselrolle bei der Entwicklung dieses Genres kam dem 1996 gegründeten Verlag Czarne zu, der sich auf Sachbücher über die Länder des ehemaligen Ostblocks spezialisierte. Die Mode der literarischen Reportage wurde in Polen durch die 2008 von ebenjenem Verlag ins Leben gerufene Reportagereihe weiter gefestigt.[32] Sie hat sich in der Zwischenzeit zu einer der bekanntesten und meistgelesenen Sachbuchreihen auf dem polnischen Markt entwickelt. Unter den in dieser Reihe erschienenen Büchern finden sich viele, die sich mit postsowjetischen Staaten auseinandersetzen und eine Reihe von Themen anschneiden, die für Polen von Interesse sind, und sich mit seinen östlichen Nachbarn beschäftigen. Das Ansehen dieses Genres wurde zusätzlich durch den Ryszard-Kapuściński-Preis aufgewertet, der 2010 vom Rat der Stadt Warschau gestiftet wurde. Er wird vergeben für »besonders wertvolle Reportagebücher, die wichtige zeitgenössische Themen aufgreifen, zum Nachdenken anregen und das Wissen über die Welt anderer Kulturen vertiefen«.[33]

Der polnischen Leserschaft stehen einerseits zahlreiche Textsammlungen von professionellen Journalisten, Korrespondenten, Diplomaten und Reportern zur Verfügung – es genügt, hier auf Wacław Radziwinowicz, Krystyna Kurczab-Redlich, Barbara Włodarczyk, Jacek Hugo-Bader, Wojciech Jagielski, Wojciech Górecki und viele andere zu verweisen, die jeweils eine eigene Untersuchung Wert wären. Sie werden deswegen hier erwähnt, weil sie zu einer Professionalisierung des öffentlichen Diskurses über diese neu entstandenen Länder und ihre Probleme beigetragen haben, mit denen sich die polnischen Medien nach 1991 zuhauf auseinandergesetzt haben. Andererseits hat sich auch die Reiseliteratur mit Berichten der Liebhaber von Reisen »in den Osten« dynamisch entwickelt. Im Jahr 1999 wurde in Krakau der Verlag Bezdroża gegründet.[34] Die ursprüngliche Idee dieses Verlags war es, Publikationen über Mittel- und Osteuropa sowie Asien zu veröffentlichen. Seine mit als erste herausgegebenen Reiseführer über den Baikalsee und die Transsibirische Route, die aus der Feder junger Po-

---

32 Wydawnictwo Czarne, seria Reportaż, https://czarne.com.pl/katalog/serie/reportaz (18.08.2024).
33 Der Wettbewerb wird von der Redaktion der Gazeta Wyborcza mitorganisiert. Schirmherrin war bis zu ihrem Tod im Jahre 2022 die Witwe des Schriftstellers, Alicja Kapuścińska. Zitiert nach: Nagroda im. Ryszarda Kapuścińskiego. In: um.warszawa.pl, https://kultura.um.warszawa.pl/nagroda-im--ryszarda-kapuscinskiego (12.08.2024).
34 Seine Gründer waren die Globetrotter Dominika Zaręba und Tomasz Ostrowski, die ihr erstes Buch (Mongolia. Nie tylko step. Przez bezdroża Azji. Przewodnik turystyczny, Kraków 2000) in diesem Verlag herausgaben [Der Name des Verlags bedeutet im Deutschen so viel wie »Unwegsames Gelände« oder »Auf Abwegen«; A. d. Ü].

len stammten, erfreuten sich großer Beliebtheit.[35] Im Laufe der Zeit baute der Verlag seine Reiseserien deutlich aus. In der Beschreibung der Autor:innen, die hier veröffentlicht werden, findet sich die Zusicherung: »Unsere Bücher werden von Reisebegeisterten geschrieben, die mitreißend die Suche nach neuen, unbekannten Orten beschreiben und Ihnen dabei helfen, Routen zu entdecken, die noch nicht von Touristen überrannt sind.«[36]

In der damaligen, von der Systemtransformation geprägten polnischen Realität wurde das Reisen zu einer neuen Herausforderung, und es prägten sich individuelle Reisepraktiken heraus. Die Popularisierung der oben genannten Literatur fachte unter den jungen Generationen und der Bildungselite das Interesse am sogenannten Osten an. So wurde der Wunsch geboren, diese mythologisierten und weithin unbekannten Welten kennenzulernen, die sich allmählich vom sowjetischen Joch und dem Bild der UdSSR als einem kommunistischen Monolithen befreiten. In Verbindung mit dem Modell des Alternativ- und Abenteuertourismus wurde Russland zu einem Reiseziel, das vor allem von vergleichsweise jungen Menschen gewählt wurde.[37] Sie fühlten sich von den zur Erforschung offenstehenden, unendlichen Weiten und den Orten, die von den Reisenden als das »Ende der Welt« bezeichnet wurden, magisch angezogen.

Obzwar bei den nach 1991 einsetzenden Reisen nach Russland nicht von einem Massenphänomen die Rede sein kann,[38] waren sie dennoch symptomatisch.

---

35 Julia Witczuk, Stanisław Pagacz: Bajkał, morze Syberii. Przez bezdroża Azji. Przewodnik turystyczny, Kraków 2000; Szlak transsyberyjski Moskwa-Bajkał-Mongolia-Pekin. Przewodnik, Sammelband, Kraków 2004. Beide Publikationen wurden mehrfach in verschiedenen Überarbeitungen neu aufgelegt.

36 Wydawnictwo Bezdroża, seria Książki Podróżnicze Bezdroży. In: bezdroza.pl, o. D., https://bezdroza.pl/serie/ksiazki-podroznicze-bezdrozy (25.08.2024).

37 Agata Bachórz: Rosja w tekście i doświadczeniu. Analiza współczesnych polskich relacji z podróży, Kraków 2013, S. 165.

38 Einer statistischen Untersuchung von CBOS aus dem Jahr 2009 lässt sich entnehmen, dass nur 3 Prozent der Befragten in den letzten 20 Jahren eine Urlaubsreise nach Russland unternommen hatten: Polacy o swoich wyjazdach zagranicznych i znajomości języków obcych, Komunikat z badań CBOS, Nr. 111, 2009, https://www.cbos.pl/PL/publikacje/raporty_tekst.php?id=3919 (30.09.2024); vgl. Bachórz: Rosja w tekście, S. 11. Wesentlich sind hier freilich nicht Statistiken, sondern die Art dieser freiwilligen Reisen, insbesondere nach dem Ende der erzwungenen polnisch-sowjetischen Freundschaft und der reglementierten Reisen in die Ostblockländer. Vgl. Magdalena Banaszkiewicz: Dialog międzykulturowy w turystyce. Przypadek polsko-rosyjski, Kraków 2012, S. 97–109. In den Ergebnissen einer Mitte 2020 durchgeführten Umfrage findet sich die Angabe, dass 10 Prozent der Polen nach dem Zusammenbruch der UdSSR Russland besucht haben: Centrum Polsko-Rosyjskiego Dialogu i Porozumienia, Polska–Rosja. Diagnoza Społeczna 2020. Polacy na temat Rosji i Rosjan oraz stosunków polsko-rosyjskich, S. 17. In: cprdip.pl, 2020, http://cprdip.pl/wydawnictwo,raporty,672,polska-rosja_diagnoza_ spoleczna_2020.html (30.08.2024).

Sie zeugten nämlich von den veränderten Einstellungen und Wahrnehmungen der verschiedenen Generationen und von der Weiterentwicklung des polnischen Wissens über die ehemalige UdSSR als einem Prozess, der erst nach der Aufhebung des obligatorischen Russischunterrichts und der Abwendung von dieser Sprache ins Rollen kam. Unbeschadet seines Nischencharakters war dieser Trend auffällig genug, sodass der polnische Alternativtourismus in die postsowjetischen Gebiete und seine Beziehung zu veröffentlichten literarischen Erzählungen und Reiseberichten zum Gegenstand von immerhin drei analytischen wissenschaftlichen Studien wurden. Die Untersuchungen beinhalteten eine Analyse der Beweggründe von Polen, die sich für eine Reise in den Osten entschieden, und nahmen ihre Erzählungen, die etwas über ihre Wahrnehmung von Russland und den Russen aussagen, genauer unter die Lupe. Die Berichte gewöhnlicher Reisender wurden den Erkenntnissen renommierter Reporter:innen gegenübergestellt.[39]

Die Vielfalt der Reisestile, die die Abstecher nach Russland kennzeichnen, ist beachtlich. Da gab es zum einen diejenigen, die sich mit den im kollektiven Bewusstsein verankerten sozialen, historischen und kulturellen Vorstellungen über das Land auseinandersetzen wollten. Zum anderen fanden sich Personen, die sich trotz oder ungeachtet dieser Überzeugungen nach Russland aufmachten und neues kulturelles Wissen über ein Land schufen, das dergestalt zum Schauplatz ihrer Erfahrungen und Abenteuer wurde.[40] Anhand dieses umfangreichen Buchmaterials lassen sich neue Beweggründe für individuelle Reisen in die Länder der ehemaligen UdSSR erkennen, und die Reisen eines erheblichen Teils der Polen können als »Intelligenzler-Reisen« eingestuft werden. Viele Forscher weisen darauf hin, dass »Russland für einen beträchtlichen Teil der Polen ein bedeutsames Fremdes ist, man könnte pathetisch sagen – eine Antithese zu Polen. Gleichzeitig kann es jedoch […] als eines der Länder erscheinen, die Polen am nächsten stehen. […] Aus der Gegenüberstellung vieler Berichte ergibt sich das Bild einer eigentümlichen symbolischen Seelenverwandtschaft der slawischen Welt, deren bedeutsame Fremde einerseits der Westen und andererseits das weiter entfernte Asien, also sozusagen das ›eigentliche Asien‹, sind.«[41] Es ist eine Faszination für eine Wirklichkeit, die für die Polen einen gewissen gemeinsamen Nenner in Form der Erfahrung der sozialistischen Vergangenheit aufweist. Für die Generationen, die im kommunistischen Polen aufgewachsen sind, war

---

39 Anna Horolets: Konformizm, bunt, nostalgia. Turystyka niszowa do krajów byłego ZSRR, Kraków 2013; Bachórz: Rosja w tekście; Ewa Pogonowska: Klucze do Rosji. Tematy i strategie współczesnych narracji podróżniczych, Lublin 2018.
40 Bachórz: Rosja w tekście, S. 176.
41 Tomasz Zarycki: Socjologia polskich podróży do krajów byłego ZSRR. Dwa przykłady: In: Kultura i Społeczeństwo Nr. 1/2016, 119–131, hier S. 130.

es wichtig, die Möglichkeit zu haben, die erkennbare postkommunistische Welt aus einer neuen, ungezwungenen Perspektive zu betrachten.

Ferner wurden die Reisenden durch die Suche nach ungewöhnlichen Begegnungen und authentischen Erfahrungen sowie den Wunsch nach dem Erleben der slawischen Seele und zum Knüpfen sozialer Kontakte angespornt, was durch die leichte Verständigung dank der mehr oder weniger guten Russischkenntnisse begünstigt wurde. In zahlreichen Reportagen und Berichten über die Reisen von Polen in den Osten tauchen immer wieder Gespräche mit den Einheimischen auf, wobei das Russische in diesem weiten Raum, der heute in unabhängige Staatsgebilde aufgeteilt ist, als Verkehrssprache diente. Der Aufenthalt unter der Bevölkerung der ehemaligen UdSSR, die Fahrt mit lokalen Verkehrsmitteln, die Nutzung russischsprachiger Fahrer, die Gastfreundschaft und die Praxis des offenen Gesprächs mit den Menschen, denen man unterwegs begegnete, wurden zu essenziellen Bestandteilen dieser Reisen.[42] Erleichtert wurden sie durch die Kenntnis der Sprache.[43] Schließlich ist die Kommunikation mit Russischsprechern doch genau eine der wichtigsten Motivationen für das Erlernen der Sprache, die vor 1991 fehlte. Eine Untersuchung des Meinungsforschungsinstituts CBOS aus dem Jahr 2009 führte aus, dass damals jeder fünfte Pole zumindest auf Grundniveau Russischkenntnisse angab.[44] Dies vermittelte ein Gefühl des Komforts beim Reisen, und die Sprachkenntnisse gingen in einigen Situationen mit einem Gefühl der Nähe zwischen Polen und Russland einher, das sich im Stil der geführten Gespräche widerspiegelte. Die eingeschränkten Sprachkenntnisse hinderten kaum einen polnischen Reisenden daran, Russland als einen kommunikativ freundlichen Raum zu betrachten. Dabei entstand zugleich eine neue Kategorie von Reisenden, nämlich die »kulturellen Ignoranten« Russland gegenüber, denen das kyrillische Alphabet genauso unverständlich wie Hieroglyphen war, so dass eine Verständigung nicht die Regel sein konnte. In solchen Fällen wurde die russische Realität – im Gegensatz zur westlichen Welt – verstärkt als »exotisch« wahrgenommen.[45]

Zu einer anhaltenden Faszination der Polen, einem eigenen Ziel ihrer Expeditionen und einer Quelle der Inspiration für viele Publikationen wurde die Transsibirische Eisenbahn,[46] die in den Berichten aufgrund der Entfernungen sowie

---

42 Bachórz: Rosja w tekście, S. 205 f.
43 Marcin Sawicki: Opowieści tadżyckie, Białystok 2015, S. 12.
44 Polacy o swoich wyjazdach zagranicznych. CBOS beruft sich hier auf die Angaben in Bachórz: Rosja w tekście, S. 209.
45 Ebenda, S. 209–213.
46 Vgl. z.B. Tomasz Cyrol: Transsibem nad Bajkał, Łomianki 2008; Igor T. Miecik: 14:57 do Czyty, Wołowiec 2012; Piotr Milewski: Transsyberyjska. Drogą żelazną przez Rosję i dalej, Kraków 2014; Ewa Nowak: Daleko po torach. Przez Rosję aż do Chin, Gdynia 2022.

der ungewöhnlichen und unkonventionellen Art, weite Räume zu überwinden, fast schon einen mythischen Status erhielt. Die Reise mit diesem russischen Zug verwandelte sich in einen Schauplatz interkultureller und interethnischer Begegnungen. Die »Transsib« ist auf eigentümliche Weise mit Sibirien verwoben,[47] das für ältere Generationen von Polen mit einer Unmenge an traumatischen Assoziationen verbunden ist.[48] Als Thema und Ziel der Erkundung war es nicht nur für Vertreter der Bildungselite, die sich der historischen Zusammenhänge, die nicht selten den tragischen Hintergrund für individuelle familiäre Überlieferungen abgaben, bewusst waren, von Interesse. Seinem Charme erlagen auch Reisende einer neuen Generation, die ihr Augenmerk auf einen fernen Raum richteten, dessen enorme Anziehungskraft aus den geografischen und klimatischen Bedingungen dieser grenzenlosen Weiten, Imaginationen von Extremsituationen und abenteuerlichen Träumereien herrührte, die zur Erkundung dieses exotischen Gebiets aufforderten.

Eine starke und eindrucksvolle Persönlichkeit, die zu Beginn der 1990er Jahre Polens öffentliche und publizistische Bühne betrat, war der bekannte Weltenbummler Romuald Koperski. Er war Initiator und Organisator von drei Ausgaben der Transsibirien-Rallye, darunter die Transsyberia – Gigant 2004, die längste Autorallye der Welt (auf einer Strecke Atlantik–Pazifik–Atlantik wurden in nur 39 Tagen 30 000 km zurückgelegt).[49] Diese extremen Leistungen bildeten die Grundlage für eine ganze Reihe seiner viel gelesenen Bücher.[50] Im

---

47 Die betreffenden Bücher unterscheiden sich stark in ihren Erzählstilen und der Generationszugehörigkeit der betreffenden Autoren. Die exemplarischen Titel verdeutlichen diese Disparität: Jacek Pałkiewicz: Syberia. Wyprawa na biegun zimna, Poznań 2007; Hieronim Żygadło: Syberyjska spiekota, Wrocław 2007; Adam Wicher: Wsjo wypito, czyli Syberia dla początkujących, Szczecin 2011; Kazimierz Sowa: Moje syberyjskie podróże, Warszawa 2013; Zdzisław Bratkowski: Syberia, inny świat, Gdynia 2015; Stanisław Kalisz: Syberyjski trans, Warszawa 2015.

48 In der polnischen Sprache existiert weiterhin der Russizismus »Sybir«, der für Kälte, Hunger und Erschöpfung durch Arbeit steht und mit der sich über Jahrhunderte hinziehenden zaristischen Praxis verbunden ist, unliebsame Polen in die Verbannung zu schicken. Im 18. und 19. Jahrhundert handelte es sich um ein Instrument der politischen Bestrafung im Rahmen der Unterdrückung, die auf die Niederschlagung der erfolglosen nationalen Befreiungsaufstände in Polen folgte. Im 20. Jahrhundert kam es aufgrund des Ausbruchs des Ersten Weltkriegs zu Umsiedlungsaktionen, gefolgt von Repressionen nach der Oktoberrevolution und der traumatischen Erfahrung von Polen in sowjetischen Arbeitslagern.

49 Koperski unternahm Dutzende von Expeditionen durch Gebiete wie Jakutien, Chakassien, Altai, Burjatien, Tschukotka, Kolyma, den Baikalsee, den Ural, das Werchojanske Gebirge, das Sajangebirge, das Chamar-Daban-Gebirge, das Suntar-Chajata-Gebirge, das Tscherskigebirge und die Polargebiete Sibiriens. Mit dem Auto legte er sieben Mal eine Strecke von mehr als 100 000 km durch Sibirien zurück.

50 Vgl. Romuald Koperski: Pojedynek z Syberią, Toruń 1997; ders.: 1001 obrazów Syberii, Gdańsk 1999 (Album mit etwa eintausend Fotografien aus Sibirien); ders.: Przez Sybe-

Jahr 2011 gründete er die Romuald-Koperski-Stiftung,[51] deren Hauptziel es ist, die gegenseitige Wahrnehmung von Polen und Russland im jeweiligen Land zu verbessern. In seinen Veröffentlichungen präsentiert sich Koperski als »harter Kerl«, der dank einer Entmystifizierung von Scheinwissen über das Land die Wahrheit über Russland ans Licht bringt. Seine eigenen Erfahrungen stellte er primär dem westlichen Blick auf Russland gegenüber, indem er die polnische Perspektive auf die russische Welt als die aufschlussreichere und authentischere Alternative anpries und überhöhte. Sie basierte auf einer Annäherung an die erkennbare Realität, die im starken Kontrast zu westeuropäischen Ländern steht. Desgleichen sind die von Anna Horolets befragten polnischen Russlandtouristen der Meinung, sie seien klüger, zäher und stärker als ihre westlichen Kollegen. Im Übrigen fühlen sie sich als diejenigen, die ihren Reisen einen tieferen Sinn verliehen, während sie westlichen Touristen eine vermeintlich oberflächliche Wahrnehmung Russlands und seiner Nachbarländer attestieren.[52] Diese Haltung einer ostentativen Darstellung der eigenen kategorischen Überzeugungen sowie die Tendenz, die eigenen Reisebeobachtungen in eine Art von Kompetenzwettbewerb zu stellen, kennzeichnet viele polnische Autoren von Reportagen und Reisebüchern über Russland und ist in Polen generell deutlich wahrnehmbar.[53]

In der Forschung ist die Auffassung verbreitet, dass Russland einen wichtigen Bestandteil der polnischen Identität darstellt und dass die Polen beanspruchen, in russischen Fragen besonders kompetent zu sein, da sie aufgrund historischer Erfahrungen über Kenntnisse der »russischen Seele« verfügten.[54] Indem sie sich mental auf die Seite der westeuropäischen Kultur stellen, beurteilen sie gleichzeitig die russische Welt – in den Begriffen der zeitgenössischen postkolonialen Perspektive – als eine niedriger stehende Zivilisation.[55]

Bezeichnend für die vielfältigen Veränderungen im polnischen kollektiven Bewusstsein nach dem Zusammenbruch der UdSSR ist die Entstehung einer neuen Sichtweise und eines neuen Diskurses nach der Wiedererlangung der polnischen Unabhängigkeit. In ihnen paart sich Kritik mit einer aufrichtigen Faszination für Russland, die dank eines »Nischentourismus« echte Befriedigung über alternative Möglichkeiten des Kennenlernens der Welt verschafft. Dieser

 rię na gapę, Gdańsk 2000 (Reisebericht über eine einsame Tour mit einem Schlauchboot, mit dem der Autor im Jahre 1998 den sibirischen Fluss Lena von seiner Quelle im Baikalgebirge bis zum Eismeer über eine Strecke von 4500 km entlangfuhr); ders.: Syberia. Zimowa odyseja, Gdańsk 2011.
51 Fundacja Romualda Koperskiego, frk.com.pl (25.08.2024).
52 Zarycki: Socjologia polskich podróży, S. 124.
53 Jacek Matecki: Co wy, ..., wiecie o Rosji?!, Warszawa 2015. Der Autor verbrachte die Jahre 2012–2014 als investigativer Historiker im hohen Norden Russlands.
54 Томаш Зарицкий: Человек.Сообщество.Управление Nr. 2/2006, S. 4–17, hier: S. 11 f.
55 Bachórz: Rosja w tekście, S. 214–216.

Nischentourismus ermöglichte alternative Wege zur Erkundung dieses Landes, das zu einem beliebten Ziel für Globetrotter und Nomaden wurde. Er öffnete ihnen auf nicht kommerzielle Weise einen Raum, in dem sie in Kontakt mit dem Absurden, dem Anderssein, der Unbegrenztheit und der Kraft der Natur treten konnten.

Die junge Generation, die auf der Suche nach Möglichkeiten der Selbstverwirklichung und der Erkundung der Welt war, entdeckte so bereits bekannte, aber bisher nicht bevorzugte Kulturräume und füllte die im kommunistischen Polen klaffende Lücke. Von Mitte der 1990er Jahre bis zur Mitte des ersten Jahrzehnts des 21. Jahrhunderts war ein wachsendes Interesse am russischsprachigen Raum zu beobachten. Dabei setzte sich die – zum Sprachenlernen motivierende – Erkenntnis durch, dass man auf solchen Reisen umso weniger Geld ausgeben musste, je besser man die russische Sprache beherrschte, weil auf Russisch geführte Gespräche die Türen der Häuser vor Ort öffneten, in denen man als Gast herzlich willkommen geheißen wurde. Im neuen Streben nach Mobilität avancierte das Land infolge der Auflösung der vormaligen politischen Abhängigkeit Polens von Russland in der Vorstellung von Nischentouristen kurzzeitig zu einem Hort der Freiheit und einem erstrebenswerten Schauplatz für den Drang nach außergewöhnlicher Taten, der die Verwirklichung von exzentrischen Herausforderungen in neuen Aktivitäten wie Trekking, Bergsteigen, Wildwasserbootfahren auf sibirischen Flüssen sowie Fahrrad-, Motorrad- und Autoexpeditionen erlaubte. Diese und andere Leistungen fanden ihren Niederschlag in den Veröffentlichungen.[56] Eine weitere Gruppe literarischer Werke entstand im Ergebnis intensiver ethnografischer und kultureller Erkundungen und stellt verschiedene Aspekte dieser Welt vor – Nahaufnahmen geschlossener Gemeinschaften mit ausgeprägter Lebensweise und Kultur, von nördlichen Völkern, Rentierzüchtern oder alternativen Religionsgemeinschaften. Die Sammlung derartigen Materials erforderte indessen einen längeren Aufenthalt in Russland, die tägliche

---

56 Vgl. Zofia Piłasiewicz: Syberyjski sen. Opowieść bezdrożna, Kraków 2014 (Aufzeichnungen über eine Reise mit der Transsibirischen Eisenbahn, einen Marsch durch die Taiga und eine Fahrt auf den Flüssen Jenissei, Chamsara und Ulug); Krzysztof Skok: Rowerem na igrzyska. 10 255 km samotnej wyprawy z Sopotu do Pekinu, Gdańsk 2010 (Beschreibung einer Fahrradtour aus Anlass der Olympischen Spiele in Peking im Jahre 2008); Jakub Rybicki: Po Bajkale. Rowerem przez Syberię, Warszawa 2015 (der Autor begab sich 2013 erneut nach Russland, um den gesamten Baikalsee im Winter mit dem Fahrrad auf dem Eis zu überqueren); Mirosław Stachowski: Motocyklem nad Bajkał, Poznań 2015 (Beschreibung einer Motorradreise entlang des Baikalsees im Jahr 2012); Sławomir Michał: Po drugiej stronie Uralu, Gdynia 2020 (Beschreibung einer Expedition per Anhalter durch die Ukraine bis nach Russland).

Kommunikation und sorgfältige Beobachtung, also den Erwerb einer breiteren kulturellen Kompetenz.[57]

Ein eigenes, umfangreiches Thema sind die Publikationen über die postsowjetischen Länder im Kaukasus und in Zentralasien, die abgeklärte Reisende ebenfalls begeisterten. Es ist bezeichnend, dass diese Regionen im polnischen kollektiven Bewusstsein aufgrund der gemeinsamen sowjetischen Vergangenheit weiterhin einem einzigen Assoziationsraum, der großen und umfangreichen Sammelbezeichnung »Osten«, zugeordnet werden. In Anbetracht der verschiedenen territorialen Konflikte unter Beteiligung von Russland und dem anschließend in Polen stattfindenden, erneuten schrittweisen Rückzug aus diesem Land und der Abkehr von seiner Sprache ist es von Bedeutung, dass eine gewisse positive Milieu- und Generationserfahrung mit dem »Osten« existiert – die sich deutlich von den Erfahrungen früherer und späterer Generationen unterscheidet. Paweł Krysa hebt in einem Buch aus dem Jahr 2020 den Wert von Reisen in diese Länder hervor: »Schließlich kann ich gar nicht anders, als den Osten aufrichtig zu lieben – für mich ist der Osten gut!«[58] Dieser Geist beseelt ebenso die Organisatoren des »ländlichen« Literaturfestivals »Blick nach Osten« (Patrząc na Wschód), das 2024 zum zehnten Mal im Dorf Buda Ruska veranstaltet wurde: »Wir können nicht sagen, warum wir diese Faszination für den Osten hegen, aber eines wissen wir bestimmt: Wir wollen andere damit anstecken.«[59]

Ähnliche, aus einer Faszination heraus entstandene Publikationen wurde in einem begrenzten Bildungselitemilieu über fast 25 Jahre hinweg zu einer Quelle der Inspiration für die Erkundung des postsowjetischen Raums, die erst mit der allmählichen Stärkung der autoritären Herrschaft von Wladimir Putin und der Annexion der Krim im Jahr 2014 ihr jähes Ende fand. Diese Bücher übten eine motivierende Wirkung auf junge Menschen aus, die in der neuen polnischen Realität beschlossen, diese Welt selbst zu entdecken und sich für dieses für Polen

---

57 Solche Berichte finden sich bei: Wojciech Grzelak: Szamani, mumie, Ałmysy. Tajemnice serca Azji, Katowice 2006 (Beschreibung schamanischer Rituale und mystischer esoterischer Praktiken der Bewohner des Altais); Jędrzej Morawiecki: Łuskanie światła. Reportaże rosyjskie, Warszawa 2010 (Porträt der in Sibirien lebenden russischen Wissarion-Sekte); Andrzej Dybczak: Gugara, Wołowiec 2012 (anthropologische Erzählung über die Ewenken); Magdalena Skopek: Dobra krew. W krainie reniferów, bogów i ludzi, Warszawa 2012 (Geschichte über die nomadischen Nenzen, Rentierhirten auf der Jamalhalbinsel); Michał Książek: Jakuck. Słownik miejsca, Wołowiec 2013 (in diese Beschreibung des winterlichen Lebensrhythmus in Jakutsk sind die symbolischen Bedeutungen jakutischer Wörter und Begriffe eingeflochten).
58 Paweł Krysa: Wschód is GOOD, Warszawa 2020.
59 Program 10. Festiwalu Patrząc na Wschód, 14–17.08.2024 Budka Ruska. In: patrzacnawschod.pl vom 3. August 2024, https://patrzacnawschod.pl/index.php/2024/08/03/program-festiwalu-patrzac-na-wschod/ (28.08.2024).

so neuralgische Gebiete zu interessieren. Obwohl die schiere Fülle von Berichten und Veröffentlichungen zu keinem Zeitpunkt ein Massenpublikum erreichte, bereitete sie dennoch den Boden für das damalige »Tauwetter«.

Russland und die russische Sprache im Bildungswesen und in der öffentlichen Meinung zu Beginn des 21. Jahrhunderts

Die Vielfalt der Kulturen, die Diversität der asiatischen oder kaukasischen Sowjetrepubliken, die verschiedenen dort lebenden russischsprachigen Ethnien, die geografische, natürliche und gesellschaftliche Attraktivität waren das Potenzial, das die polnischen akademischen Zentren in den 1990er Jahren für sich nutzbar machten. Die Oststudien, die im Westen als »Russian studies« verstanden werden, gingen aus den Lehrstühlen für Russistik hervor. Sie entstanden als interdisziplinäre Studiengänge der Regionalstudien, beginnend mit den Oststudien an der Adam-Mickiewicz-Universität in Posen im Jahre 1995, auf die die Russlandstudien an der Jagiellonen-Universität in Krakau (2001) und an der Universität Danzig (2008) folgten.[60] Ihr Ziel war es, die Region zu durchdringen und das vorliegende Wissen um politische, wirtschaftliche und kulturelle Aspekte zu erweitern. Diese Einrichtungen boten überdies Russischunterricht an, um die Sprache als einen Schlüssel für den Zugang zu russischsprachigen Medien und analytischen Diskursen russischer Autor:innen zu fördern. Diese Veränderungen brachten die Notwendigkeit mit sich, über die traditionell philologische Forschung hinauszugehen und Themen aufzugreifen, die das gesamte kulturelle Schaffen der Gesellschaft umfassen. Auch der Sprachunterricht entwickelte sich weiter, wobei sich kommunikative, funktionale Methoden aus einem philologischen Ansatz entwickelten und zunehmend breitere kulturelle Kontexte sowie Identitäten, Politik und Medien betreffende Fragen in den Lernprozess einbezogen wurden. Bis ins Jahr 2014 war dieser Ansatz der in Polen betriebenen Russlandstudien und der kontextbezogene Sprachunterricht von Erfolg gekrönt und zeugte von einem Interesse an Russland (das mit dem wirtschaftlichen Wachstum des Landes nach 2000 zusammenfiel).

Die Verlagerung des Interesses junger Menschen am Erlernen der russischen Sprache auf die universitäre Ebene ist durch die Lücke bedingt, die in den letzten 30 Jahren durch den schrittweisen Rückzug des Russischunterrichts aus der polnischen Grund- und Sekundarschulbildung entstanden ist. Dieser Zeitraum war mit vielfältigen geopolitischen Veränderungen und einer Hinwendung zu neuen soziokulturellen Einflussbereichen verbunden. Nach dem Beitritt Polens

---

60 Mehr dazu im Kapitel: Das Osteuropawissen an polnischen Universitäten und Hochschulen.

zur Europäischen Union im Jahr 2004 änderte sich das Angebot an Fremdsprachen und die Methodik ihres Unterrichts, der nun auch Bestandteile der interkulturellen Kompetenz einbezog. Der politische und gesellschaftliche Wandel in Polen und der Integrationsprozess im Rahmen der Europäischen Union sorgten dafür, dass sich Polen Problemen der Multiethnizität und der EU-Politik mit Blick auf Mehrsprachigkeit stellen musste. Ihr Ziel besteht darin, die sprachliche Vielfalt in Europa zu schützen. Damit einher geht die Kommunikation mit verschiedenen Völkern in ihrer Muttersprache, woraus sich die Notwendigkeit zur Förderung des Erlernens von Fremdsprachen ergibt. Nach und nach haben sich daher die Kompetenzanforderungen und die Herangehensweise an den Lernprozess für jede Sprache, einschließlich des Russischen, geändert. Nach dem Beitritt Polens zur Europäischen Union musste eine Universalisierung des Fremdsprachenunterrichts und eine Anpassung an in der EU gültige Grundsätze und Lehrmethoden erfolgen. Die Durchführung von Reformen im polnischen Bildungswesen und die schrittweise Einführung neuer Methoden trugen zu einer gewissen Neutralisierung des Ansatzes gegenüber der russischen Sprache bei.

Bis zum Schuljahr 2007/2008 begann das Erlernen einer Pflichtfremdsprache in polnischen Schulen in der vierten Klasse der ersten Bildungsstufe, also im Alter von zehn Jahren, und der zweiten in der Sekundarstufe I.[61] Das Erlernen einer Fremdsprache ab der ersten Klasse der Grundschule wurde für polnische Kinder am 1. September 2008 obligatorisch. Zu diesem Zeitpunkt lernten schätzungsweise 80 Prozent der polnischen Erstklässler Englisch als erste Fremdsprache, gefolgt von Deutsch und Russisch.[62] Seit dem 1. September 2009 war das Erlernen einer zweiten Fremdsprache ab der ersten Klasse des damals im polnischen Bildungssystem existierenden Gymnasiums (Sekundarstufe I) verpflichtend; nach der Wiedereinführung der achtjährigen Grundschule gilt diese Verpflichtung nun für die Schüler:innen der Klassen 7 und 8. Russisch wurde am häufigsten in den weiterführenden Schulen, recht selten hingegen in den Gymnasien und gelegentlich in den Grundschulen angeboten. Der Zugang zum Erlernen dieser Sprache in den weiterführenden Schulen wird zudem häufig durch die von den einzelnen Schulen angebotenen Profile weiter einge-

---

61 Zu jener Zeit gliederte sich das polnische Bildungssystem in eine sechsjährige Grundschule, eine dreijährige Sekundarstufe I (in Gymnasien) und weiterführende Schulen (inkl. der Sekundarstufe II im dreijährigen Lyzeum). Die Gymnasien wurden 2019 endgültig abgeschafft.

62 MEN: Od 1 września język obcy obowiązkowy od pierwszej klasy. In: Dziennik Gazeta Prawna vom 24. Juli 2008 (basierend auf einer Meldung der Polnischen Presseagentur PAP), https://www.gazetaprawna.pl/praca/artykuly/27988,men-od-1-wrzesnia-jezyk-obcy-obowiazkowy-od-pierwszej-klasy.html (8.08.2024).

schränkt.⁶³ Zwar ist das Erlernen einer zweiten modernen Sprache verpflichtend, doch obliegt die endgültige Entscheidung darüber, welche Sprache in der Schule unterrichtet werden soll, gemäß der Bildungsgesetzgebung der Schulleitung, die dazu eine Stellungnahme des Pädagogischen Rats einzuholen hat. Dabei muss die Personalausstattung der Schule und die Möglichkeit, eine Lehrkraft mit den erforderlichen Qualifikationen einzustellen, Berücksichtigung finden.⁶⁴

Natürlich wird die Wirksamkeit des Fremdsprachenunterrichts durch die in einer bestimmten Gesellschaft vorherrschenden Gefühle und Ansichten über andere Nationalitäten beeinflusst. Es ist ohnehin eine große Herausforderung, die jüngeren Generationen dazu zu bewegen, eine vorurteilsfreie Haltung gegenüber Menschen aus anderen Kulturen einzunehmen und das Wissen über fremde Kulturen adäquat anzuwenden,⁶⁵ ganz zu schweigen von der historischen Belastung des Verhältnisses zum östlichen Nachbarn Polens. Diese Situation hat sich indes noch weiter verkompliziert, weil auf die Phase jener zwei Jahrzehnte, in denen eine Annäherung in der gegenseitigen Einstellung zwischen Polen und Russen zu beobachten war, eine Wende hin zu einer schroff negativen Einstellung folgte, die eine direkte Konsequenz der russischen Annexion der Krim im Jahr 2014 und des Angriffskrieges gegen die Ukraine im Jahr 2022 ist. Hinzu kommt, dass sich junge Menschen während ihrer Schullaufbahn nicht unbedingt bewusst für eine zweite Fremdsprache entscheiden. Diese Wahl ist vielmehr davon abhängig, welche Anregungen und Einflüsse aus ihrem engeren und weiteren sozialen Umfeld auf sie einwirken. Ehrgeizige, pragmatische oder touristische Motive kommen wiederum bei denjenigen zum Tragen, die eine klar definierte Karriereplanung und eine konkrete Vorstellung von ihrer Zukunft besitzen. In der Regel ist es nämlich so, dass Jugendliche selbst dann, wenn sie in der Sekundarschule ein Bildungsprofil wählen, das mehr oder weniger ihren Fähigkeiten in einer bestimmten Richtung entspricht, mehrheitlich noch keine Ahnung davon haben, welchen Tätigkeiten sie sich in ihrem Erwachsenenleben widmen möchten.⁶⁶

---

63 Karolczuk: Nauczanie języka rosyjskiego, Fußnote 5, S. 18.
64 Vgl. die Aussagen von Anna Ostrowska, der Sprecherin des Bildungsministeriums, die im folgenden Text angeführt werden: Joanna Ćwiek-Świdecka: Wciąż jest wiele szkół, w których dzieci uczą się języka rosyjskiego. Nie ma planów zmiany tej sytuacji. In: rp.pl vom 14. März 2022, https://edukacja.rp.pl/edukacja/art35862391-wciaz-jest-wiele-szkol-w-ktorych-dzieci-ucza-sie-jezyka-rosyjskiego-nie-ma-planow-zmiany-tej-sytuacji (18.08.2024).
65 Marcelina Zuber: Komunikowanie międzykulturowe. In: Urszula Kusio (Hrsg.): Polifonia, dialog i zderzenie kultur. Antologia tekstów z komunikacji międzykulturowej, Toruń 2007, S. 21–46, hier S. 26.
66 Die Bedeutung dieser Aspekte unterstreicht Karolczuk: Nauczanie języka rosyjskiego, S. 49.

Marzanna Karolczuk weist in einer im Jahre 2013 durchgeführten Studie über die Einstellungen einer Gruppe von Schülerinnen und Schülern der Sekundarstufe gegenüber Russland und den Russen auf die schwierige Aufgabe hin, negative Einstellungen gegenüber fremden Kultursystemen zu beseitigen,[67] eine Haltung der Offenheit gegenüber anderen Menschen zu entwickeln, den Jugendlichen den Reichtum verschiedener Kulturen bewusst zu machen und die Neugierde zu wecken, mehr über sie zu erfahren. Die Ergebnisse ihrer Analyse hinsichtlich der Informationsquellen, die die am Russischunterricht teilnehmenden Kinder nutzten, um Wissen über die russische Kultur zu erlangen, bestätigten, dass sie ihr Wissen über den russischen Kulturraum hauptsächlich aus indirekten Informationsquellen bezogen – dem Fernsehen (48,89 Prozent) sowie von Großeltern (58,89 Prozent), Eltern (52,22 Prozent) und aus ihrem Bekanntenkreis (50 Prozent).[68] Die Schüler:innen hatten keine Gelegenheit zu direktem Kontakt mit Russen auf russischem Boden, es bestanden weder Schüleraustauschprogramme noch persönliche Kontakte, und es erwies sich als unwahrscheinlich, dass sie privat nach Russland reisen würden.[69] Die Daten breiter angelegter statistischer Erhebungen bestätigen, dass mehr als die Hälfte der Polen ihr Wissen über Russland und die Russen am häufigsten aus dem Fernsehen oder dem Internet bezieht (61 bzw. 54 Prozent). 30 Prozent der Befragten konsultierten Bücher und Filme über Russland, weitere 24 Prozent der Befragten (vor allem junge Menschen) nannten überdies Schulbücher. Auf Informationen von Freunden oder Verwandten, die in Russland leben, konnten sich 17 Prozent der Befragten verlassen.[70]

Damit wird augenfällig, dass es in erster Linie die Medien sind, die das Bild von Russland und den Russen im polnischen kollektiven Bewusstsein prägen, während politische Konflikte und Missverständnisse in den bilateralen Beziehungen negative Einstellungen gegenüber Russland und feindselige Gefühle in der polnischen Gesellschaft hervorrufen. Meinungsumfragen zufolge wecken die Russen seit 1993 bei den Polen im Allgemeinen eher Abneigung als Sympathie,[71] obwohl die Einstellung der Polen gegenüber den Russen seit mehr als

---

67 Marzanna Karolczuk: Postawy uczniów szkół średnich wobec Rosji i Rosjan. Wnioski z badań. In: Wschodni Rocznik Humanistyczny Bd. XII, 2015, S. 343–354, hier S. 343.
68 Karolczuk: Nauczanie języka rosyjskiego, S. 163–165.
69 In einer Umfrage, die ich [E. Ż.] im Hinblick auf Erinnerungen an den schulischen Russischunterricht durchgeführt habe, antworteten 23 von 25 Personen auf die Frage »War das Erlernen der russischen Sprache mit einem Interesse an Russland/an russischsprachigen Gebieten verbunden?« mit »Nein«, während auf die Frage: »Wollten die Russischlernenden nach Russland/in russischsprachige Länder reisen bzw. hatten entsprechende Pläne?« 17 Antworten »Nein« lauteten und jeweils 4 »Ich weiß nicht« und »Ja« angaben.
70 Polska–Rosja. Diagnoza społeczna, S. 19 f.
71 Polacy o stosunkach polsko-rosyjskich i polityce wschodniej Polski, Komunikat z badań,

20 Jahren der Form einer Sinuskurve folgt.[72] Nach Perioden zunehmender positiver Einstellungen nimmt die Sympathie ab, während nach 2014 und 2022, im Zuge der deutlichen Verschlechterung der polnisch-russischen Beziehungen, ein negativer Trend vorherrscht. Dies blieb auch jungen Menschen nicht verborgen, die eher Distanz als Sympathie gegenüber Russland und den Russen an den Tag legten. Die so ausgeprägten Einstellungen der Schüler:innen dürften die geringe Motivation zum Erlernen der russischen Sprache und Kultur sowie das fehlende Bedürfnis, interkulturelle Beziehungen mit unseren östlichen Nachbarn aufzubauen, nachhaltig beeinflusst haben.[73]

Dennoch besteht Grund zu verhaltener Zuversicht, was die scheinbar periodisch wiederkehrende Feindseligkeit gegenüber Russen und der russischen Sprache betrifft. Die Ergebnisse einer Umfrage aus dem Jahr 2020 belegen, dass jüngere Menschen (in den Altersgruppen der 18- bis 24-Jährigen sowie vorrangig unter den 25- bis 34-Jährigen) eine deutlich positivere Wahrnehmung Russlands haben. Dies könnte darauf hindeuten, dass sich die Vertreter:innen jüngerer Generationen, die das Leben in der von der UdSSR abhängigen Volksrepublik Polen nicht aus eigener Anschauung kennen, weniger stark von Vorurteilen leiten lassen.[74] In einer Umfrage, die nach der Aggression Russlands gegen die Ukraine im Jahr 2022 durchgeführt wurde, war die Altersgruppe der 18- bis 24-Jährigen ebenfalls der Meinung, dass russische Kunst nicht boykottiert werden sollte (61 Prozent, gegenüber 13 Prozent der Befragten im Alter von 65 Jahren und darüber).[75] Darüber hinaus dominiert in Polen nach wie vor ein gespaltenes Denken über Russland und die Russen insofern, als eine klare Unterscheidung in der Wahrnehmung der Entscheidungen des Kremls und der sogenannten einfachen

---

S. 13. In: bos.pl aus dem Mai 2014, https://www.cbos.pl/SPISKOM.POL/2014/K_077_14.PDF (29.08.2024).

72 Jarosław Załęcki: Postawy Polaków wobec Rosjan i Ukraińców w kontekście współczesnych konfliktów politycznych. In: Roczniki Nauk Społecznych 9 (2017) 2 (45), S. 155–175, hier S. 162–165, 172.

73 Zu diesem Ergebnis kommt eine 2012/2013 von Marzanna Karolczuk durchgeführte Studie über die Einstellung zu Russland und Russen unter 90 Schülerinnen und Schülern zweier Lyzeen in Białystok, die bereits drei Jahre lang Russisch als zweite Fremdsprache gelernt hatten. Vgl. Karolczuk: Nauczanie języka rosyjskiego, S. 154 f. Die Forscherin verweist auch auf die Selbsteinschätzung der Schüler:innen bezüglich ihrer Kommunikationsfähigkeit in der russischen Sprache – sie geben unumwunden zu, dass sie nur sehr geringe Kenntnisse der russischen Sprache besaßen, wobei »[e]inige Schüler sagen, dass sie nicht mit den Einwohner Russlands in Kontakt treten wollen, weil sie die russische Sprache nicht mögen«. Ebenda, S. 308.

74 Polska–Rosja. Diagnoza społeczna, S. 26.

75 Polacy o wojnie na Ukrainie i Rosjanach, S. 8. In: cbos.pl aus dem Mai 2022, https://www.cbos.pl/SPISKOM.POL/2022/K_114_22.PDF (29.08.2024).

Russen vorgenommen wird.[76] Allerdings ist die Auffassung, die die Polen überwiegend vom Russen an sich haben, in sich widersprüchlich: Einerseits hält sich hartnäckig das Bild eines primitiven »Sowjetmenschen« und Besatzers, der die polnische Souveränität einschränken will, andererseits existiert die Vorstellung von einem gastfreundlichen Menschen mit einer slawischen Seele, der unter dem Einfluss einer reichen Literatur- und Filmkultur geprägt wurde.[77] Daraus ergeben sich einige Anhaltspunkte für die Zukunft.

Die Rolle der zeitgenössischen Russischlehrbücher

Im ersten Jahrzehnt des 21. Jahrhunderts wurden in Polen im Zuge der aufeinander folgenden Reformen und Änderungen der Kerncurricula einige moderne Reihen von Russischlehrbüchern erstellt. Die Autor:innen haben sie an die europäischen Anforderungen angepasst, ferner sind sie gemäß den Niveaustufen des Gemeinsamen Europäischen Referenzrahmens für Sprachen und den Themen, die dem Erreichen kommunikativer Ziele untergeordnet sind, differenziert. Auf dem polnischen Verlagsmarkt sind gegenwärtig Dutzende von reinen Lehrbüchern sowie Sprachratgebern, Übungen und Wiederholungsbüchern verfügbar.[78] Der Generationswechsel hat eine Verbesserung der visuellen Attraktivität erforderlich gemacht, so dass die Ausgaben nun über ein Layout und eine Aufmachung verfügen, die den Schulbüchern für andere Fremdsprachen ähneln: Sie enthalten QR-Codes mit Zugang zu Audiodateien, farbenfrohe Zeichnungen, Abbildungen von lächelnden Jugendlichen in interaktiven Situationen und, in unterschiedlicher Häufigkeit, Fotos aus Russland. Die in diesen Büchern dargestellten jungen Menschen sind nicht die Träger einer propagandistischen oder moralisierenden Mission, sie vertreten stattdessen weltweit auffindbare Interessen und folgen globalen technologischen und popkulturellen Trends – kurzum: Sie sind kaum in die russische Realität eingebettet. Dies ist im Vergleich zu den Exemplaren aus den späten 1980er und frühen 1990er Jahren eine positive Eigenschaft, denn auf diese Weise werden die Schüler nicht auf den ersten Blick vom Erlernen der Sprache abgeschreckt.
Eine 2013 durchgeführte Fragebogenerhebung unter jungen Menschen, die Russisch als Fremdsprache im Lyzeum lernten, ergab, dass für sie die Schule und

---

76 Polska–Rosja. Diagnoza społeczna, S. 22.
77 Załęcki: Postawy Polaków, S. 161; Polska–Rosja. Diagnoza społeczna, S. 14.
78 Język rosyjski wciąż obecny w polskich szkołach. In: rynek-ksiazki.pl vom 29. Februar 2024, https://rynek-ksiazki.pl/aktualnosci/jezyk-rosyjski-wciaz-obecny-w-polskich-szkolach/ (29.08.2024). Dort werden Beispiele für Online-Buchhandlungen genannt, die 56 bzw. 75 Titel für das Erlernen der russischen Sprache anbieten.

die Russischlehrer:innen die wichtigste Quelle für das Wissen über die russische Kultur, Russen und Russland (83,33 Prozent) waren. An zweiter Stelle wurde der Geschichtsunterricht genannt (64,44 Prozent).[79] Damit kommt der Institution Schule, den Lehrkräften und den Schulbüchern eine große Verantwortung zu, da ihre Inhalte ein bestimmtes Bild von der Nation und dem Land vermitteln und die Bildung positiver, neutraler oder negativer Einstellungen gegenüber den östlichen Nachbarn beeinflussen können.

Vor dem Hintergrund der feindseligen Einstellung der Polen gegenüber der russischen Sprache, Russland und den Russen sowie angesichts der Anwesenheit von ukrainischen Flüchtlingen in polnischen Schulen bedürfen Schulkinder immer dringender kultureller Kompetenz. Unter diesem Gesichtspunkt analysierte Marzanna Karolczuk 12 Russischlehrbücher, die zwischen 2004 und 2014 veröffentlicht wurden und für Kinder gedacht sind, die diese Sprache in der Grundschule lernen *(Ступени und Моя волшебна язбука)*, sowie für Schüler:innen des damaligen Gymnasiums *(Эхо, Прогулка, Кл@ссно!, Времена)* und von Mittelschulen *(Вот и мы, Новыевстречи, НовыйДиалог, Какдела?, Экспедиция!, Успех)*.[80] Es ist ein Erfordernis der neuen Zeit, die drei wesentlichen Bestandteile der interkulturellen Kompetenz – Einstellungen, Wissen und Fähigkeiten – zu fördern und herauszubilden. Diese Ziele können durch Aufgaben erreicht werden, die sich auf die Entwicklung von Empathie, die Relativierung von Einstellungen und die Sensibilisierung für das Anderssein im weitesten Sinne konzentrieren. Nicht minder wichtig ist die kritische Analyse nationaler Stereotype und Vorurteile.[81] Den Schlussfolgerungen von Karolczuk zufolge erfüllen die untersuchten Lehrbücher diese Aufgaben freilich nur teilweise. Ihr Manko ist das Fehlen von Übungen, die dazu anregen, Kontakte mit Gleichaltrigen aus Russland oder russischsprachigen Menschen zu knüpfen (nur 5 von 12 Lehrbüchern enthalten spezifische Tipps, die zur Verwendung der russischen Sprache in der Praxis ermuntern). In keinem dieser Lehrbücher boten die Verfasser:innen Aufgaben an, die zum Nachdenken über die Rolle von Stereotypen und Vorurteilen bei der Beurteilung anderer Personen anregten. Darüber hinaus vermittelten die Lehrbücher zumeist vorgefertigtes und allgemeines Wissen aus dem Bereich Landeskunde sowie, in geringem Maße, der Gesellschaftskunde. Problematische Themen in den polnisch-russischen Beziehungen wurden nur in den Übungen einiger Lehrbuchreihen behandelt. Demgegenüber wurde in einzelnen Lehrbüchern auf die extreme soziale Ungleichheit in Russland sowie auf Probleme des Alkohol- und Drogenkonsums eingegangen. Einige von ihnen

---

79 Diese Befragungen wurden von Marzanna Karolczuk durchgeführt. Vgl. Karolczuk: Nauczanie języka rosyjskiego, S. 163–165.
80 Ebenda.
81 Ebenda, S. 143 f.

bezogen sich inhaltlich auf aktuelle und historische internationale Konflikte, an denen Russland beteiligt war oder ist.[82]

Gemäß der modernen Methodik sind die nonverbalen kulturkundlichen Inhalte von Lehrbüchern und ihre visuellen Qualitäten von Bedeutung. Nach einer Analyse der Bücher aus der Reihe *Bcënpocmo* für den Russischunterricht in den Klassen 7 und 8[83] unter dem Gesichtspunkt der enthaltenen Bilder und der visuellen Bestandteile von Kultur aus dem Bereich der Russistik stellte Diana Sankovskaya fest, dass sie nur in geringer Anzahl vorhanden sind und generell ein Mangel an Informationen über das Leben im heutigen Russland konstatiert werden muss. Die Abbildungen zeigen etablierte Assoziationen mit ikonografischen Beispielen der russischen »Volkskultur«, beispielsweise Matrjoschka, Samowar, Balalaika, Kaviar, Bliny und dergleichen. Dadurch wird in keiner Weise die Vorstellung von der kulturellen Vielfalt des heutigen Russlands erweitert, das enorme Potenzial, das dieses Land aufweist, bleibt ungenutzt.[84] In einer Vielzahl der gegenwärtig verfügbaren Russischlehrbücher lassen die Bilder von Menschen und Orten den russischen kulturellen Kontext überhaupt nicht erkennen. Es fehlen Hinweise auf russischsprachige Serien, Formen von Zeitvertreib und Unterhaltung sowie Musikstile, die von der russischen Jugend bevorzugt und verfolgt werden.

Aussagen von Russischlehrkräften an Lyzeen[85] belegen, dass sich polnische Jugendliche am meisten für Themen interessieren, die mit Kultur und Tradition, kulinarischen Spezialitäten, Reisen und dem Bildungssystem in den Ländern des russischen Sprachraums zu tun haben. Im Gegensatz dazu tun sie sich schwer damit, die Sprache anhand von Themen wie Gesundheit, Arbeit, Ökologie und Weltraum zu erlernen. Die Jugendlichen reagieren lebhaft auf interessante Fakten aus russischsprachigen Ländern, die sie selbst überprüfen können (bekannte Persönlichkeiten aus Kunst und Sport, geografische Besonderheiten, soziale Probleme wie Alkoholkonsum). Ein Lehrer räumte ein, dass die Schüler:innen absolut nichts über die Kultur ihrer östlichen Nachbarn wissen und selbst jene Stereotype kaum kennen, die sich über Jahrzehnte hinweg gehalten haben. Diese Situation veranschaulicht auf eindrückliche Weise den Generationswechsel und den bestehenden Dualismus in der Einstellung gegenüber Russland und

---

82 Ebenda, S. 280–282.
83 Vgl. Barbara Chlebda, Irena Danecka: Всепросто! 1. Podręcznik do języka rosyjskiego dla początkujących, Warszawa 2015; Barbara Chlebda, Irena Danecka: Всепросто! 2. Podręcznik do języka rosyjskiego dla początkujących, Warszawa 2015.
84 Diana Sankowska: Niewerbalne treści kulturoznawcze w podręczniku do nauki języka rosyjskiego w szkole podstawowej. In: Acta Polono-Ruthenica XXV (2020) 4, S. 87–96, hier S. 94.
85 Diese Einschätzungen stammen aus unveröffentlichten, von der Autorin durchgeführten Umfragen.

den Russen, der sich in den wissenschaftlichen Untersuchungen widerspiegelt. An dem einen Pol des Spektrums stehen historische Traumata und politische Zusammenhänge, die im öffentlichen Diskurs fortgeschrieben werden und kritische Einstellungen, Ängste, Unsicherheit und sogar Feindseligkeit gegenüber dem russischen Nachbarn befeuern. Am anderen Pol offenbart sich die eklatante Unwissenheit oder das schlichte Desinteresse junger Menschen, die keine Kenntnisse über Konflikte und vergangene Ereignisse haben und sich ohnehin kaum für Politik interessieren.

Die Situation des Russischunterrichts nach dem Einmarsch Russlands in die Ukraine im Jahr 2022

Das erneute Aufflackern feindseliger Einstellungen gegenüber der Region und der russischen Sprache ist eine Konsequenz des Erstarkens der imperialen Ambitionen Russlands, die historische und mentale Ängste aus der Versenkung des polnischen kollektiven Bewusstseins geholt haben. Die stärkste Intensivierung und akute Dominanz einer negativen Konnotation der russischen Kultur und Sprache erfolgte nach dem Angriff auf die Ukraine im Jahr 2022. Die derzeitige politische Situation schlägt sich wiederum in einem Rückgang des Interesses an der Sprache auf Grundschul-, Sekundarschul- und Hochschulniveau nieder. In den Worten von Hanna Komorowska: »Das Erlernen von Sprachen aus Gründen der reinen Persönlichkeitsentwicklung ist leider eine Wohltat von Friedenszeiten.«[86]

Ein Vergleich der Daten des polnischen Zentralamts für Statistik weist für die letzten fünf Jahre einen kontinuierlichen Rückgang der Zahl der Russischlernenden an polnischen Schulen aus. Im Schuljahr 2019/2020 waren es noch 220 829 Personen, im Schuljahr 2022/2023 nur noch 201 670.[87] Bemerkens-

---

86   Komorowska: Dobra komunikacja.
87   Vgl. die Daten in: Oświata i wychowanie w roku szkolnym 2019/2020. In: Główny Urząd Statystyczny vom 18. Dezember 2020, https://stat.gov.pl/obszary-tematyczne/edukacja/edukacja/oswiata-i-wychowanie-w-roku-szkolnym-20192020,1,15.html (29.08.2024); Oświata i wychowanie w roku szkolnym 2020/2021. In: Główny Urząd Statystyczny vom 30. November 2021, https://stat.gov.pl/obszary-tematyczne/edukacja/edukacja/oswiata-i-wychowanie-w-roku-szkolnym-20202021,1,16.html (29.08.2024); Oświata i wychowanie w roku szkolnym 2021/2022. In: Główny Urząd Statystyczny vom 31. Oktober 2022, https://stat.gov.pl/obszary-tematyczne/edukacja/edukacja/oswiata-i-wychowanie-w-roku-szkolnym-20212022,1,17.html (29.08.2024); Oświata i wychowanie w roku szkolnym 2022/2023. In: Główny Urząd Statystyczny vom 31. Oktober 2023, https://stat.gov.pl/obszary-tematyczne/edukacja/edukacja/oswiata-i-wychowanie-w-roku-szkolnym-20222023,1,18.html (29.08.2024). Die Daten des Ministeriums für Nationale Bildung, die Barbara Wesoła unter Bezugnahme auf Rzeczpospolita anführt (im Schuljahr 2021/2022 waren es

wert ist, dass im auf den Ausbruch des Krieges in der Ukraine folgenden Schuljahr der größte Rückgang zu verzeichnen war, als die Zahl um mehr als 13 500 Schüler:innen sank. Dies hängt mit der Einstellung des Russischunterrichts an polnischen Schulen und dem Fehlen eines entsprechenden Angebots zusammen. Im Schuljahr 2023/2024 wurde Russisch nur noch in 2115 Schulen unterrichtet (darunter 970 von 14 000 Grundschulen und 1133 von 6800 weiterführenden Schulen). Seit Kriegsausbruch ist die Sprache aus dem Angebot von beinahe 500 Bildungseinrichtungen gestrichen worden. Zugleich nimmt die Zahl der an polnischen Schulen beschäftigten Russischlehrer:innen von Jahr zu Jahr weiter ab. Die Daten von Ende Februar 2024 nennen eine Zahl von 2127 Lehrkräften, und im Vergleich zum Jahr des russischen Angriffs auf die Ukraine verringerte sie sich um weitere 313 Personen.[88] Diese Situation spiegelt auch die in der Gesellschaft virulenten Gefühle wider, die die Entscheidungen von Eltern und Schulen beeinflussen, die Motivation der Schüler:innen zerstören und die Abneigung der Eltern gegen den Russischunterricht für ihre Kinder steigern. Einem Russischlehrer an einem Lyzeum[89] zufolge liegt das Problem in der Abwertung der Sprache im schulischen Umfeld und in einer mangelnden institutionellen Unterstützung (in Form von internationaler Zusammenarbeit auf der Grundlage der russischen Sprache, der Förderung von Wettbewerben und Olympiaden sowie der Organisation von Workshops, Ausflügen und Ausstellungen). Die Lernenden werden nicht durch außerschulische Veranstaltungen in ihren Bemühungen angeregt, haben kaum Gelegenheit, über den politisierten Diskurs des Zeitgeschehens hinauszugehen, und die Rolle des Initiators und Motivators fällt allein dem Lehrer zu.

Die Erfahrungen der ersten Monate nach Ausbruch des Krieges bestätigten zweifellos die Nützlichkeit der russischen Sprache in Polen. Angesichts des Zustroms von Ukrainern nach Polen beteiligten sich Personen mit entsprechenden Sprachkenntnissen (Übersetzer, Universitätsmitarbeiter, Studierende – als Frei-

---

217 245 Schüler:innen, ein Jahr später 203 523), weichen nur unwesentlich davon ab. Vgl. Barbara Wesoła: Język rosyjski w polskich w szkołach coraz rzadziej nauczany? Szkoły z niego rezygnują, brakuje też nauczycieli. In: strefaedukacji.pl vom 2. März 2023, https://strefaedukacji.pl/jezyk-rosyjski-w-polskich-w-szkolach-coraz-rzadziej-nauczany-szkoly-z-niego-rezygnuja-brakuje-tez-nauczycieli/ar/c5-17334741#uczniowie-wybieraja-jezyk-rosyjski-na-egzaminach (29.08.2024).

88 Derzeit ist Russisch noch in 44 Grundschulen, 129 weiterführenden Schulen und einem Kindergarten die einzige Fremdsprache. Vgl. Joanna Ćwiek-Świdecka: Polskie szkoły rezygnują z nauczania języka rosyjskiego. In: rp.pl vom 29. Februar 2024, https://www.rp.pl/spoleczenstwo/art39915041-polskie-szkoly-rezygnuja-z-nauczania-jezyka-rosyjskiego (15.08.24).

89 Die Daten stammen aus einer unveröffentlichten, von der Autorin durchgeführten Umfrage.

willige) aktiv an der Organisation von Hilfe und Logistik an der polnisch-ukrainischen Grenze, später ebenso an der Arbeit in den Aufnahmezentren für Flüchtlinge und an der Bereitstellung von Polnischunterricht für die geflohene ukrainische Bevölkerung. Die Situation ist äußerst heikel, aber ungeachtet der antirussischen Stimmung unter den Ukrainern und der eingetretenen Veränderungen sowie des dynamischen Prozesses der Verdrängung der russischen Sprache aus dem ukrainischen öffentlichen Raum ist Russisch immer noch auf den Straßen Polens zu hören, besonders in den Großstädten.[90] In den letzten zwei Jahren diente es oftmals als sprachliches Vehikel in Gesprächen zwischen Polen, die diese Sprache beherrschen, und Ukrainern, die in kommunikativ neutralen Situationen zur Sprache des jeweiligen Gesprächspartners wechseln.[91]

Die ukrainischen Kinder, die im polnischen Bildungssystem Aufnahme gefunden haben, sind des Russischen in der Regel mächtig. Nach Angaben des polnischen Bildungsministeriums besuchten vor Einführung der Schulpflicht fast 232 000 ukrainische Kinder und Jugendliche polnische Schulen, von denen etwa 149 500 nach dem russischen Überfall auf ihr Land aus der Ukraine nach Polen kamen.[92] Aus den Daten zu den Ergebnissen der Prüfung für die achte Klasse[93] im Jahr 2023 lässt sich ablesen, dass ein Viertel der ukrainischen Schüler:innen Russisch als Fremdsprache für die Prüfung wählte und einen Notendurchschnitt von 90 Prozent erreichte (zum Vergleich: 73 Prozent der Kinder wählten Englisch und erreichten lediglich einen Notendurchschnitt von 46

---

90 Die Situation ändert sich dynamisch und wird allmählich untersucht. Vgl. eine Analyse der Sprachen, die von Ukrainern gesprochen werden, die noch vor dem Ausbruch des Krieges mit Russland im Jahr 2022 nach Polen ausgewandert sind: Pavlo Levchuk: Trójjęzyczność rosyjsko-ukraińsko-polska rosyjskojęzycznych Ukraińców mieszkających w Polsce. In: Przegląd Rusycystyczny Nr. 2 (162)/2018, S. 208–218, hier S. 215.

91 Qualitative Untersuchungen unter ukrainischen Flüchtlingen, die nach dem Februar 2022 nach Polen kamen, zeigen, dass etwa 70 Prozent der Befragten angeben, dass sie in ihrer täglichen Kommunikation Ukrainisch und Russisch abwechselnd verwenden. Vgl. Marzena Błasiak-Tytuła, Olha Shevchuk-Kliuzheva: Family language policy and forced migration: the case of Ukrainian refugees in Poland. In: Zakarpatski Filologiczni Studii 27 (2003) 1, S. 30–35, hier S. 33. Dies deckt sich mit meinen eigenen Erfahrungen (E. Ż.) aus den Polnisch-Sprachkursen für ukrainische Flüchtlinge, die das Russische, in dem sie sich ohnehin oftmals untereinander verständigten, ohne jeden Widerspruch als Mittlersprache im Konversations- und Lernprozess akzeptierten.

92 Katarzyna Broda: MEN: W systemie edukacji mamy ponad 180 tys. dzieci i młodzieży z Ukrainy. In: gazetaprawna.pl vom 23. Februar 2024, https://www.gazetaprawna.pl/wiadomosci/kraj/artykuly/9440304,men-w-systemie-edukacji-mamy-ponad-180-tys-dzieci-i-mlodziezy-z-ukra.html (30.09.2024). Die Daten stammen aus dem polnischen Bildungsinformationssystem (System Informacji Oświatowej, SIO) und geben den Stand zum 21.02.2024 wieder.

93 Das polnische Schulsystem sieht für den Abschluss der Grundschule eine umfangreiche Prüfung vor [A. d. Ü].

Prozent).⁹⁴ Dennoch bleibt Russisch die am dritthäufigsten gewählte moderne Fremdsprache, dies gilt sowohl für die Prüfung zum Abschluss der Grundschule als auch für die Abiturprüfung.⁹⁵ Diese Situation könnte sich unter Umständen mit der Einführung der Schulpflicht für ukrainische Kinder an polnischen Schulen und mit Blick auf Pläne des polnischen Bildungsministeriums, Ukrainisch als Fremdsprache in den beiden genannten Prüfungen zuzulassen, ändern.⁹⁶ Andererseits wird sich erst noch zeigen müssen, ob sich dies auf die Zahl derjenigen auswirkt, die an polnischen Schulen Russisch lernen, das zwar hauptsächlich als Fach für polnische Schüler:innen angeboten und unterrichtet wird, aber nun ebenfalls von russischsprachigen Schülern gewählt werden kann.

Perspektiven

Eine veränderte Einstellung junger Menschen zur russischen Sprache und das Entstehen neuer, von den Mustern der Vergangenheit losgelöster kognitiver Motivationen für das Interesse an der komplexen, potenziell auch durch die russische Sprache vermittelten Welt erfordern komplexe und vielschichtige Veränderungen im polnischen kollektiven Bewusstsein und eine entsprechende Unterstützung im Bildungssystem. In einer modernen Gesellschaft, die dem durch europäische Werte geprägten Zivilisationskreis angehört, ist es völlig unabdingbar, die polnische Jugend für die Probleme der Multiethnizität und Mehrsprachigkeit zu sensibilisieren und die Vorurteile und historisch begründeten Antagonismen in der polnischen Gesellschaft bereits auf der Ebene der Schulbildung abzubauen. Die Forderung von Marzanna Karolczuk nach einer Intensivierung der interkulturellen Bildung muss auf der Ebene der Grund- und Sekundarschulen umgesetzt werden. Wir müssen auf die Zeichen der Zeit reagieren und uns der Herausforderung stellen, »auf das Funktionieren zwischen und mit verschiedenen Kulturen vorzubereiten und Misserfolge in der Kommunikation mit ihnen zu vermeiden«.⁹⁷
Der sich unaufhaltsam fortsetzende Rückgang der Zahl der am Russischunterricht teilnehmenden Schülerinnen und Schüler nach 1989 ist ein unverkennbares Zeichen dafür, dass die Entpolitisierung des Umgangs mit der russischen

---

94 Dmytro Dymydiuk: Egzamin ósmoklasisty w Polsce: na czym polega i jakie ułatwienia mogą mieć Ukraińcy?. In: naszwybir.pl vom 10. Mai 2024, https://pl.naszwybir.pl/egzamin-osmoklasisty/ (15.08.24).
95 Wesoła: Język rosyjski w polskich w szkołach.
96 Joanna Ćwiek-Świdecka, Ukraińskie dzieci zostaną objęte obowiązkiem szkolnym. In: rp.pl vom 27. Februar 2024, https://www.rp.pl/edukacja/art39908661-ukrainskie-dzieci-zostana-objete-obowiazkiem-szkolnym (27.08.2024).
97 Karolczuk: Nauczanie języka rosyjskiego, S. 65.

Sprache im öffentlichen Raum kein leichtes Unterfangen ist. Nach 25 Jahren der teilweisen Neutralisierung und einer zaghaft aufkeimenden Faszination für Russland in bestimmten gesellschaftlichen Schichten, die in vielen Texten von Reporter:innen und Weltenbummlern zum Ausdruck kam, verlangt die aktuelle politische Situation nach einer Neuverteilung der Akzente. Die polnische Sichtweise auf den Osten spiegelt zuvörderst polnische Probleme mit der eigenen Identität wider und lässt die Vermittlung einer kritischen Selbstanalyse, die Überwindung ethnozentrischer Einstellungen und die Schaffung interkultureller Sensibilität schmerzlich vermissen. Wie Galina Jelisarova feststellt, ist interkulturelle Kompetenz »die Fähigkeit, dank der ein Individuum die Grenzen der eigenen Kultur überschreiten und zu einem Vermittler zwischen Kulturen werden kann, und diese Fähigkeit zur Vermittlung ermöglicht eine Interaktion, indem Barrieren beseitigt werden und der Weg zur gegenseitigen Bereicherung geöffnet wird«.[98] Interkulturelle Kompetenz besteht aus drei Bestandteilen: Motivation (Wecken des Bedürfnisses und des Wunsches bei jungen Menschen, eine Beziehung zu einer anderen Person einzugehen), Wissen (Bewusstsein für kulturelle Gemeinsamkeiten und Unterschiede) und Fertigkeiten (Erlernen von Einfühlungsvermögen, Toleranz, Verhalten in bestimmten Kommunikationssituationen).[99] Diesem Aspekt sollte bereits in der Schule mehr Aufmerksamkeit gewidmet werden.

In der schulischen Bildung müssten spezifische Maßnahmen ergriffen werden, um Stereotype, insbesondere in Bezug auf Polens östliche Nachbarn, wahrzunehmen, zu vergleichen und kritisch zu analysieren. Im öffentlichen und schulischen Raum sollten Kinder und Jugendliche für die Veränderungsprozesse in Mittelosteuropa sensibilisiert und auf die Funktion der russischen Sprache als Medium – als neutrales, wenngleich allzu oft politisiertes Kommunikationsmittel – aufmerksam gemacht werden. Selbstverständlich ist dies im Moment reines Wunschdenken, da die Einstellung zum Erlernen der russischen Sprache stark von der politischen Situation, dem in den Medien dominierenden Diskurs und den im polnischen kollektiven Bewusstsein verankerten Vorstellungen abhängig ist. Ein zusätzlich demotivierender Faktor ist die Sphäre der Ökonomie, die sich nach zwei Jahrzehnten einer dynamischen Expansion der Geschäftsaktivitäten in den russischsprachigen Raum in einem Schwebezustand befindet, mit Risiken belastet ist und politisch ausgebremst wird.

Da die Einstellung der Polen gegenüber Russland und den Russen erfahrungsgemäß einem starken Auf und Ab unterliegt, kann man davon ausgehen, dass sie sich nach dem bereits seit einem Jahrzehnt anhaltenden Stadium der Absto-

---

98 Галина Васильевна Елизарова: Культура и обучение иностранным языкам, Petersburg 2005, S. 236.
99 Karolczuk: Nauczanie języka rosyjskiego, S. 84 f.

ßung aufgrund eventuell günstigerer politischer Bedingungen in der Zukunft erneut schrittweise positiv entwickeln wird. Die durch Umfragen bestätigte Diversifizierung der Einstellungen in den einzelnen Altersgruppen führt eindrucksvoll die Notwendigkeit vor Augen, ein rationales Gleichgewicht zwischen einer radikal negativen Position (bedingt durch die Erinnerung an historische Traumata, das intensivierte Feindbild, die Vereinheitlichung von Stereotypen über alle Russen) und einem neutralen beziehungsweise positiven Ansatz (als Ergebnis von Nichtwissen, Ignoranz, Verleugnung, Vergessen, mangelndem Interesse und analytischen Bemühungen der jüngeren Generation) herzustellen. Eine solche Anstrengung erfordert auf der Ebene der Schulen zuallererst die Formulierung einer ausgewogenen Botschaft an die junge Generation, die eine Verstärkung von Stereotypen vermeidet und eine Wissensbasis und ein Bewusstsein schaffen hilft, das sie gegen Manipulationen immunisiert. Zugegebenermaßen ist dies ein überaus ehrgeiziges Unternehmen, aber es eröffnet uns ganz neue pädagogische Möglichkeiten.

Die geopolitische Lage hat das Russische wiederum zum Spielball negativer Assoziationen gemacht. Die neuen Herausforderungen des polnischen Bildungssystems, die durch den Zustrom ukrainischer Kinder entstanden sind, drängen eine einheitliche Sichtweise in den Hintergrund, die eine institutionelle Unterstützung für Russisten und einen langfristig ausgerichteten Blick auf das Angebot des schulischen Russischunterrichts einschließt, anstatt ihn einfach aufzugeben. Im Augenblick sind es ausschließlich die Lehrkräfte und das von ihnen in der Schule verwendete Lehrmaterial, die das Erlernen dieser Sprache fördern. Es lohnt sich daher, die kulturellen Informationen in den schulischen Lehrbüchern zu erweitern und sie im Hinblick auf Quellen auszuwählen, die die junge Generation für die vielfältige östliche Welt faszinieren könnten. Deswegen sollten jene Standardinhalte, die ein stereotypes Bild von Russland und den Russen vermitteln und sich auf statische Beschreibungen von Denkmälern, Theatern, Schriftsteller:innen und Souvenirs konzentrieren, neu formuliert und durch Elemente ersetzt werden, die ein dynamischeres, an die Bedürfnisse der heutigen Jugend angepasstes Bild von Russland vermitteln. Zu diesem Zweck müssen russische Filme, Serien, Musik (einschließlich unter der Jugend populärer Genres und alternativer Musik), oppositionelle Kunstschaffende, die zeitgenössische russische Jugendkultur und aktuelle Trends sowie gesellschaftliche und politische Probleme in das Programm aufgenommen werden. Der Inhalt der Lehrbücher sollte durch Informationen über nationale und ethnische Minderheiten in Russland attraktiver gestaltet werden und auch solche Länder einbeziehen, in denen die russische Sprache den Rang einer Verkehrssprache innehat.

Um junge Menschen zu ermutigen, den andersartigen und vielfältigen russischsprachigen Raum kennenzulernen, lohnt es sich, auf die umfangreiche und vielfältige Reise- und Reportageliteratur über Russland und den postsowjetischen

Raum hinzuweisen, die der polnische Verlagsmarkt in Hülle und Fülle bietet, und sie als motivierendes Element einzusetzen. Mithilfe dieses reichhaltigen Materials wäre es ein Leichtes, Neugierde und den Wunsch nach interkultureller Kompetenz zu wecken, die in der schwierigen Nachbarschaft mit Russland nützlich ist. Die erwähnte Literatur bietet gleichermaßen eine kritische Sichtweise und eine leidenschaftliche Befassung mit dem Thema, die ungewöhnliche und unbekannte Sphären und Lebensstile aufdeckt, die im üblichen antagonistischen Diskurs ausgeklammert werden.

Angesichts der fortschreitenden Verdrängung der russischen Sprache aus den polnischen Schulen verlagert sich das Interesse an dieser Sprache in akademische Nischenkreise, und die Motivation und der Wunsch, sie zu erlernen, prägen sich erst auf tertiärem Bildungsniveau aus. Akademische Einrichtungen betonen die Rolle von analytischem und kontextuellem Wissen und bemühen sich um die Entwicklung interkultureller Kompetenzen, die auf sprachlichen Elementen in Verbindung mit kulturkundlichen Studien basieren. Angesichts der bestehenden Bildungslücke auf den ersten beiden Bildungsstufen und mit Blick auf das ungünstige gesellschaftspolitische Klima kann es dem wachen Auge des Beobachters nicht entgehen, dass auch auf Hochschulniveau ein spürbar geringeres Interesse junger Menschen am Erlernen der russischen Sprache besteht. Dennoch ist es in Anbetracht der Fülle der Themen und der Dynamik der Probleme im postsowjetischen Raum unbestreitbar, dass der finale Ausgang dieser Situation noch nicht absehbar ist. Das Zurechtkommen in einer multiethnischen Gesellschaft stellt uns alle vor ausgesprochen schwierige Herausforderungen. Demgemäß wäre es unverantwortlich, irgendeine Sprache zu stigmatisieren, doch sollten wir uns keinen Illusionen hingeben: Derartige Prozesse werden von einer ungeheuren Vielzahl von Variablen beeinflusst.

Literaturverzeichnis

Agata Bachórz: Rosja w tekście i doświadczeniu. Analiza współczesnych polskich relacji z podróży, Kraków 2013.

Magdalena Banaszkiewicz: Dialog międzykulturowy w turystyce. Przypadek polsko-rosyjski, Kraków 2012.

Marzena Błasiak-Tytuła, Olha Shevchuk-Kliuzheva: Family language policy and forced migration: the case od Ukrainian refugees in Poland. In: Zakarpatski Filologicni Studii 27 (2003) 1, S. 30–35.

Zdzisław Bratkowski: Syberia, inny świat, Gdynia 2015.

Katarzyna Broda: MEN: W systemie edukacji mamy ponad 180 tys. dzieci i młodzieży z Ukrainy. In: gazetaprawna.pl vom 23. Februar 2024, https://www.gazetaprawna.

pl/wiadomosci/kraj/artykuly/9440304,men-w-systemie-edukacji-mamy-ponad-180-tys-dzieci-i-mlodziezy-z-ukra.html (30.09.2024).

Barbara Chlebda, Irena Danecka: Всепросто! 1. Podręcznik do języka rosyjskiego dla początkujących, Warszawa 2015.

Barbara Chlebda, Irena Danecka: Всепросто! 2. Podręcznik do języka rosyjskiego dla początkujących, Warszawa 2015.

Tomasz Cyrol: Transsibem nad Bajkał, Łomianki 2008.

Joanna Ćwiek-Świdecka, Ukraińskie dzieci zostaną objęte obowiązkiem szkolnym. In: rp.pl vom 27. Februar 2024, https://www.rp.pl/edukacja/art39908661-ukrainskie-dzieci-zostana-objete-obowiazkiem-szkolnym (27.08.2024).

Joanna Ćwiek-Świdecka: Polskie szkoły rezygnują z nauczania języka rosyjskiego. In: rp.pl vom 29. Februar 2024, https://www.rp.pl/spoleczenstwo/art39915041-polskie-szkoly-rezygnuja-z-nauczania-jezyka-rosyjskiego (15.08.24).

Joanna Ćwiek-Świdecka: Wciąż jest wiele szkół, w których dzieci uczą się języka rosyjskiego. Nie ma planów zmiany tej sytuacji. In: rp.pl vom 14 März 2022, https://edukacja.rp.pl/edukacja/art35862391-wciaz-jest-wiele-szkol-w-ktorych-dzieci-ucza-sie-jezyka-rosyjskiego-nie-ma-planow-zmiany-tej-sytuacji (18.08.24).

Andrzej Dybczak: Gugara, Wołowiec 2012.

Dmytro Dymydiuk: Egzamin ósmoklasisty w Polsce: na czym polega i jakie ułatwienia mogą mieć Ukraińcy?. In: naszwybir.pl vom 10. Mai 2024, https://pl.naszwybir.pl/egzamin-osmoklasisty/ (15.08.24).

Władysław Figarski: Język rosyjski w Polsce – fakty i mity. In: Przegląd Rusycystyczny Nr. 1 (121)/2008, S. 84–97.

Fundacja Romualda Koperskiego, frk.com.pl (25.08.24).

Wojciech Grzelak: Szamani, mumie, Ałmysy. Tajemnice serca Azji, Katowice 2006.

Zenon Harczuk, Władysław Figarski, Alisa Pawlik: Język rosyjski. Podręcznik dla klasy piątej szkoły podstawowej, Warszawa ²1984.

Anna Horolets: Konformizm, bunt, nostalgia. Turystyka niszowa do krajów byłego ZSRR, Kraków 2013.

MEN: W systemie edukacji mamy ponad 180 tys. dzieci i młodzieży z Ukrainy. In: Gazeta Prawna vom 23. Februar 2024, https://www.gazetaprawna.pl/wiadomosci/kraj/artykuly/9440304,men-w-systemie-edukacji-mamy-ponad-180-tys-dzieci-i-mlodziezy-z-ukra.html#dane-ministerstwa-edukacji-narodowej (27.08.2024).

Jakie języki obce rozumieją Polacy. In: TNS OBOP 087, 2004, S. 1–3, public.kantar polska.com/archiv_files/087-04.pdf (29.08.24).

Język rosyjski wciąż obecny w polskich szkołach. In: rynek-ksiazki.pl vom 29. Februar 2024, https://rynek-ksiazki.pl/aktualnosci/jezyk-rosyjski-wciaz-obecny-w-polskich-szkolach/ (29.08.2024).

Stanisław Kalisz: Syberyjski trans, Warszawa 2015.

Marzanna Karolczuk: Nauczanie języka rosyjskiego jako drugiego języka obcego w Polsce z perspektywy edukacji międzykulturowej, Białystok 2016.

Marzanna Karolczuk: Postawy uczniów szkół średnich wobec Rosji i Rosjan. Wnioski z badań. In: Wschodni Rocznik Humanistyczny Bd. XII, 2015, S. 343–354.

Maria Kliś: Motywacja jako jedna z podmiotowych determinant procesu uczenia się języka obcego. In: Przegląd Glottodydaktyczny Bd. 3, 1979, S. 19–30.

Hanna Komorowska: Dobra komunikacja jest potrzebna, by żyć w spokoju. In: frse.org.pl, https://www.frse.org.pl/eksperci-dla-frse/dobra-komunikacja-jest-potrzebna-by-zyc-w-spokoju (21.08.2024).
Konstytucja Polskiej Rzeczpospolitej Ludowej uchwalona przez Sejm ustawodawczy w dniu 22 lipca 1952 r. (Gesetzblatt der Republik Polen 1976 Nr. 7 Pos. 36).
Romuald Koperski: 1001 obrazów Syberii, Gdańsk 1999.
Romuald Koperski: Pojedynek z Syberią, Toruń 1997.
Romuald Koperski: Przez Syberię na gapę, Gdańsk 2000.
Romuald Koperski: Syberia: Zimowa Odyseja, Gdańsk 2011.
Paweł Krysa: Wschód is GOOD, Warszawa 2020.
Michał Książek: Jakuck. Słownik miejsca, Wołowiec 2013.
Pavlo Levchuk: Trójjęzyczność rosyjsko-ukraińsko-polska rosyjskojęzycznych Ukraińców mieszkających w Polsce. In: Przegląd Rusycystyczny Nr. 2 (162)/2018, S. 208–218.
Jarosław Macała: »Oddech Rosji plecy mrozi mi«. Związek Radziecki i Rosja w wyobrażeniach geopolitycznych polskiej muzyki popularnej po 1989 roku. In: Studia nad Autorytaryzmem i Totalitaryzmem 42 (2020) 4, S. 377–402.
Jacek Matecki: Co wy, …, wiecie o Rosji?!, Warszawa 2015.
MEN: od 1 września język obcy obowiązkowy od pierwszej klasy. In: Dziennik Gazeta Prawna vom 24. Juli 2008 (basierend auf einer Meldung der Polnischen Presseagentur PAP), https://www.gazetaprawna.pl/praca/artykuly/27988,men-od-1-wrzesnia-jezyk-obcy-obowiazkowy-od-pierwszej-klasy.html (8.08.2024).
Sławomir Michał: Po drugiej stronie Uralu, Gdynia 2020.
Igor T. Miecik: 14:57 do Czyty, Wołowiec 2012.
Piotr Milewski: Transsyberyjska. Drogą żelazną przez Rosję i dalej, Kraków 2014.
Jędrzej Morawiecki: Łuskanie światła. Reportaże rosyjskie, Warszawa 2010.
Nauczyciele języków obcych w roku szkolnym 2010/2011. In: ore.edu.pl, 2011, https://ore.edu.pl/2015/03/raporty-2/ (30.09.2024).
Ewa Nowak: Daleko po torach. Przez Rosję aż do Chin, Gdynia 2022.
O wyjazdach zagranicznych i znajomości języków obcych. Komunikat z badań CBOS Nr. 5, 2016, https://cbos.pl/SPISKOM.POL/2016/K_005_16.PDF (29.08.2024).
Oświata i wychowanie w roku szkolnym 2019/2020. In: Główny Urząd Statystyczny vom 18. Dezember 2020, https://stat.gov.pl/obszary-tematyczne/edukacja/edukacja/oswiata-i-wychowanie-w-roku-szkolnym-20192020,1,15.html (29.08.2024).
Oświata i wychowanie w roku szkolnym 2020/2021. In: Główny Urząd Statystyczny vom 30. November 2021, https://stat.gov.pl/obszary-tematyczne/edukacja/edukacja/oswiata-i-wychowanie-w-roku-szkolnym-20202021,1,16.html (29.08.2024).
Oświata i wychowanie w roku szkolnym 2021/2022. In: Główny Urząd Statystyczny vom 31. Oktober 2022, https://stat.gov.pl/obszary-tematyczne/edukacja/edukacja/oswiata-i-wychowanie-w-roku-szkolnym-20212022,1,17.html (29.08.24).
Oświata i wychowanie w roku szkolnym 2022/2023. In: Główny Urząd Statystyczny vom 31. Oktober 2023, https://stat.gov.pl/obszary-tematyczne/edukacja/edukacja/oswiata-i-wychowanie-w-roku-szkolnym-20222023,1,18.html (29.08.24).
Jacek Pałkiewicz: Syberia. Wyprawa na biegun zimna, Poznań 2007.
Zofia Piłasiewicz: Syberyjski sen. Opowieść bezdrożna, Kraków 2014.

Ewa Pogonowska: Klucze do Rosji. Tematy i strategie współczesnych narracji podróżniczych, Lublin 2018.
Polacy o stosunkach polsko-rosyjskich i polityce wschodniej Polski, Komunikat z badań CBOS Nr. 77, 2014, https://www.cbos.pl/SPISKOM.POL/2014/K_077_14.PDF(29.08.2024).
Polacy o swoich wyjazdach zagranicznych i znajomości języków obcych, Komunikat z badań CBOS, Nr. 111, 2009, https://www.cbos.pl/PL/publikacje/raporty_tekst.php?id=3919 (30.09.2024).
Polacy o wojnie na Ukrainie i Rosjanach, Komunikat z badań CBOS, Nr. 114, 2022, S. 8, https://www.cbos.pl/SPISKOM.POL/2022/K_114_22.PDF (29.08.2024).
Polska-Rosja. Diagnoza Społeczna 2020. Polacy na temat Rosji i Rosjan oraz stosunków polsko-rosyjskich, Centrum Polsko-Rosyjskiego Dialogu i Porozumienia, http://cprdip.pl/wydawnictwo,raporty,672,polska-rosja_diagnoza_spoleczna_2020.html (30.08.24).
Powszechność nauczania języków obcych w roku szkolnym 2009/2010. In: ore.edu.pl, 2011, https://ore.edu.pl/powszechnosc-nauczania-jezykow-obcych-2009-2010-2/ (30.09.2024).
Powszechność nauczania języków obcych w roku szkolnym 2011/2012, oprac. A. Braunek In: ore.edu.pl, 2013, http://www.bc.ore.edu.pl/Content/426/Powszechnosc_nauczania_jezykow_2011_2012_17.04_final.pdf (30.09.2024).
Program 10. Festiwalu Patrząc na Wchód, 14–17.08. 2024 Buda Ruska. In: patrzacnawschod.pl vom 3. August 2024, https://patrzacnawschod.pl/index.php/2024/08/03/program-festiwalu-patrzac-na-wschod/ (28.08.2024).
Jakub Rybicki: Po Bajkale. Rowerem przez Syberię, Warszawa 2015.
Diana Sankowska: Niewerbalne treści kulturoznawcze w podręczniku do nauki języka rosyjskiego w szkole podstawowej. In: Acta Polono-Ruthenica XXV (2020) 4, S. 87–96.
Diana Sankowska: Podręcznik w procesie kształcenia studentów filologii rosyjskiej (przegląd wybranych pozycji). In: Ewa Dźwierzyńska, Katarzyna Buczek (Hrsg.): Традиции и инновации в методике преподавания инностранных языков, Bd. 3., Rzeszów 2019, S. 162–174.
Michał Sarnowski: Ideologizacja polskich podręczników do nauki języka rosyjskiego – próba rekonesansu. In: Oblicza Komunikacji, Bd. 1, 2008: Ideologie w słowach i obrazach, S. 193–218.
Marcin Sawicki: Opowieści tadżyckie, Białystok 2015.
Krzysztof Skok: Rowerem na igrzyska. 10 255 km samotnej wyprawy z Sopotu do Pekinu, Gdańsk 2010.
Magdalena Skopek: Dobra krew. W krainie reniferów, bogów i ludzi, Warszawa 2012.
Kazimierz Sowa: Moje syberyjskie podróże, Warszawa 2013.
Mirosław Stachowski: Motocyklem nad Bajkał, Poznań 2015.
Barbara Wesoła: Język rosyjski w polskich w szkołach coraz rzadziej nauczany? Szkoły z niego rezygnują, brakuje też nauczycieli. In: strefaedukacji.pl vom 2. März 2023, https://strefaedukacji.pl/jezyk-rosyjski-w-polskich-w-szkolach-coraz-rzadziej-nauczany-szkoly-z-niego-rezygnuja-brakuje-tez-nauczycieli/ar/c5-17334741#uczniowie-wybieraja-jezyk-rosyjski-na-egzaminach (29.08.2024).
Adam Wicher: Wsjo wypito, czyli Syberia dla początkujących, Szczecin 2011.

Julia Witczuk, Stanisław Pagacz: Bajkał, Morze Syberii, Kraków 2000.

Jarosław Załęcki: Postawy Polaków wobec Rosjan i Ukraińców w kontekście współczesnych konfliktów politycznych. In: Roczniki Nauk Społecznych 9 (2017) 2 (45), S.155–175.

Tomasz Zarycki: Socjologia polskich podróży do krajów byłego ZSRR. Dwa przykłady. In: Kultura i Społeczeństwo Nr. 1/2016: Między kulturami: szkice i notatki, S. 119–131.

Zarządzenie nr 13 Ministra Edukacji Narodowej z dnia 28 maja 1992 r. w sprawie ramowych planów nauczania w publicznych szkołach ogólnokształcących i zawodowych (Amtsblatt des Bildungsministeriums 1992 Nr. 2 Pos. 12).

Zarządzenie nr 5 Ministra Edukacji Narodowej z dnia 2 lutego 1990 r. w sprawie planów nauczania w szkołach ogólnokształcących oraz zmian w planach nauczania w szkołach zawodowych (Amtsblatt des Bildungsministeriums 1990 Nr. 2 Pos. 8).

Marcelina Zuber: Komunikowanie międzykulturowe. In: Urszula Kusio (Hrsg.): Polifonia, dialog i zderzenie kultur. Antologia tekstów z komunikacji międzykulturowej, Toruń 2007, S. 21–46.

Hieronim Żygadło: Syberyjska spiekota, Wrocław 2007.

ГАЗЕТА ПИОНЕРСКАЯ ПРАВДА, gazetina.ru/p/5, (29.08.24).

Елизарова Галина Васильевна: Культура и обучение иностранным языкам, Санкт-Петербург 2005.

Журнал ПИОНЕР /полиграфический комбинат ПРАВДА, old.topos.memo.ru/node/973 (29.08.24)

Томаш Зарицкий: Образ России в конструировании польской идентичности. In: Человек.Сообщество.Управление Nr. 2/2006, S. 4–17.

Ленинградскиедетскиежурналы1920–1930-хгодов.In:expositions.nir.ruo.D.,https://expositions.nlr.ru/ex_rare/child_journals/index.php (29.08.2024).

Polens östliche Nachbarn im Spiegel polnischer Medien

Agnieszka Lichnerowicz

>> Von allen Ländern der Welt konnten sie uns nirgendwo besser verstehen: Im Spiegel unseres Krieges erkennen sich die Polen auf neue Weise, wie ich im Spiegel eines Hotelbadezimmers. (...) Für die Polen, die mehr als drei Millionen ukrainische Flüchtlinge aufgenommen haben, ist dies kein ›Krieg eines anderen‹ mehr, wie es in den vergangenen acht Jahren der Fall gewesen war – jetzt berührt er die gesamte polnische Gesellschaft bis ins Mark ihres historisch noch recht jungen, kaum verheilten kollektiven Traumas. Es ist, als würden plötzlich vergessene Narben in jedermanns Gedächtnis aufbrechen und die mit Blut getränkten Geschichten der Großmütter und Großväter über 1939 und 1944 hervorquellen: Vom Heldentum der Besatzung der Westerplatte[1], mit der heute in Polen die Schlangeninsel verglichen wird, vom Verrat des Westens und dem im Blut erstickten Warschauer Aufstand von 1944, den die ›Verbündeten‹ durch das Fernglas betrachteten so wie die Welt heute Mariupol im Fernsehen sieht, und mit besonderer Schärfe die Erzählungen von den Massenvergewaltigungen und Raubzügen der Roten Armee im Jahr 1944, in denen die Polen Irpin und Butscha wiedererkennen«,[2]

resümierte eine der bedeutendsten ukrainischen Intellektuellen und Schriftsteller:innen der Gegenwart, Oksana Sabuschko. Sie beobachtete die Reaktionen der Polen auf die russische Aggression gegen ihr Heimatland mit eigenen Augen, weil sie sich just am 24. Februar 2022 in Warschau aufhielt, nachdem sie gerade zur polnischen Premiere ihres Buches *Planet Wermut* eingeflogen war.

Die Schriftstellerin war an jenem schicksalhaften Tag bei einer Reihe von Medien zu Gast und forderte in dem für sie charakteristischen, eindringlichen und kämpferischen Stil die Menschen auf, »keine Angst mehr vor Russland zu ha-

---

1   Die Danziger Halbinsel Westerplatte ist im polnischen Gedächtnis ein Symbol für Widerstand und Mut. Der deutsche Angriff auf sie ist zum Symbol für den Beginn des Zweiten Weltkriegs geworden.
2   Oksana Sabuschko: Najdłuższa podróż, Warszawa 2023, S. 26–27.

DOI: 10.13173/9783447123686.095

ben« und sich gegen dieses Land zur Wehr zu setzen. Sabuschko spricht ausgezeichnet Polnisch, kennt ihr Nachbarland gut, hat hier viele Freunde und eine breite Leserschaft, die durchaus nicht immer unkritisch mit ihr umgeht. Auch sie selbst hat sich mitunter kritisch über Polen und die Polen geäußert. Polen und Ukrainer verstehen sich nicht immer fabelhaft, die Liste der historischen Ungerechtigkeiten und Kränkungen ist lang, manchmal bestehen gegensätzliche wirtschaftliche Interessen. In den schwierigsten Momenten haben beide Gesellschaften jedoch in der Regel – wenn auch nicht in jedem Fall und natürlich nicht alle – ihre Ressentiments überwunden und sich in der Verteidigung gegen die ihnen gemeinsame russische Bedrohung zusammengeschlossen. Sie verstehen einander definitiv besser als westliche Politiker oder Journalisten.

> » Als mich der erste westliche Journalist am 24. Februar (um acht Uhr morgens, mit kaum unterdrückter Ungeduld) anrief und mit aufrichtiger Neugier fragte, was ich denn glaube, was Putins Absichten seien, fing ich einfach an zu schreien. Ich rannte im Zimmer auf und ab und fauchte den unglücklichen Mann am Telefon an, als sei er der kollektive Westen in Person: ›Wollen Sie mich veräppeln?! Er hat Ihnen doch schon Dutzende Male direkt ins Gesicht gesagt, was er will: dass die Ukrainer von Erdboden verschwinden und aufhören sollen zu existieren, wie die Juden bei Hitler; er benutzt ja sogar die gleichen Worte – die Endlösung der ukrainischen Frage. Wie lange wollen Sie denn noch so tun, als hätten Sie das nicht gehört?‹«,

machte die Schriftstellerin klar. Sie hatte bereits zuvor bei verschiedenen Gelegenheiten Alarm geschlagen, dass die Stimme der Ukrainer in den westlichen Medien kaum gehört wird, weil sie von den Aussagen von zu Podiumsdiskussionen eingeladenen russischen Experten übertönt wird.
Ungezählt sind die Anlässe, bei denen sie ihrer Frustration darüber Luft machte, dass ihre Warnungen vor Russland im westlichen Teil Europas als völlig übertrieben wahrgenommen wurden. In dieser Hinsicht muss klar ins Auge gefasst werden, dass russische Narrative und kulturelle Einflüsse im Westen unterschiedliche Quellen haben: Einerseits entspringen sie einer echten Faszination für russische Literatur oder Musik, andererseits sind sie das Ergebnis der imperialen Softpower Moskaus, also der hegemonialen Förderung und – wie wir heute sagen würden – Ausweitung der Kampfzone *(weaponization)* in den Bereich der Kultur. Die polnisch-amerikanische Wissenschaftlerin Ewa Thompson bezeichnete die vom Kreml konstruierten Interpretationen als »imperiales Wissen«. »Dies sind Narrative, die das Imperium produziert, um seine Herrschaft über andere Nationen zu legitimieren. Es instrumentalisiert historisches Wissen und erschafft Mythen, um die Behauptung zu untermauern, dass diese Nationen entweder gar nicht existieren oder der Aufsicht des Imperiums bedür-

fen, weil sie allein nicht zurechtkommen«, erklärte der ukrainische Intellektuelle Mykola Rjabčuk in der Wochenzeitung POLITYKA.³

Obwohl die polnischen Medien den Moskauer Narrativen skeptischer gegenüberstehen, ließen auch sie es mitunter an Wachsamkeit fehlen, wie in den turbulenten Monaten nach der russischen Aggression gegen die Krim und die Ostukraine im Jahr 2014 deutlich wurde. Damals gelang es Russland, die Art des Angriffs und der Besetzung von Gebieten, die seinem Nachbarn gehören, hinter Deutungsmustern wie »Bürgerkrieg« und »Separatismus« zu verbergen, die von russischen Diplomaten und Internettrollen emsig verbreitet wurden.

Die russische Bedrohung lässt zugleich die Polen selbst näher zusammenrücken. Und das, obwohl Polen unter den sich zunehmend polarisierenden Gesellschaften Europas eine Vorreiterrolle einnimmt. Der tiefe kulturelle und zivilisatorische Streit, der gleichermaßen befruchtende und schädliche Züge trägt und tief mit dem politischen Konflikt der Eliten im Lande verwoben ist, ist eine Triebfeder der polnischen Zeitgeschichte. Die Rolle der Medien in dieser Gemengelage kann gar nicht überschätzt werden. In diesem Prozess sind sie nicht einfach nur eine Agora (die nicht selten einer Arena gleicht), sondern der Meinung vieler Beobachter zufolge geradezu mitverantwortlich für die Auseinandersetzungen. Nicht nur ergreifen viele Medien ganz gezielt Partei – bestimmte Presseorgane und Fernsehsender beziehungsweise Journalist:innen mausern sich gleichsam zu den eifrigsten Unterstützern und selbsternannten Beratern von Politikern. Jene Themen, die sich der Logik der Polarisierung entziehen, lassen sich – ohne Übertreibung – an einer Hand abzählen. Zu den wichtigsten Ausnahmen gehören die Wahrnehmung Russlands, die transatlantische Ausrichtung der Außen- und Sicherheitspolitik als Reaktion auf die Bedrohung durch Moskau und die Unterstützung der ukrainischen Unabhängigkeit.

In diesen drei Fragen besteht ein breiter Konsens, insbesondere zwischen der politischen Elite (der Systemparteien) und den (Mainstream-)Medien, vom linken bis ins rechte Spektrum, von Boulevardblättern über Zeitungen bis hin zu Fachzeitschriften. Eine Anekdote: Journalisten, deren Wege sich an der Weichsel aufgrund der innerpolnischen Streitigkeiten nur selten kreuzten, die sich fundamental in ihrer Weltanschauung unterschieden und oftmals ein tiefes Misstrauen gegeneinander hegten, konnten in Moskau, Kyjiw oder auf der Krim, fernab von ihren internen Meinungsverschiedenheiten, ihre Zusammenarbeit und ihre kollegialen Beziehungen stärken. Dieser Konsens hat sich derweil in den letzten Jahren mit dem Erstarken der nationalen Kräfte, die in Europa meist als »extreme Rechte« oder »populistische Rechte« bezeichnet werden, merklich abgekühlt. Seine Grundlagen sind allerdings nach wie vor belastbar, da sie auf

---

3 Agnieszka Lichnerowicz: Mitologia Putina [Interview mit Mykoa Rjabčuk]. In: POLITYKA 51/2022 (3394) vom 13. Dezember 2022, S. 56.

tiefen Überzeugungen beruhen, die in Familiengeschichten und Narrativen der polnischen Gesellschaft verwurzelt sind.

Knifflige Frage:
Wissen es die polnischen Medien einfach besser oder sind sie russophob?

Aufgrund ihres weitreichenden Misstrauens gegenüber den russischen Absichten und angesichts der Befürchtung, dass sich die westlichen Partner von Moskau täuschen ließen, fühlten sich polnische Journalisten gelegentlich von Kollegen in Berlin oder Paris als russenfeindlich, also von Ressentiments getrieben, abgestempelt. Dieses Missverständnis ist eine natürliche Folge der unterschiedlichen historischen Erfahrungen und geopolitischen Positionierung. In Polen wird von Zeit zu Zeit die Frage diskutiert, ob Fachleute und Journalist:innen gerade wegen der Geschichte und aufgrund der geografischen Nähe die Situation in den östlichen Nachbarländern mit größerem Scharfblick analysieren können. Oder ist es genau umgekehrt und diese Nähe führt zu einem Verlust der für den journalistischen Beruf notwendigen Neutralität beziehungsweise Distanz?
Unter polnischen Journalist:innen gibt es seit Jahren immer wieder Diskussionen darüber, wie man objektiv über den Krieg in der Ukraine berichten kann und was man darunter im Allgemeinen zu verstehen hat. Es wird darüber gestritten, ob sie sich alle als Berufsgruppe oder jedenfalls einzelne Reporter in einem Übermaße engagieren und dadurch die in diesem Beruf notwendige Distanz verlieren. Ohne hier auf die – im Übrigen höchst wichtigen – Details dieser Diskussion einzugehen, sei dennoch angemerkt, dass es wohl niemanden überraschen dürfte, dass Journalist:innen aus einem Land, das nach Meinung vieler Expert:innen von Moskau angegriffen werden könnte (baltische Staaten wie Estland oder Litauen und, wie es scheint, in einem späteren Schritt gegebenenfalls Polen), mit einem anderen persönlichen Engagement über Russland schreiben als diejenigen, für die der Krieg in der Ukraine zwar näher ist als der im Jemen, die die Bedrohung aber nur aus der Ferne wahrnehmen. Die Debatte über die Neutralität der Medien muss zu ihrem eigenen Wohl dringend geführt werden, da sich der Journalismus grundlegend und viel tiefgreifender verändert hat als in früheren Perioden des Wandels, was sich etwa an den Auftritten von Journalist:innen in den sozialen Medien, den Bemühungen um die Erhöhung ihrer dortigen Sichtbarkeit und ihren Aktivitäten ablesen lässt.
Eine gewisse Umkehrung der obigen Überlegungen ist die ebenfalls kursierende These, dass es polnische Expert:innen und Journalist:innen sind, die eindringlicher über Russland zu schreiben und zu sprechen vermögen, da Westeuropa viel zu wenig über Osteuropa weiß. Diese Gespräche werden eher bei einem Kaffee oder Bier als in einem formellen Rahmen geführt. Dabei muss hingegen betont

werden, dass diese Art von innerpolnischen Diskussionen eher Ausdruck von Frustration als ein analytischer Versuch zur Erfassung der Realität sind, denn die Realität ist zweifelsohne deutlich komplexer als Diagnosen, die allein auf Emotionen und Stereotypen beruhen. Solche Thesen sind zudem offensichtlich mit der Erbsünde der Stereotypisierung behaftet.

Einen Grund für die Leichtigkeit, mit der die Perspektive der osteuropäischen Staaten auf Russland heruntergespielt wird, suchen manche auch in dem Gefühl einer zivilisatorischen Überlegenheit, der westlichen Gesellschaften leider allzu oft eigen ist. Dieser eigentümliche westeuropäische Protektionismus – so argumentiert der Historiker Larry Wolff – ist nicht nur auf die Überlegenheit der demokratischen Gesellschaften des Kalten Krieges gegenüber den östlichen Totalitarismen zurückzuführen: Die Wurzeln dieses Sentiments reichen in der Tat bis in die Aufklärung zurück.

> » Sie [die Philosophen der Aufklärung] waren es, die das Denken der Europäer neu ausrichteten und den Ost-West-Gegensatz einführten. Die neue Einteilung erwies sich als äußerst praktisch – sie förderten bewusst das Konzept des rückständigen Ostens, um im Gegensatz dazu auf einfache und effektive Weise eine Vorstellung von der kulturellen und zivilisatorischen Stärke Westeuropas aufzubauen.«[4]

Das westliche Bild des Ostens beruht auf Stereotypen.

> » Man kann den Berichten der Aufklärer nicht vorwerfen, dass sie einfach nur falsch oder fiktiv sind; im Gegenteil, im Zeitalter der immer ehrgeizigeren Reisen und der kritischen Beobachtung wurden diese Länder häufiger besucht und genauer studiert als zuvor. Die Erfindungsarbeit bestand darin, die einzelnen Länder auf der Grundlage von Fakten und Fiktionen assoziativ miteinander zu verbinden, um eine Gesamtvorstellung von Osteuropa zu schaffen. Diese Idee bestand aus einer Reihe von Assoziationen und Beobachtungen einer vielfältigen Region, die sich aus einzelnen Ländern und Völkern zusammensetzt.«[5]

Journalisten und Experten für Polens östliche Nachbarschaft streiten seit Jahren darüber, ob und welche Stereotype die polnische Debatte über Osteuropa prägen. »Sie findet in Polen stärkeren Widerhall als in einschlägigen Kreisen in Westeuropa. Die Orientalisierung ist eindeutig durch die polnische Geschichte, Identitätskonflikte und das kulturelle Erbe bedingt, und in noch stärkerem

---

4   Larry Wolff: Wynalezienie Europy Wschodniej. Mapa cywilizacji w dobie Oświecenia, Kraków 2020, S. 357 (Originalausgabe: Inventing Eastern Europe: the map of civilization on the mind of the enlightenment, Stanford 1994).
5   Ebenda, S. 357.

Maße durch bestimmte Interpretationen der eigenen Vergangenheit und Identität.«[6] In den innerpolnischen Kämpfen um Demokratie wird der Osten (oder Russland selbst) als Bedrohung und Menetekel beschworen, als Synonym für Autoritarismus und Tyrannei.

> » In den letzten Jahren ist Russland auch zu einem Schlüsselmotiv für die innere Orientalisierung Polens geworden. Politiker und Journalisten verschiedener Parteien und Medien bezichtigen ihre Gegner nicht selten, Agenten zu sein, auf Rechnung des Kremls Landesverrat zu üben, das russische politische Modell einzuführen (Putinisierung Polens), Verbündete Russlands oder dessen fünfte Kolonne zu sein.«[7]

Bei der Analyse der mentalen Landkarte, die von polnischen Schriftsteller:innen und Autor:innen durch Reportagen (darunter als wichtigster Vertreter Ryszard Kapuściński mit seinem Werk *Imperium*) an der Jahrtausendwende geformt wurde, betont einer der bedeutendsten polnischen Literaturwissenschaftler, Professor Przemysław Czapliński, dass Erzählungen über Russland (in der Rolle des Anderen) dazu dienten, Polen im Westen zu verankern, um dergestalt dem despotischen Moskau zu entkommen: »Deshalb schreibt man über Deutschland, um Polen näher an Europa heranzubringen, und über Russland, um es von Polen fernzuhalten.«[8]

Ohne mich hier auf einen Begriffsstreit darüber einzulassen, was Russophobie denn im eigentlichen Sinne ist, sowie unter Umgehung der psychologischen Analyse, wie viel vom polnischen Misstrauen gegenüber Russland auf kühlem, auf Erfahrung fußendem Kalkül basiert und wie viel Ressentiment im Spiel ist, sei dennoch auf die Verehrung hingewiesen, die die russische Kultur in Polen genoss. Die Haltung der Polen gegenüber den Russen war viel nuancierter und ambivalenter als beispielsweise in Spanien oder den Niederlanden. Der Chefredakteur der meistgelesenen polnischen Tageszeitung GAZETA WYBORCZA, Adam Michnik, bezeichnet sich selbst als »antisowjetischen Russophilen« und unterstreicht damit seine Sympathie und seinen Respekt für die russische Kultur und gleichzeitig seine Abneigung gegen den russischen Despotismus. Michnik, der in der autoritär regierten Volksrepublik Polen eine der wichtigsten Oppositionsfiguren war, hat wiederholt betont, dass er viele Freunde unter den russischen antisowjetischen Dissidenten, Intellektuellen und Oppositionellen hat.

Jüngere Generationen von Journalisten sind seltener von Russland fasziniert als ihre älteren Kollegen. Aufgrund der Abschaffung des obligatorischen Russisch-

---

6   Adam Balcer: Na Wschodzie bez zmian? Orientalizacja we współczesnej Polsce, Wrocław 2023, S. 7.
7   Ebenda.
8   Przemysław Czapliński: Poruszona mapa, Kraków 2016, S. 61.

unterrichts in der Schule sind Russischkenntnisse heute überdies viel weniger verbreitet als zuvor. Jüngere Menschen sprechen vorwiegend westliche Sprachen, sehen sich amerikanische Filme an und besuchen Westeuropa in einem Ausmaß, das ihren Großeltern nicht gegeben war. Michnik wiederholte sein Credo von der »antisowjetischen Russophilie« in einem 2023 durchgeführten Interview mit der russischen Novaja Gazeta,[9] also schon während des blutigen Krieges in der Ukraine – derzeit ist seine Haltung freilich deutlich umstrittener.

Kurze Geschichte des polnischen Osteuropajournalismus

Der Redakteur

Es war weder ein Berufspolitiker noch ein Staatenlenker, sondern ein Redakteur, der zum Symbol für das einflussreichste Konzept der Ostpolitik wurde, das nach 1989 das polnische strategische Denken beherrschen sollte. Jerzy Giedroyc trug wegen seines Charismas und seiner Bedeutung für das polnische politische Denken den Spitznamen »Redakteur«, und dieses grundlegende Paradigma ist unter seinem Namen als »Giedroyc-Doktrin« geläufig. Obwohl sie nie formalisiert wurde und selbstredend viele Väter hatte, ist die Namensgebung dem »Redakteur« gewidmet.

Giedroyc war natürlich kein einfacher Reporter oder Kolumnist. Bei diesem zutiefst politischen Intellektuellen handelte es sich um den Herausgeber und Chefredakteur der Zeitschrift Kultura, einer der wichtigsten polnischen Zeitschriften für Politik und Kultur nach der Errichtung des Eisernen Vorhangs. Auf den Seiten dieses Blatts und nicht in politischen Büros wurde jene Strategie geschmiedet, die die Köpfe und später auch die Herzen der meisten Polen im Sturm eroberte. Dieses Paradigma hat sich so tief in die polnische politische Vorstellungskraft und Kultur eingegraben, dass sich ein großer Teil der Polen und ein Großteil der politischen Klasse des Landes – oftmals unbewusst, ohne die Urheberschaft benennen oder sie gar in Worte fassen zu können – darauf stützt. Giedroyc' Biografie ist eine Geschichte der multikulturellen Vergangenheit Polens und Osteuropas, die mit dem Zweiten Weltkrieg jäh zu Ende ging. Nach der Volkszählung von 1921 stellten die Polen 69 Prozent der Bevölkerung eines Landes, das gerade erst als Folge des Ersten Weltkriegs seine Unabhängigkeit wiedererlangt hatte – 15 Prozent waren Ukrainer, 8 Prozent Juden, außerdem lebten Belarusen und Deutsche in seinen Grenzen. Der 1906 geborene Gie-

---

9 Кирилл Мартынов: Я верю в демократическую Россию. In: Novaja Gazeta vom 20. November 2023, https://novayagazeta.eu/articles/2023/11/20/ia-veriu-v-demokraticheskuiu-rossiiu-potomu-chto-znaiu-naskolko-velik-demokraticheskii-potentsial-v-rossiianakh (21.9.2024).

droyc stammte aus einer polonisierten litauischen Fürstenfamilie. Das Licht der Welt erblickte er in Minsk, das einstmals zum Großfürstentum Litauen und zur Ersten Polnischen Republik gehört hatte, aber infolge der Teilungen in das Russische Reich eingegliedert worden war. Nachdem Polen 1918 seine Unabhängigkeit wiedererlangt hatte, wurde Minsk von den Bolschewiken eingenommen (mit dem Zusammenbruch der UdSSR wurde es zur Hauptstadt von Belarus). Giedroyc besuchte ein Gymnasium in Moskau, das er jedoch wegen des Ausbruchs der bolschewistischen Revolution verließ. Die Familie ließ sich schließlich in Warschau nieder. »Ich fühle mich generell als Osteuropäer. Wenn mich jemand fragen würde, was meine Heimat ist, würde ich antworten: Osteuropa.«[10] Sein Mitarbeiter und Mitverfasser der Giedroyc-Doktrin, der Journalist und politische Schriftsteller Juliusz Mieroszewski, betrachtete die Erfahrung des Multikulturalismus als grundlegend und bezeichnete sich im Unterschied dazu persönlich als einen aus Mitteleuropa gebürtigen Menschen. Der in Krakau geborene Mieroszewski sprach fließend Deutsch.[11] Die Diskussionen darüber, wo Osteuropa beginnt und wo Mitteleuropa endet, können endlos geführt werden. Nach dem Zweiten Weltkrieg und der durch den Westen geübten Anerkennung der Souveränität Moskaus über Polen blieb Giedroyc, wie viele andere Polen, im Exil. Schließlich ließ er sich zusammen mit der KULTURA in der Nähe von Paris nieder.

Die Giedroyc-Doktrin enthielt in keiner Weise revolutionäre Gedankengänge. Vielmehr war sie die nächste Runde eines Staffellaufs, dessen Ursprünge einige Wissenschaftler bereits auf das 18. Jahrhundert datieren. Vor dem Zweiten Weltkrieg waren Konzepte populär, die u. a. mit dem Vater der polnischen Unabhängigkeit, Marschall Józef Piłsudski, verbunden waren. Eines davon war der Prometheismus, der sich auf den »Mythos, das Feuer von außen heranzutragen, um die im Sowjetreich herrschende Dunkelheit zu erhellen«, bezog.[12] Die polnischen »Prometheisten«, denen es gelungen war, aus dem Moskauer Imperium auszubrechen, glaubten daran, dass es nun an ihnen sei, das »Feuer« an die versklavten Völker des Kaukasus, Zentralasiens und der Ukraine weiterzugeben, um sie zu befreien und damit vielleicht im Endeffekt das Imperium selbst zu zerschlagen. Zu diesem Konglomerat intellektueller Vorstellungen kommen Forderungen nach der Schaffung einer polnisch-ukrainisch-belarusischen Föderation, deren Wurzeln im 19. Jahrhundert liegen. Die Akzente waren in den zitierten Ideen je nach dem betreffenden historischen Moment unterschiedlich verteilt, doch im Zentrum stand stets die Überzeugung, dass die Polen ein Bündnis

---

10   Hanna Maria Giza: Ostatnie lato w Maisons-Laffitte, Wrocław 2007, S. 9.
11   Marcin Frenkel: Partytura na wietrze. Koncepcje paryskiej KULTURY a polska polityka wschodnia w latach 1989–2014, Łódź 2022, S. 41.
12   Ebenda, S. 56.

mit Ukrainern und Belarusen eingehen müssten. Die Gründe dafür waren gleichermaßen ultrapragmatisch und idealistisch, sie liefen indessen in jedem Fall auf die Unterstützung der Nachbarvölker Polens und eine gegen den russischen Imperialismus gerichtete Zusammenarbeit hinaus. Giedroyc selbst distanzierte sich von der normativen Perspektive, lehnte jedweden polnischen Paternalismus ab (der bis heute in der Solidarität eines Teils der Polen mitschwingt) und gab dem Pragmatismus den Vorzug vor Messianismus[13], Emotionen und Ideologien. Nach dem Zweiten Weltkrieg, als das formal zwar unabhängige, de facto vom Kreml kontrollierte Polen seine Gebiete östlich des Bugs (die heutige Westukraine und Belarus) sowie die Region rund um Wilna (Vilnius, Teil des heutigen Litauens) an Stalin verlor, wurden die Ukrainer, Belarusen und Litauer endgültig gewaltsam in die UdSSR eingegliedert. In den 1950er Jahren vertrat die KULTURA die Ansicht, dass der Schlüssel für die Polen nicht in der Rückgewinnung der verlorenen östlichen Gebiete, sondern in der Entschärfung der Nachbarschaftskonflikte und einer Unterstützung der Unabhängigkeit der sogenannten ULB-Länder (Ukraine, Litauen, Belarus) lag. Aufgrund historischer Ressentiments wurde diese Auffassung nicht unbedingt von allen Polen mit Begeisterung aufgenommen. Giedroyc und Mieroszewski argumentierten demgegenüber, dass Polens Sicherheit auf dem Spiel stehe, da diese unabhängigen Staaten eine Art Puffer zwischen Polen und dem imperialen Russland darstellen würden. »Es wird kein freies Polen ohne eine freie Ukraine geben« – auf diese einfache Formel wird diese Logik in der öffentlichen Debatte gebracht. Der Kern der Doktrin besteht darin,

> » dem sowjetischen und dem russischen Imperialismus entgegenzutreten – und sich nicht gleichzeitig einer Rivalität zwischen Warschau und Moskau um die Vorherrschaft in Osteuropa hinzugeben. Stattdessen seien gute Beziehungen zu den nach Freiheit strebenden Kreisen innerhalb Russlands aufzubauen (das diesbezüglich wichtigste Instrument sollte die Förderung der Demokratisierung und Liberalisierung in diesem Land sein).«[14]

Die Neutralisierung der russischen imperialen Bedrohung war eine Priorität, daher bestand ein weiterer Eckpfeiler der Doktrin in freundschaftlichen Bezie-

---

13 Die historiosophische Sichtweise, der zufolge Individuen oder Nationen eine besondere Mission gegenüber der Menschheit und der Geschichte zukommt, schrieb in Polen in der ersten Hälfte des 19. Jahrhunderts der polnischen Nation, die dem Willen der drei Teilungsmächte ausgeliefert war, die Rolle eines Messias der Nationen zu, die durch ihr Leiden die gesamte Menschheit retten würde.
14 Frenkel: Partytura na wietrze, S. 11.

hungen zu Deutschland und der Integration in die »wirtschaftlichen und militärischen Strukturen der westlichen Welt«.[15]

Die Doktrin wurde in den 1950er Jahren im Exil entwickelt und infiltrierte allmählich die oppositionellen Netzwerke im kommunistischen Polen. In den 1970er Jahren erreichte sie die damals im Entstehen begriffenen regimefeindlich eingestellten Medien und politischen Strukturen. Langsam, aber sicher, sollte sie nun zum prägenden politischen Vorstellungshorizont der im Untergrund aktiven Intellektuellen werden.

Offiziell war Polen indes weiterhin mit Moskau »verbündet« und de facto ein Staat mit eingeschränkter Souveränität. Das »dauerhafte und unverbrüchliche Bündnis Polens mit der UdSSR« war in der Verfassung verankert, und die Zensur hatte ein waches Auge darauf, dass sich die Medien und Journalisten an diese offizielle Auslegung hielten. Paradoxerweise hatte dies den »Effekt einer Tabuisierung dieses Themas«[16] – warum sollte man darüber sprechen und diskutieren, wenn das Regime die Unantastbarkeit der Beziehungen ohnehin festgeschrieben hatte? Derartige Debatten waren mit enormen Risiken verbunden. Einfache Journalisten waren demgemäß zur Loyalität verpflichtet, und nur »mit Reportagen beschäftigte Autoren konnten sich einen größeren Spielraum leisten«.[17] Denn sie bedienten sich literarischer Formen und Allegorien, sie schrieben nicht direkt, wie es Reporter tun müssen, sondern deuteten hier und da Verschiedenes an und zwinkerten dem Leser dabei zu. »Wahrscheinlich kann man in dem Phänomen der Autonomie der kulturellen Sphäre einen der Gründe für die wichtige Stellung der Kulturschaffenden, die Kontakte zur russischen Bildungselite entwickelten, unter den Russlandexperten sehen.«[18]

Andererseits förderte das kommunistische Regime in den Medien und der kulturellen Produktion (Bücher und Filme) zugleich antiukrainische Ressentiments. In diesem Zusammenhang ist anzumerken, dass sich das staatliche System zwar mit dem »Kommunismus« identifizierte, seine Politik allerdings von Ideen der Tradition des polnischen Nationalismus durchdrungen war (die in Konkurrenz zum Piłsudski-Giedroyc-Lager stand). Das nationalistische Paket bestand unter anderem aus dem Streben nach der nationalen Homogenität Polens.

> Im Milieu der kommunistischen Geheimdienste war die antiukrainische Indoktrination – wie verschiedene mir bekannte Quellen belegen – stark ausgeprägt und ging mit Antisemitismus und einer antideutschen Haltung einher. Dies waren die drei eisernen Bausteine, mit denen der Nationalismus

---

15   Ebenda.
16   Andrzej Turkowski: Zmagania na peryferiach. Elity III RP o Rosji, Warszawa 2020, S. 73.
17   Ebenda., S. 74.
18   Ebenda.

mobilisiert und die damalige Macht legitimiert wurde. Die Abneigung gegen das Ukrainische war auch in einigen Kreisen des antikommunistischen Lagers vorhanden«[19],

schloss Paweł Kowal, Historiker und Experte für das polnische Ostdenken, der gegenwärtig als Abgeordneter dem polnischen Regierungslager angehört.
Der Wandel des polnischen politischen Systems wurde unblutig als Ergebnis von Verhandlungen zwischen der Opposition und dem kommunistischen Regime am Runden Tisch erreicht. Es wurde über grundlegende Fragen wie die Liberalisierung der Parlamentswahlen oder die Legalisierung der unabhängigen Gewerkschaftsbewegung Solidarność gestritten. Damals einigte man sich auf die Gründung der unabhängigen Tageszeitung GAZETA WYBORCZA. Im Jahr 1990 wurde die Zensur offiziell aufgehoben. An den Kiosken lagen nun die Schriften aller legalen Ideologien aus, von Boulevardblättern über Tageszeitungen bis hin zu tiefschürfenden Magazinen und Zeitschriften.
Trotz eines Mangels an Möglichkeiten, sie kontinuierlich in die Tat umzusetzen, übernahmen alle nachfolgenden Regierungen der Dritten Polnischen Republik die ostpolitischen Konzepte des Milieus der Pariser KULTURA. »Wahrscheinlich ist es der jahrelangen akribischen Arbeit des Milieus der Pariser KULTURA zu verdanken, das auf die künftigen politischen Eliten der Dritten Polnischen Republik einwirkte (und deren Vorstellungen von der Ostpolitik geradezu ›konstruierte‹), dass es nach dem Zusammenbruch des Ostblocks nicht zu einem bewaffneten Konflikt unter polnischer Beteiligung nach dem Muster des Jugoslawienkonflikts der 1990er Jahre kam, oder, allgemeiner ausgedrückt, dass keine revisionistische Rhetorik an der Weichsel zu vernehmen war, wie sie heute beispielsweise in Ungarn artikuliert wird.«[20] Es sei noch einmal betont: Obwohl der polnische Staat fünf Jahrzehnte zuvor riesige Gebiete mit so wichtigen Städten wie Lemberg, Grodno und Wilna verloren hatte, waren die Forderungen nach einer Rückgewinnung dieser Gebiete in der nunmehr freien Öffentlichkeit kaum zu hören. Entsprechende Ressentiments waren schwach und fanden in den großen und einflussreichen Medien kaum Widerhall.
In den 1990er Jahren berichteten die polnischen Medien über die turbulente polnische Transformation, einschließlich des Abzugs der sowjetischen Truppen aus dem polnischen Hoheitsgebiet und der sowjetischen Verbrechen, über die endlich gesprochen und geschrieben werden durfte und über die dank der sich langsam öffnenden Archive mehr zu erfahren war. Im Einklang mit dem damaligen Zeitgeist, der vor Enthusiasmus und Hoffnung aufgrund der liberalen

---

19 Paweł Kowal, Agnieszka Lichnerowicz: Spokojnie już nie będzie. Koniec naszej belle epoque, Warszawa 2023, S. 177.
20 Frenkel: Partytura na wietrze, S. 359.

Veränderungen nur so strotzte, berichteten die Medien ausführlich über die Reformen in Russland, deren Gesicht der damalige Präsident Boris Jelzin war. Das einflussreichste Medium jener Zeit war das Fernsehen, dessen Korrespondent:innen in Moskau, gleich nach denen in Washington, die größten Karrieren machten und Heerscharen von Zuschauern bekannt waren. Die wichtigsten Zeitungen, darunter mit der Gazeta Wyborcza die größte, waren vom Geiste Giedroyc' durchdrungen, weswegen zumeist russische Dissidenten und Intellektuelle die Protagonisten von Interviews und Artikeln waren. Die Ukraine fand sich seltener in den Medien wieder, sie eroberte erst mit dem Ausbruch der Orangen Revolution im Jahre 2003 die Schlagzeilen. Die polnischen Medien berichteten ausführlich darüber, und die polnischen Zuschauer verfolgten die Ereignisse mit einem Gefühl der Solidarität.

Ukraine, Russland, Belarus – eine entsowjetisierte und entrussifizierte Geschichte

Ukraine

Ein Kolonialkrieg

Barbara Markowska-Marczak hat den Diskurs der polnischen Medien nach der russischen Aggression am 24. Februar 2022 untersucht. Durch die Analyse von Presseberichten wollte die Forscherin die polnische Vorstellungswelt, Traumata und Emotionen, mit anderen Worten das polnische politisch-historische Imaginarium, freilegen. »Wenn ein historisches Ereignis von solchem Ausmaß wie der Ausbruch eines Krieges oder eine Revolution stattfindet […], erfolgt auf der gesellschaftlichen Ebene die Sinngebung (die Erzeugung eines symbolischen Rahmens) für das laufende Ereignis.«[21]

Die Forscherin untersuchte die historischen Assoziationen, auf die sich die polnische Presse bezog, wenn sie über die russische Aggression gegen das Nachbarland schrieb. Eine dieser Assoziationen war die bereits erwähnte Giedroyc-Doktrin, die zur solidarischen Unterstützung des ukrainischen Kampfes um Souveränität aufruft. Am häufigsten verwiesen die Medien jedoch auf die maßlosen Zerstörungen des Ersten und Zweiten Weltkriegs: die Verbrechen, die Grenzverschiebungen, die Zerstörungen und die erzwungene Migration von Flüchtlingen sowie auf die Despoten, die 1939 im Bündnis agierten – also Adolf Hitler und Josef Stalin –, und die Reaktion der europäischen Staaten auf die Invasion.

---

21 Barbara Markowska-Marczak: Ramy wojny: inwazja rosyjska na Ukrainie jako wydarzenie historyczne: Analiza ramowa polskiego dyskursu prasowego. In: Kultura i Społeczeństwo Nr. 67 (2023) 3, S. 225–252, hier S. 227.

> Es wurden Vergleiche mit dem Münchner Abkommen von 1938 gezogen, als die westeuropäischen Staaten der Annexion der Tschechoslowakei zustimmten, weil sie sich ›Frieden kaufen‹ wollten. [...] Die an die westlichen Staaten formulierte Erwartung erweist sich als eindeutig: Sie sollen aus den Fehlern der Vergangenheit lernen, sie sollen durchschauen und akzeptieren, dass der Krieg in der Ukraine kein lokaler Krieg ist, sondern ein Krieg zwischen zwei – moralisch aufgeladenen – Welten.«[22]

Ein weiteres bemerkenswertes Thema war die Reflexion über die Geschichte selbst und ihre Wiederkehr. »Es wurde allgemein die Frage gestellt, ob sich die Geschichte wirklich wiederholt oder nicht; ob wir in der Lage sind, die immer wiederkehrenden Mechanismen und Situationen zu stoppen, in denen Symbole der Vergangenheit gebraucht werden, um nackte Gewalt zu legitimieren.«[23]
Während in ganz Europa Assoziationen mit dem Zweiten Weltkrieg aufkamen, wurde die »Geschichte von der Wiederherstellung des Imperiums« durch Wladimir Putin im östlichen Teil des Kontinents viel stärker wahrgenommen. Ein weiterer ähnlicher Topos, der von Journalist:innen aufgegriffen wurde, war der Wunsch des Kremls, den Kollaps der UdSSR rückgängig zu machen, den Putin als »eine große geopolitische Katastrophe« bezeichnete.

> Ein etwas anderes Narrativ mit einer erweiterten Verantwortung, in der nicht so sehr Putin selbst, sondern gerade den Russen die Verantwortung für die genannten Ereignisse zugeschrieben wird, ist die Erzählung vom russischen Nationalismus. In dieser Perspektive ist nicht Putin mit seiner von Besessenheit getriebenen anti-ukrainischen Haltung der Hauptakteur des Geschehens. Es ist vielmehr der Wille des Volkes, das den Drang zur Wiederherstellung des Nationalstolzes ausdrücklich wünscht und unterstützt. [...] So gesehen ist Russland ein prinzipieller Feind des Westens und passt nicht in den Horizont der europäischen Modernität und des Modells der liberalen Demokratie. [...] Unter diesem Gesichtspunkt kann man davon ausgehen, dass der Einmarsch in die Ukraine kein plötzliches und unerwartetes Ereignis war, sondern eine vorhersehbare Situation, sofern man nur eine Reihe vorangegangener Ereignisse richtig interpretiert und Putins Weltsicht zur Kenntnis nimmt.«[24]

Die Diskussion über die Verantwortung der russischen Gesellschaft für die in ihrem Namen begangenen Verbrechen oder die Haltung der Gesellschaft gegenüber diesen Verbrechen sorgt in den polnischen Medien weiterhin für Polemik.

22 Ebenda, S. 234.
23 Ebenda.
24 Ebenda, S. 238.

Die russische Aggression hat zu einer Konsolidierung der ukrainischen Bevölkerung geführt und eine tiefere Reflexion über den russischen Imperialismus und die Dekolonisierung ausgelöst, die auch in Polen die Debatte beflügelt und eine koloniale Perspektive zur Analyse der Vergangenheit und der von Unterwerfung geprägten Beziehungen in der gesamten Region popularisiert. »Dies ist ein klassischer Kolonialkrieg – er fügt sich in die Geschichte von Kriegen ein, die mit dem Zerfall von Imperien einhergehen.«[25] Dieser Diskurs ist in Polen nicht so stark ausgeprägt wie in der Ukraine. Ob die im Westen beliebten postkolonialen Konzepte geeignet sind, die Vorgänge in Osteuropa eingehender zu beleuchten, ist eine strittige Frage, aber immerhin ermöglichen sie es, die imperialen Taktiken und Strategien Russlands besser zu erkennen. Wie der renommierte bulgarische Intellektuelle Ivan Krastev ausführt, hat diese Perspektive mittlerweile den Westen erreicht. Der Krieg »hat das Narrativ des Kalten Krieges, das die Politik der letzten Jahrzehnte kennzeichnete, durch ein Narrativ der Dekolonisierung ersetzt – das Narrativ des langsamen und schmerzhaften Todes des Sowjetimperiums«.[26]

Damit macht Krastev auf eine in den polnischen Medien viel diskutierte Veränderung der Werte aufmerksam: Der Krieg hat die moralische Autorität des Westens untergraben. Mit anderen Worten: Er erschütterte das moralische Gleichgewicht der Mächte nach dem Kalten Krieg. In ihm waren die jüngeren Mitgliedstaaten quasi die Schüler, die, wie es an der Weichsel des Öfteren heißt, die Werte und die Politik der »alten Mitgliedstaaten« ehrgeizig »fotokopierten«. Die westlichen Staaten traten hingegen als Oberlehrer auf, die es schlicht besser wissen, weil sie die Europäische Union ins Leben gerufen haben und über mehr Erfahrung mit der Demokratie verfügen. Die westlichen Gesellschaften sehen sich häufig als die alleinigen Vertreter der europäischen Identität und berücksichtigen dabei nicht, dass die Erfahrungen Polens, Estlands oder der Ukraine zur europäischen Geschichte dazugehören und auch eine Erzählung der europäischen Kämpfe und Werte darstellen. Dieses dichotome Bild hat in Polen seit Jahren – in erster Linie auf der politischen Rechten – einen wachsenden Widerstand hervorgerufen; der Widerstand gegen den (realen und imaginierten) westlichen Protektionismus war der Treibstoff für den Sieg der Partei Recht und Gerechtigkeit (PiS) im Jahre 2015. Doch erst der Krieg von 2022 hat dieses Pa-

---

25 Maciej Nowicki: Wojna w Ukrainie może skończyć się na dwa sposoby. Jeden oznacza szerszy konflikt. In: Newsweek vom 24. Februar 2024, https://www.newsweek.pl/swiat/z-historii-wiem-jak-skonczy-sie-wojna-w-ukrainie-kluczowe-pytanie-jest-inne/6p-24ml6 (5.10.2024).

26 Ivan Krastev: Reimagining the East-West Divide in Europe. In: IWMpost 129/2022 (European Boundaries and Divides), https://www.iwm.at/publication/iwmpost-article/reimagining-the-east-west-divide-in-europe (21.9.2024).

radigma ernsthaft erschüttert. Krastev schreibt, dass die Polen, Tschechen oder Balten nun unmissverständlich erklärten, dass sie in Bezug auf Russland im Recht und die Westeuropäer im Unrecht gewesen seien. Der Osten verkündete, dass der Westen eine Welt nicht verstehen könne, die mehr vom Imperialismus als vom Kalten Krieg geprägt sei.[27] Besonders stark hat die Autorität Deutschlands gelitten. In der Tat lassen sich die gegenseitigen Kränkungen und Missverständnisse zwischen vielen Polen und dem Westen in gewisser Weise mit den emotional geführten Auseinandersetzungen in der innerdeutschen Diskussion über die ostdeutschen Bundesländer vergleichen.

Unbeschadet dessen betont Krastev, dass der weiter andauernde Krieg zu einer Neubewertung der EU als postmodernes Imperium führen könnte, das die Empfindlichkeiten der einst kolonisierten Nationen teilt. Er argumentiert, dass die Staaten, die der EU in jüngster Zeit beigetreten sind, wegen des Ballasts ihrer kolonialen Erfahrungen von der Ausübung nationaler Souveränität und der Aufrechterhaltung ethnischer Homogenität besessen gewesen seien. Um sich erfolgreich in die EU zu integrieren, mussten sie erst verlernen, was sie als eine der wichtigsten Lehren des 20. Jahrhunderts betrachteten: dass ethnische und kulturelle Vielfalt eine Bedrohung für die Sicherheit darstellt.[28] Seiner Ansicht nach bot die russische Aggression gegen die Ukraine die Gelegenheit, eine Brücke zwischen den vormals selbst imperial agierenden europäischen Staaten und jenen Ländern zu schlagen, die historisch Opfer des russischen Imperialismus waren. Um die Werte und die Souveränität der EU zu verteidigen, identifizierten sich die Deutschen und die Franzosen mit der nationalen Befreiungsbewegung der Ukrainer, wohingegen sich die polnischen Nationalisten von ihrer obsessiven Huldigung der ethnischen Homogenität abwandten und ihre Grenzen für ihre östlichen Nachbarn öffneten.[29]

Um auf den historischen Rahmen des polnischen Imaginariums von Markowska-Marczak zurückzukommen: Der zweite Rahmen, den sie anführt, ist das dialektische »Bild des ewigen Kampfes der Mächte«: »Die Überzeugung, dass das beschriebene Ereignis eine Manifestation des globalen Kampfes zwischen Gut und Böse ist, fand Anschluss an drei verschiedene Imaginarien: das religiöse, das politische und das klimatische Imaginarium.«[30] Der politische Bezug, der an dieser Stelle aufscheint, bezieht sich auf die »Abenddämmerung der Demokratie« und den Aufstieg von Autoritarismen (Rechtspopulisten), über den Journalist:innen in aller Welt berichten.

---

27 Ebenda.
28 Ebenda.
29 Ebenda.
30 Markowska-Marczak: Ramy wojny, S. 239.

Ein sehr interessanter Deutungsrahmen, den die Philosophin bei ihrer Untersuchung des medialen Diskurses identifizierte, ist der »klimatische Deutungsrahmen«. Er fand in den Herzen der Polen nicht so viel Anklang wie die beiden anderen, vielleicht deshalb, weil er von Klimaaktivist:innen popularisiert wurde. Jeffrey Gettleman schrieb in der NEW YORK TIMES, dass es sich bei ihnen um eine andere Art von Aktivist:innen handelte – jung, vorzugsweise weiblich und zumeist aus Osteuropa stammend, die davon überzeugt sind, dass der Krieg in der Ukraine eine gewaltsame Konkretion der Abhängigkeit der Welt von fossilen Brennstoffen ist. Sie verknüpften zwei Themen: Pazifismus und Klimawandel.[31] Die Aktivist:innen forderten eine schnellstmögliche Energiewende, damit Polen (und das übrige Europa) schleunigst damit aufhört, Gas und Öl von Russland zu kaufen, weil dieses aus den daraus erzielten Gewinnen einen verbrecherischen Krieg finanziert.

Zwischen Solidarität und Vergangenheit

In den letzten Jahrzehnten haben sich die polnischen Medien mehrfach im Rhythmus der ukrainischen Revolutionen aktiviert und mobilisiert. Die »orangen« Proteste gegen die Wahlfälschungen im Jahr 2004 waren für viele Journalisten ein prägendes Ereignis, der erste große journalistische Auftrag, der sie sprichwörtlich für immer an die Ukraine band. Als junge Reporter:innen reisten sie dorthin, ohne ihre Nachbarn gut zu kennen, und kehrten mit (Grund-)Kenntnissen der Sprache, Neugier und Netzwerken von Bekannten und Freunden zurück.
Ein weiterer solcher Meilenstein für Journalist:innen war der Euromaidan, der im November 2013 ausbrach und in eine handfeste Revolution ausartete. Die spektakulären Proteste führten zum Sturz des korrupten Regimes von Viktor Janukovyč, der vor der Verfolgung durch die ukrainische Justiz nach Russland floh. Auf dem Kiewer Maidan wurde zum ersten Mal Blut vergossen, rund einhundert Menschen kamen dabei ums Leben. Anschließend verleibte sich der Kreml, beinahe ohne Blutvergießen, die Krim ein. Nach der Annexion der Halbinsel marschierte Moskau jedoch militärisch in die Ostukraine ein und brach einen blutigen Krieg vom Zaun. Viele polnische Korrespondent:innen, die zuvor noch keine Fronterfahrung besessen hatten, legten nun Westen und Helme an und berichteten über das Geschehen, folgten den Helden ihrer bisherigen Berichterstattung, die manchmal sogar zu ihren Freunden wurden.

---

31   Jeffrey Gettleman: A new brand of activist takes aim at the Ukraine war and the climate crisis, together. In: NEW YORK TIMES vom 20. Juni 2022, https://www.nytimes.com/2022/06/20/world/europe/a-new-brand-of-activist-takes-aim-at-the-ukraine-war-and-the-climate-crisis-together.html (21.9.2024).

Die Vertrautheit mit der ukrainischen Sprache – oder zumindest ein instinktives Verständnis für sie, aufgrund ihrer Ähnlichkeit mit dem Polnischen – und ein breiteres Wissen über das Land, seine Geschichte und seine Kontexte haben polnische Journalist:innen vor vielen schädlichen Vereinfachungen und russischen Narrativen bewahrt, die im Westen in größerem Umfang ungefiltert weitergereicht wurden. Selbstverständlich war das nicht immer und nicht überall der Fall, nicht zuletzt deswegen, weil polnische Redaktionen über geringere Budgets verfügen. In der Konsequenz müssen die Korrespondent:innen viel häufiger ohne die Unterstützung von Fahrern, Fixern[32], einen Mitarbeiterstab und generell ohne eine professionelle Unterstützung auskommen, wie sie den größten westlichen Redaktionen zur Verfügung steht. Dies kann manchmal zu einer geringeren Qualität des Materials führen und die Fähigkeit einschränken, zeitaufwendige, ausführliche Berichte zu verfassen, ganz zu schweigen von der Möglichkeit, sich länger an einem bestimmten Ort aufzuhalten, um ihn besser kennenzulernen.

> 2014 war ich erstaunt, wie lange und hartnäckig die britische Presse die Offiziere der russischen Sondereinsatzkräfte Girkin und Borodai, die mit ihren Truppen direkt aus Moskau in den Donbas kamen, um den kriegerischen Konflikt auszulösen, als ›ukrainische Aufständische‹ bezeichnete«[33],

schrieb Oksana Sabuschko und kommentierte, wie leicht die westlichen Medien die russische Desinformation bezüglich eines angeblichen »Bürgerkriegs« in der Ostukraine kolportierten, gemäß der es sich um einen Konflikt handele, der – je nach Version – von lokalen Separatisten, frustrierten und diskriminierten Einwohnern oder Gegnern der nationalistischen (faschistischen) Politiker, die nach der Revolution auf dem Maidan in Kyjiw die Macht übernommen hatten, ausgelöst worden sei. Ukrainische Journalist:innen führten einen langwierigen Kampf gegen Begrifflichkeiten wie »Ukrainekrise« oder »ukrainischer Krieg« zur Beschreibung der russischen Angriffe auf ihr Land. Das große Thema war natürlich der von russischen Trollen, die Fake News verbreiteten, grotesk übertriebene Vorwurf des ukrainischen Nationalismus. Es dauerte eine ganze Weile, bis der Westen das tatsächliche Ausmaß des russischen Desinformationskriegs begriff, der insbesondere gegen die Ukraine geführt wurde. Polnische Journalist:innen und ihre Leserschaft waren aufgrund ihres Misstrauens gegenüber Russland besser gegen derartige Manipulationen gewappnet, auch wenn im

---

32 Als Fixer werden Personen – bei denen es sich in der Regel um einheimische Journalist:innen handelt – bezeichnet, die von Auslandskorrespondenten angeheuert werden, um ihnen beim Erreichen von Interviewpartnern und dem Verständnis lokaler Zusammenhänge zu helfen.
33 Sabuschko: Najdłuższa podróż, S. 40.

Nachhinein die damaligen Versäumnisse und der mangelnde Scharfsinn prägnanter zutage treten.

Das andere große Ukrainethema, dem in den polnischen Medien Aufmerksamkeit geschenkt wird, sind polnisch-ukrainische Streitigkeiten und Ressentiments mit Blick auf die Geschichte, insbesondere die Massaker in Wolhynien und Ostgalizien, die in Polen als das »Wolhynische Gemetzel« (poln. rzeź wołyńska) bezeichnet werden. Bei dieser in den Jahren 1943–1945 anhaltenden Mordaktion in Wolhynien und Ostgalizien starben rund 100 000 Polen. Die polnische Geschichtswissenschaft macht die Ukrainische Aufständische Armee (UPA) für deren Tod verantwortlich. Ihre Mitglieder kämpften mitnichten allein gegen die Polen, sondern auch gegen die sowjetischen Besatzer; sie sind heute eine Inspiration für den Widerstand gegen die Truppen von Wladimir Putin. Die ukrainische Seite konzentriert sich stärker als die polnische Seite auf die nationalistisch inspirierte Verfolgung und gewaltsame Polonisierung der ukrainischen Minderheit durch den polnischen Staat der Zwischenkriegszeit. Streitigkeiten über die Entstehungsgeschichte, die Zahl der Opfer und die Täterschaft des »Wolhynischen Verbrechens« vergiften die polnisch-ukrainischen Beziehungen selbst jetzt, inmitten des großen russischen Krieges.

Über die durchaus heftigen Wortwechsel zu diesem Thema wird in den polnischen Medien jeweils ausführlich berichtet, zumal er unter den Polen gleichfalls Diskussionen auslöst (in der Ukraine streiten sich die Historiker untereinander). Polnische Politiker und Experten streiten darüber, wie sie ihre ukrainischen Nachbarn davon überzeugen oder sie gar dazu zwingen könnten, sich der Erinnerung an die Morde zu stellen, und inwieweit dieses Thema im jetzigen historischen Augenblick, während der Krieg noch tobt, überhaupt angesprochen werden sollte. In dieser innerpolnischen Polemik werfen sich die verschiedenen Seiten gegenseitig vor, die Erinnerung an das Verbrechen zu vernachlässigen oder sie umgekehrt zu missbrauchen, um den Ukrainern gegenüber Überlegenheit zu demonstrieren. Die Trennlinien dieser Diskussion decken sich gleichwohl nicht mit den entscheidenden ideologischen Trennlinien zwischen den Parteien, im Gegenteil, sie verlaufen quer zu ihnen. Verschiedene Publizist:innen beteiligen sich an diesen Diskussionen, sodass in denselben Zeitschriften und Portalen unterschiedliche Perspektiven präsentiert werden. Die vielen thematischen Stränge, die sich durch diese Debatte ziehen, unterscheiden sich augenscheinlich nicht wesentlich von denen, die auch in anderen Ländern aus Anlass von Auseinandersetzungen um ein belastetes historisches Gedächtnis aufgetaucht sind.

Das Bild der polnisch-ukrainischen Beziehungen ist indessen nicht nur wegen des Zwists um die gemeinsame Geschichte keinesfalls so rosig, wie es auf der Grundlage der Erzählung über den solidarischen Widerstand gegen den russischen Imperialismus erscheinen könnte. Die Medien berichten über wirtschaftliche Streitigkeiten, kühle politische Beziehungen auf höchster Ebene und zwiespältige, hauptsächlich auf polnischer Seite öffentlich zur Schau gestellte Emotionen. Symptomatisch sind die Ergebnisse einer Untersuchung jener Narrationen, die im zweiten Jahrzehnt des 21. Jahrhunderts, also kurz vor und nach der Revolution von 2014, über das polnische Fernsehen transportiert wurden.

> » Erstens liegt das Hauptaugenmerk der polnischen Fernsehsender im untersuchten Bereich vor allem auf aktuellen Ereignissen (Wahlen, Gasstreit mit Russland), den polnisch-ukrainischen Beziehungen (Geschichte, aktuelle politische Kontakte, Fußballeuropameisterschaft 2012) und den Beziehungen zwischen der Ukraine und der EU (Frage des Assoziierungsabkommens). Gelegentlich wird versucht, über die durch den Kalender oder den aktuellen Verlauf der Ereignisse vorgegebenen Themen hinaus Analysen vorzunehmen (Geschichte der unabhängigen Ukraine, Korruption in der Ukraine, insbesondere an der polnisch-ukrainischen Grenze). Zweitens vermitteln die wichtigsten polnischen Fernsehsender kein klares Bild der Ukraine.«[34]

Der Autor der Studie beleuchtete auch die typische Dynamik des Interesses in den Medien im Allgemeinen und in der polnischen Berichterstattung über die Ukraine im Besonderen. Der Ausbruch der Revolution 2013–2014 löste ein enormes Interesse in den polnischen Medien aus und inspirierte viele polnische Journalist:innen zu einer Reise in die Ukraine.

> » Dieses noch nie in diesem Maße dagewesene Interesse an der Ukraine, das selbst die Situation im Verlaufe der Orangen Revolution überstieg, dauerte praktisch ununterbrochen bis zum Sommer 2014 an. Dabei handelte es sich mitnichten um ein spezifisch polnisches Phänomen, aber das hiesige Ausmaß war dennoch überraschend. Das Interesse ließ deutlich nach, als Russland nach den im Sommer erzielten Erfolgen der ukrainischen ›Anti-Terror-Operation‹ reguläre Truppen seiner Armee in die Ostukraine schickte, was in der Tat mit einer Niederlage der Ukrainer endete. Von da an waren die ukrainische Revolution und ihre Folgen für die polnischen Medien keine attraktive Erfolgsstory mehr. Außerdem waren die Fernsehzuschauer des ukrainischen Themas zunehmend überdrüssig.«[35]

Der Forscher analysierte auch drei ausgewählte Beispiele aus den Printmedien, die archetypisch für die Perspektive der polnischen Medien stehen.

---

34 Andrzej Szeptycki: Polskie media wobec Ukrainy. Przyczynek do dyskusji. In: Kultura i Społeczeństwo 59 (2015) 2, 229–238, hier S. 231.
35 Ebenda, S. 232.

> »Przegląd knüpft, wenn auch nicht explizit, an die Traditionen der Nationaldemokratie und des politischen Realismus aus der kommunistischen Ära an, was insbesondere im Postulat des Respekts gegenüber Russland als wichtigem Nachbarn Polens und Akteur auf der internationalen Bühne zum Ausdruck kommt. Diese Auffassung steht dem Diskurs des Bunds der Demokratischen Linken [Sojusz Lewicy Demokratycznej, SLD[36]] nahe – freilich eher dem heutigen als dem unter der Präsidentschaft von Aleksander Kwaśniewski. Die Gazeta Wyborcza setzt die Tradition von Jerzy Giedroyc fort. Auf politischer Ebene stand sie in der Vergangenheit der Freiheitsunion [Unii Wolności, UW[37]] am nächsten. Gegenwärtig kann man davon ausgehen, dass die Bürgerplattform [Platforma Obywatelska, PO] die Partei ist, die ihre Vision von Polen vergleichsweise am weitesten verwirklicht. [...] Die Position der Gazeta Wyborcza zur gemeinsamen polnisch-ukrainischen Vergangenheit lässt sich wie folgt zusammenfassen. Erstens war es eine schwierige Geschichte, zweitens tragen beide Seiten die Schuld daran, drittens ist eine polnisch-ukrainische Versöhnung notwendig.«[38]

Die dritte analysierte Wochenzeitung war das rechtsgerichtete Magazin Do Rzeczy, in dem sich zwei Sichtweisen gegenüberstanden. Die erste »ist eine national-patriotische Vision der Geschichte, die ziemlich archaisch daherkommt und auf den Ansatz des 19. Jahrhunderts zurückgeht, die Vergangenheit als Instrument zur Konsolidierung der Nation zu betrachten. Die Autoren pflegen eine idyllische Vision der östlichen Gebiete der Zweiten Polnischen Republik, kritisieren die Ukrainer vor allem wegen ihrer Sympathie für die UPA und erinnern an die Verbrechen der ukrainischen Aufständischen an den Polen [… Die Vertreter der zweiten Variante] eint die Überzeugung von der Bedrohung durch Russland, die Bedeutung des Konflikts in der Ukraine für Polen und die Kritik an der Politik des Westens.«[39]

---

36 Der Bund der Demokratischen Linken ist eine polnische Mitte-Links-Partei, die Anfang der 1990er Jahre gegründet wurde. Ihre Mitglieder kamen hauptsächlich aus Kreisen, die mit der kommunistischen Polnischen Vereinigten Arbeiterpartei (PVAP) verbunden waren. Infolge zahlreicher Transformationen fusionierte sie mit anderen linken Gruppierungen und bildet heute gemeinsam mit ihnen die Partei Neue Linke (Nowa Lewica, NL).
37 Die Freiheitsunion bestand zwischen 1994 und 2005, hatte eine zentristisch-liberal-konservative Ausrichtung und galt als letzte Partei der polnischen Bildungselite. Ihr gehörten einige Politiker aus den Reihen des antikommunistischen Untergrunds an, die erheblichen Einfluss auf den Fortgang der Systemtransformation in Polen ausübten. Der derzeitige polnische Regierungschef Donald Tusk aus den Reihen der Bürgerplattform (Platforma Obywatelska, PO) war zeitweise stellvertretender Vorsitzender der Freiheitsunion.
38 Szeptycki: Polskie media wobec Ukrainy, S. 233.
39 Ebenda, S. 235.

Seit der Veröffentlichung der obigen Analyse ist bereits fast ein Jahrzehnt ins Land gegangen. In der Zwischenzeit hat der ukrainekritische Diskurs über das Verbrechen in Wolhynien in Polen an Vehemenz gewonnen. Darüber hinaus wächst in Polen ebenso wie im übrigen Europa der Einfluss jener nationalistischen Kreise, die der Ukraine offene Abneigung entgegenbringen, auch wenn der Widerwillen angesichts der russischen Aggression nicht direkt zum Ausdruck kommt. Do Rzeczy, das sicherlich zu den wichtigsten rechtsgerichteten Zeitschriften zählt, allerdings in Bezug auf die landesweiten Verkaufszahlen in der zweiten Liga spielt, veröffentlicht gegenwärtig in fast jeder Ausgabe ukrainekritische Texte, die den Sinn der Hilfe für Kyjiw in Frage stellen, ebenso wie gegen die EU gerichtete Artikel. Im Mainstream der Medien gehören derartige Auffassungen gleichwohl weiterhin zur Perspektive einer Minderheit.

Überall auf dem Kontinent – Polen bildet keineswegs eine Ausnahme – hat sich ein einwanderungsfeindlicher Diskurs ausgebreitet, der Eliten und Gesellschaft gleichermaßen elektrisiert. Dennoch wird die Anwesenheit von Ukrainern in Polen getrennt von der allgemein aufgeworfenen Thematisierung der Migrationskrise wahrgenommen. Nach dem 24. Februar 2024 engagierte sich die Mehrheit der polnischen Gesellschaft auf die eine oder andere Weise bei der Unterstützung für Frauen und Kindern, die ihr Heil in der Flucht vor der vorrückenden russischen Armee suchten.[40] Die polnischen Medien berichteten einerseits über diese außergewöhnliche soziale Mobilisierung und beteiligten sich andererseits an Informationskampagnen. Im Moment nehmen Sorgen darüber, ob das polnische Bildungssystem die Aufnahme ukrainischer Schüler:innen verkraften kann, Debatten darüber, ob der polnische Staat die neuen Einwohner ausreichend unterstützt, sowie Informationen über die Rolle der Ukrainer auf dem polnischen Arbeitsmarkt und ihre relativ gute Integration in die polnische Gesellschaft viel mehr Raum in den Medien ein. Polen verwandelt sich innerhalb kürzester Zeit in ein Einwanderungsland – es verliert damit seinen bisherigen Status als klassisches Auswanderungsland – und wird zu einer multikulturellen Gesellschaft, was an sich schon großes Interesse in Forschung, Politik und Medien auslöst.

Desinformationen und Gerüchte über angebliche Fälle von Missbrauch durch ukrainische Migranten grassieren unkontrolliert in den sozialen Medien. Zweifellos vermischen und vermengen sie sich dort mit echten Ängsten, Ressentiments und Fremdenfeindlichkeit. Das Schreckgespenst einer »Ukrainisierung« Polens wird auch von der Wochenzeitung Do Rzeczy heraufbeschworen, die

---

40 Laut einer Umfrage des Polnischen Wirtschaftsinstituts (Polski Instytut Ekonomiczny) engagierten sich 70 Prozent der Polen in der Flüchtlingshilfe. Vgl. dazu: Łukasz Baszczak, Aneta Kiełczewska, Paula Kukołowicz, Agnieszka Wincewicz, Radosław Zyzik: Pomoc polskiego społeczeństwa dla uchodźców z Ukrainy, Warszawa 2022, S. 4.

den Text eines Autors veröffentlichte, der aus seinen prorussischen und antiukrainischen Ansichten keinen Hehl macht und auch vor Manipulationen nicht zurückschreckt.[41]

Selbstverständlich ist Polen genauso wie andere westliche Länder das Ziel von Angriffen durch russische Desinformationskampagnen, weil es gegen explizit prorussische Inhalte bis zu einem gewissen Punkt immun ist. Aus zahlreichen Berichten ist bekannt, dass sich die russischen Operationen zur psychologischen Kriegsführung u. a. darauf konzentrieren, Ressentiments im Zusammenhang mit historischen Streitigkeiten zu schüren, Feindseligkeit gegenüber Einwanderern zu wecken und die Glaubwürdigkeit der Natoverbündeten infrage zu stellen. Abschließend wollen wir noch einen Blick auf eine Studie werfen, die Auskunft darüber gibt, wie das Thema Krieg und Flüchtlinge aus der Ukraine im polnischen politischen Diskurs zwischen April 2023 und Februar 2024 beschrieben wurde. Dies war ein turbulenter Zeitraum, denn er umfasste den Wahlkampf vor den entscheidenden Parlamentswahlen, die zur Niederlage der PiS führten, sowie einen Teil des Wahlkampfs zu den Kommunal- und Europawahlen.

>> Der polnische politische Mainstream vermittelte den Wählern im Grunde genommen auf angemessene Weise die Bedeutung, die die Ukrainehilfen für die Sicherheit Polens besitzen, doch schon bei der Beschreibung der ›Getreidekrise‹[42] zogen es selbst Politiker der Mitte in der Hoffnung, unter den Bauern auf Stimmenfang zu gehen, vor, Fake News über ›vergiftetes ukrainisches Getreide‹ zu verbreiten. Im Mittelpunkt der Desinformationskampagnen standen die Themen des polnischen Embargos gegen die ukrainische Agrarproduktion und die Proteste polnischer Landwirte an der Grenze zur Ukraine. Dabei ist es völlig gleichgültig, ob sie ursprünglich tatsächlich in Russland erfunden wurden – jedenfalls wurden sie von Moskau benutzt, um im laufenden Krieg einen Demobilisierungseffekt auf die polnische Unterstützung für den ukrainischen Sieg zu erzielen. Zwar dominierte das Wolhynienthema nicht den Wahlkampf, doch bezeichneten etwa PiS-Politiker ausbleibende Änderungen in der ukrainischen Erinnerungspolitik als Ausdruck von ›fehlender Dankbarkeit‹ und ein ›Hindernis für die EU-Integration‹. Das Schlagwort von den ›undankbaren Ukrainern‹ hat nicht nur

---

41 Marcin Skalski: Czy czeka nas konflikt etniczny?. In: Do Rzeczy Nr. 35 vom 25. August 2024, https://dorzeczy.pl/kraj/625425/ukraincy-w-polsce-czy-czeka-nas-konflikt-etniczny.html (21.9.2024).
42 Die Getreidekrise der Jahre 2023–2024 entstand durch die Liberalisierung der EU-Einfuhrbestimmungen für ukrainisches Getreide infolge der russischen Aggression im Jahr 2024. Die EU wollte der Ukraine beim Verkauf ihres Getreides unter die Arme greifen, aber sein weitgehend unkontrollierter Zustrom nach Polen löste Proteste polnischer Landwirte und einen Streit zwischen den Regierungen in Warschau und Kyjiw aus.

für eine merkliche Abkühlung der Beziehungen zwischen Kyjiw und Warschau gesorgt, sondern zugleich die Haltung der Polen gegenüber ukrainischen Flüchtlingen deutlich eingetrübt. [...] Weil sich Polen inmitten eines langen Wahlzyklus befindet, der erst im Sommer 2025 zu Ende gehen wird, und die Müdigkeit der polnischen Öffentlichkeit gegenüber dem Krieg im Osten zunimmt, ist es wahrscheinlich, dass ähnliche populistische Kniffe die ukrainischen Migranten und Flüchtlinge in Polen ins Visier nehmen werden. Spannungen zwischen den Seit an Seit lebenden Polen und Ukrainern würden übrigens die Widerstandsfähigkeit der Öffentlichkeit gegenüber informationellen und hybriden Bedrohungen schwächen.«[43]

Trotz russischer Desinformation, Ressentiments und polnisch-ukrainischer Differenzen wird die Debatte in den polnischen Medien von der Überzeugung beherrscht, dass es keine Alternative zur Unterstützung der Verteidigungsanstrengungen der Ukraine gibt.

Russland

Eingangs sei darauf hingewiesen, dass es neben den großen Zeitungen, dem Fernsehen, den Radiosendern und Onlinemedien auch Zeitschriften, Portale und Podcasts gibt, die sich entweder auf den Osten im Allgemeinen oder auf einzelne Länder konzentrieren. Dabei handelt es sich um populäre, nicht-wissenschaftliche Medien, die eine Leserschaft mit einem besonderen Interesse an der Region ansprechen. Dazu gehören die folgenden, vom Osteuropa-Kolleg[44] herausgegebenen Zeitschriften: die vierteljährlich im Druck erscheinende Zeitschrift Nowa Europa Wschodnia, das gleichnamige Nachrichtenportal und das publizistische Magazin Nowa Europa Wschodnia online sowie New Eastern Europe, das sich an englischsprachige Nutzer richtet. Der Youtube-Kanal Czarne Niebo oder der Podcast Raport międzynarodowy befassen sich mit der Region als Ganzes (sein Co-Autor Witold Jurasz, ein ehemaliger Diplomat und jetzt Journalist beim großen Onlineportal Onet.pl, ist als Kolumnist auf belarusische Angelegenheiten spezialisiert), das Portal PostPravda besitzt den Ehrgeiz, russische Fake News aufzuspüren und russische Propaganda zu analy-

---

43 Olena Babakova: Temat wojny w Ukrainie oraz migrantów i uchodźców z Ukrainy w polskim dyskursie politycznym kwiecień 2023–luty 2024. In: Fundacja im. Kazimierza Pułaskiego vom 9. Juli 2024, https://pulaski.pl/temat-wojny-w-ukrainie-oraz-migrantow-i-uchodzcow-z-ukrainy-w-polskim-dyskursie-politycznym-kwiecien-2023-luty-2024/ (5.10.2024).

44 Weitere Informationen zu diesem Thema finden sich im Kapitel: Die Kompetenz polnischer Denkfabriken mit Blick auf Europas Osten.

sieren, Marcin Strzyżewski konzentriert sich in seinem Youtube-Kanal auf Russland und die russische Kriegsführung, während der gemeinsam von Radio TOK FM und der Stefan-Batory-Stiftung betriebene Podcast Rozumieć Ukrainę der Geschichte, der Kultur und dem Widerstand der Ukrainer gewidmet ist.

Auf der anderen Seite stehen Portale wie Kresy.pl[45], die antiukrainische und flüchtlingsfeindliche Inhalte, Halbwahrheiten und manipulierte Informationen veröffentlichen. Zudem existiert ein seit 1941 erscheinendes und nun durch ein eigenes Onlineportal ergänztes Magazin mit dem Titel MYŚL POLSKA, das prorussisches Material veröffentlicht.

> » Es versammelt Menschen, die mit Russland sympathisieren und den westlichen Ländern, insbesondere den Vereinigten Staaten und der Europäischen Union, negativ gegenüberstehen. [...] Die Artikel von MYŚL POLSKA werden regelmäßig von dem auf der Krim herausgegebenen russischen Portal News Front nachgedruckt. Amerikanische Nachrichtendienste behaupten, dass News Front unter Beteiligung russischer Geheimdienstmitarbeiter produziert wird. Nach dem Ausbruch des Krieges in der Ukraine wurde das Portal MYŚL POLSKA von den polnischen Behörden blockiert, aber anschließend auf eine neue Domain ausgelagert.«[46]

Die Inhalte des Portals werden außerdem über den in Polen nicht besonders populären Messengerdienst Telegram verbreitet, der in Russland und in der Ukraine umfangreich genutzt wird.

Wie bereits erwähnt, zeigen sich polnische Medienschaffende zum einen resistenter gegenüber direkter russischer Propaganda, zum anderen haben die russische Opposition und die russische Kultur ihre Sympathisanten in den polnischen Medien.

> » Die Freundschaft mit Sergei Kowaljow, Ljudmila Alexejewa, Viktor Šenderovič, Lilija Ševcova, Boris Nemcov, Grigori Javlinskij, Andrej Zubov und vielen anderen bestärkt mich in meinem Glauben an die Bedeutung des alten polnischen Slogans ›Für unsere und eure Freiheit‹, denn Freiheit ist unteilbar. Und wenn sie meinen russischen Freunden vorenthalten wird, fühle ich mich persönlich gedemütigt und der Freiheit beraubt«,

erklärte Adam Michnik noch im Jahre 2016.[47]

---

45 »Kresy« ist der polnische Begriff für das vormalige weite polnische »Grenzland« im Osten Europas [A. d. Ü.].
46 Anna Mierzyńska: Kto promuje w Polsce rosyjskiego nacjonalistę Dugina? To środowisko znane z sympatii do Rosji. In: Oko.press vom 26. Oktober 2022, https://oko.press/kto-promuje-w-polsce-rosyjskiego-nacjonaliste-dugina (21.9.2024).
47 Adam Michnik: Aleksiej Nawalny »Dialogi«, Warszawa 2016, S. 13.

Obwohl diese Art von Enthusiasmus bei Journalist:innen der jüngeren Generation seltener anzutreffen ist, war Russophilie auch in dieser Generation keine Seltenheit.

> » In den zehn Jahren, in denen ich über unseren östlichen Nachbarn geschrieben habe, war ich darum bemüht, die Russen zu verstehen und der polnischen Leserschaft russische Empfindlichkeiten, Phobien und Neurosen sowie das ihnen Heilige vorzustellen und einen anderen Blickwinkel als den unsrigen aufzuzeigen. [...] Ich habe mich stets stärker der russischen als der polnischen Literatur verbunden gefühlt, weil ich die ironisch eingefärbte Schwere des russischen Denkens und der russischen Filme der wankelmütigen Gutmütigkeit der Polen vorziehe. [...] Am 24. Februar 2022 hat Wladimir Putin ein Jahrzehnt meiner Arbeit mit einem Schlag zunichte gemacht. Und nicht nur meine. [...] Der russische Präsident hat sie zurück auf die eingefahrenen Gleise der polnischen Durchschnittsmeinung gelenkt: Dass Russland ein Land ist, aus dem nichts als Gewalt, Mord und Totschlag und Eroberungszüge zu erwarten sind. Dass man sich vor Russland fürchten und den Russen präventiv mit dem Hammer eins überziehen muss, ansonsten kommen seine Schergen auch zur Dir und entreißen Dir Dein Land, wobei sie rundherum alles plattmachen und ausplündern. Was sollen Leute wie ich heute noch darauf antworten? Dass das nicht wahr ist? Leider haben wir auf Jahre hinaus das Mandat dazu verloren. Und dazu noch die eigenen Überzeugungen«,

schrieb der Journalist und Analyst Kuba Benedyczak im März 2022.[48]

Nach dem Beginn des russischen Angriffs berichteten polnische Journalist:innen nicht nur über die zahlreichen Diskussionen zur Verantwortung der russischen Gesellschaft und zur Rolle der Kultur und der Künstler im imperialen Projekt des Kremls, sondern beteiligten sich auch selbst aktiv an ihnen. Diesbezüglich konnte kein Konsens erzielt werden. Wie bereits erwähnt, hat eine antikoloniale Perspektive mittlerweile an Boden gewonnen. Auch Vertreter der liberalen russischen Opposition werden in Polen mit etwas größerer Distanz angehört als im Westen. Häufiger ist in der öffentlichen Debatte die kritische Nachfrage von Fachleuten zu vernehmen, die darauf hinweisen, dass Julija Nawalnaja, Ilja Jaschin oder Michail Chodorkowski sich einerseits auf liberale Werte berufen, während sie sich andererseits über das Selbstbestimmungsrecht der Völker ausschweigen, wohingegen sie die Notwendigkeit der Verteidigung der Einheit der Russischen Föderation (die nur dem Namen nach eine Föderation ist) in den Vordergrund stellen. Um es ohne Umschweife zu sagen: Die Perspektive rus-

---

48 Kuba Benedyczak: »W najgorszych koszmarach nie przyśniła mi się inwazja na Ukrainę«. Spowiedź rusofila. In: Nowa Europa Wschodnia vom 15. März 2022, https://new.org.pl/2192,benedyczak_spowiedz_rusofila.html (21.9.2024).

sischer Oppositioneller ist mitunter genauso imperialistisch, wie es bei vielen antisowjetischen Dissidenten im 20. Jahrhundert der Fall war.

Vor dem großangelegten russischen Angriff auf die Ukraine konzentrierten sich polnische Journalist:innen und Korrespondent:innen ebenso wie ihre westlichen Kollegen darauf, zunächst die politische Liberalisierung und den darauf folgenden autoritären Kurswechsel in Russland zu analysieren. Sie berichteten daher über das Vorgehen der russischen Behörden, die Bemühungen der Opposition und die Verfolgung der Zivilgesellschaft. Darüber hinaus beschrieben sie die für die polnisch-russischen Beziehungen spezifischen Auseinandersetzungen um die Wahrheit über die stalinistischen Verbrechen und ihre Opfer (einschließlich des Massakers von Katyn[49]), die Streitigkeiten über Gaslieferungen und die sich einander abwechselnden Neuanfänge, Tauwetterperioden und Rückschläge in den bilateralen Beziehungen. Eines der emotionalsten Themen seit 2010 war der Absturz eines polnischen Flugzeugs im russischen Smolensk, bei dem 96 Menschen – einschließlich des damaligen Präsidenten Lech Kaczyński und weiterer Mitglieder der politischen Elite des Landes – ums Leben kamen. Die Frage der Durchführung der Untersuchung dieser Katastrophe rief zunächst Spannungen in den polnisch-russischen Beziehungen hervor und erhielt schon bald den Status eines der wichtigsten und destruktivsten Zankäpfel innerhalb der polarisierten polnischen Debatte. Sie ist durch gegenseitige Vorwürfe des Hochverrats und des Handelns zugunsten Moskaus gekennzeichnet, die leider generell für die politische Streitkultur des Landes charakteristisch sind.

Daneben war die russisch-deutsche Zusammenarbeit beim Bau der Gaspipeline Nordstream ein überragendes Thema, weil sie in Polen die Sorge hervorrief, dass hier wieder einmal eine Allianz benachbarter Mächte im Entstehen begriffen war, die die Sicherheit des Landes bedroht.

> » Zu den Themen, die von Journalisten am häufigsten genannt werden, gehören – neben dem bereits erwähnten Krieg im Donbas – die Katastrophe von Smolensk und alle Themen, die mit der Untersuchung der Ursachen, des Ablaufs und der Folgen dieses Ereignisses zusammenhängen; die von Wladimir Putin ergriffenen Maßnahmen zur Imagepflege; das Vorgehen des russischen Staatsunternehmens Gazprom; die Dopingskandale, in die mehrere russische Sportler verwickelt sind, denen in der Atmosphäre des Skandals ihre Medaillen bei Weltmeisterschaften und Olympischen Spielen ab-

---

49 Dabei handelte es sich um ein vom sowjetischen NKWD im Frühjahr 1940 begangenes Verbrechen, bei dem über 20 000 polnische Staatsbürger, darunter etwa 10 000 Offiziere der polnischen Armee und der polnischen Polizei, erschossen wurden. Bis zum Jahr 1990 bekannte sich die UdSSR offiziell nicht zu diesen Taten. Erst mit dem Zusammenbruch der Sowjetunion wurde auf russischer Seite eine Diskussion und teilweise historische Erforschung möglich.

erkannt wurden. All dies führt dazu, dass Russland in der polnischen Presse und im Fernsehen meist in einem schlechten Licht dargestellt wird. Das liegt weder an einer Inkompetenz der Journalisten, die die wichtigen Themen auswählen, noch an einer allgemein ablehnenden Haltung der polnischen Medien oder an dem Versuch, bei den polnischen Zuschauern ein negatives Russlandbild zu erzeugen. Es ist schlicht so, dass die politischen, wirtschaftlichen und kulturellen Beziehungen zwischen Polen und Russland seit Jahren miserabel sind. Es fehlt der Wille zur Verständigung und zu einer qualitativen Verbesserung der Zusammenarbeit, was offenbar ein bewusstes Manöver der russischen Seite darstellt, um Polen auf der internationalen Bühne in ein schlechtes Licht zu rücken.«[50]

Belarus

Die Ereignisse in Belarus stoßen bei polnischen Journalist:innen ebenfalls auf ein vergleichsweise größeres Interesse als im Westen. Viele Jahre lang waren Korrespondent:innen der polnischen öffentlich-rechtlichen Medien die einzigen ständig akkreditierten westlichen Journalisten in Belarus (schließlich wurden auch sie aus dem Land gedrängt).

Zwei Themen haben die Medienberichterstattung in Polen in den letzten Jahrzehnten beherrscht: der Widerstand der belarusischen Opposition und der unabhängigen Zivilgesellschaft sowie die Verfolgung der polnischen Minderheit in Belarus, die sich infolge der nach dem Zweiten Weltkrieg erfolgten »Grenzverschiebungen« auf dem Territorium der damaligen Belarusischen SSR wiederfanden.

Wie in der Ukraine berichteten polnische Journalist:innen aufgrund der gesellschaftlichen Nähe und ihrer persönlichen Netzwerke und Beziehungen ausführlich und solidarisch über die wiederholten Proteste der belarusischen Gesellschaft gegen das Lukaschenkoregime. Sie verfolgten das Schicksal inhaftierter Journalist:innen und Menschenrechtler, darunter auch des Friedensnobelpreisträgers Ales Bjaljacki. Obgleich die Medien der Repression und den mehr als 1300 politischen Gefangenen[51] inzwischen weniger Aufmerksamkeit schenken, erinnern sie immer wieder an den in Polen vielfach preisgekrönten Journalisten Andrzej Poczobut. Er gehört der polnischen Minderheit in Belarus an und ist Korrespondent der GAZETA WYBORCZA. Er wurde am 25. März 2021

---

50 Magdalena Butkiewicz: Propaganda antyrosyjska czy rusofilia? Obraz Rosji w polskich mediach. In: Fundacja Wolność i Demokracja, o. D., https://wid.org.pl/wp-content/uploads/M.-Bukiewicz_Propaganda-antyrosyjska-czy-rusofilia.pdf (5.10.2024).
51 Vgl. die Liste der politischen Gefangenen, geführt von der belarusischen Organisation Wjasna: https://prisoners.spring96.org/en.

im Zuge der Repressionen nach den von Alexander Lukaschenko gefälschten Wahlen und dem Ausbruch der den Sturz der Regierung anstrebenden Revolution verhaftet. Die GAZETA WYBORCZA gibt in jeder Ausgabe die aktuelle Zahl der Tage seiner Inhaftierung an.

Neben Wilna ist Warschau nach wie vor der wichtigste Aufenthaltsort für die Eliten der belarusischen Opposition (einschließlich Politikern, Aktivisten und Journalisten). Ungeachtet der Tatsache, dass die Zahl der Belarusen in Polen aufgrund der massiven Repressionen des Minsker Regimes um ein Vielfaches gestiegen ist (Schätzungen gehen von 100 000–300 000 aus), widmen ihnen die Medien nur wenig Aufmerksamkeit.

Welche Bedeutung die Lage in Belarus hingegen für die polnische Elite hat, zeigt sich an Belsat TV, einem Fernsehsender, der auf Anregung der Journalistin Agnieszka Romaszewska-Guzy gegründet wurde. Er ist Teil des polnischen öffentlich-rechtlichen Mediensystems und wird vom Außenministerium finanziert. Ursprünglich richtete sich der Sender in erster Linie an Belarusen (in Belarus), später dehnte er sein Programm auf Ukrainisch und Russisch aus und entwickelte weitere Kanäle, die die Öffentlichkeit erreichen.

> » Laut einer Umfrage der Agentur Mia Research, die im Mai 2019 im Auftrag des Senders durchgeführt wurde, lag die Zuschauerzahl von Belsat bei 13 Prozent der erwachsenen Belarusen. Sein Bekanntheitsgrad stieg von 2015 bis 2019 von 27 auf 40 Prozent. Angesichts der Repressionen des Lukaschenko-Regimes setzt er zudem auf Technologie, um eine sichere Nutzung der von Belsat bereitgestellten Informationen zu ermöglichen – durch Apps, die die Nutzer vor der Aufspürung schützen. Hinzuzufügen bleibt, dass 17 Journalisten und Kommentatoren, die mit Belsat zusammenarbeiten, in belarusischen Gefängnissen einsitzen.«[52]

Aufgrund des Regierungswechsels in Warschau durchläuft Belsat derzeit tiefgreifende institutionelle Umstrukturierungen, was zu Unsicherheiten und Sorgen über das Schicksal des Projekts geführt hat.

Das polnische Außenministerium finanziert außerdem das nicht-öffentliche belarusische Radio Racja / Racyja. In der Rangliste der Pressefreiheit, die von Reporter ohne Grenzen erstellt wird, liegt Belarus auf Platz 167 (von insgesamt 180).[53]

---

52 Katarzyna Kaczorowska: Biełsat do likwidacji? Wyjaśniamy, o co chodzi w awanturze z udziałem TVP i MSZ. In: POLITYKA vom 10. August 2024, https://www.polityka.pl/tygodnikpolityka/spoleczenstwo/2266717,1,bielsat-do-likwidacji-wyjasniamy-o-co-chodzi-w-awanturze-z-udzialem-tvp-i-msz.read (21.9.2024).
53 Media landscape. In: Reporter ohne Grenzen, o. D., https://rsf.org/en/country/belarus (5.10.2024).

In den vergangenen drei Jahren steht dagegen das Thema Sicherheit im Zusammenhang mit der durch das belarusische und das russische Regime forcierten militärischen und hybriden Bedrohung (verschiedene Truppenbewegungen, Militärübungen, Geheimdienstaktivitäten und Propagandakampagnen) ganz oben auf der Agenda. Im polnischen Kontext betrifft dies in erster Linie den durch Minsk und Moskau betriebenen Einsatz von Migrationsbewegungen als Waffe, um auf diese Weise die polnisch-belarusische Grenze und die innenpolitische Situation zu destabilisieren. Die Krise an der Grenze wühlt die polnische Gesellschaft immens auf und schürt heftigen Zwist über die normativen Grundlagen des Gemeinwesens. Aus Sicht der Aktivist:innen, die den Migranten zu Hilfe eilen, sind wir hierbei mit einer humanitäre Krise konfrontiert (nach Angaben der Stiftung Ocalenie sind bisher mindestens 130 Menschen in den Wäldern und Flüssen an der Grenze ums Leben gekommen[54]). Die Behörden argumentieren wiederum, dass es sich in erster Linie um ein Sicherheitsproblem handelt, und wissen dabei die Mehrheit der Bevölkerung hinter sich.

Ausblick

Selbst die reichsten Medienunternehmen der Welt können es sich nicht leisten, in allen Ländern ständige Korrespondenten zu unterhalten, so dass die Redaktionen oft nur in den größten oder wichtigsten Ländern der Region eigene Studios unterhalten und von dort aus über die Ereignisse in den Nachbarländern berichten. Für Osteuropa bedeutete dies, dass die Reporter:innen aus Moskau über Ereignisse in Kyjiw oder Minsk berichteten. Zwangsläufig besaßen sie dadurch geringere Kenntnisse über die dortigen Gegebenheiten und die Sprache dieser Länder. Bis zu einem gewissen Grad waren sie auch durch Moskaus Sichtweise auf diese Länder beeinflusst, deren Stimme der Kreml unerbittlich im Zaum zu halten und zu übertönen trachtete. Die polnischen öffentlichen Medien erwiesen sich bei der Umgehung dieser imperialen Verstrickung als geschickter, da sie sowohl in Kyjiw als auch in Minsk und Wilna ständige Büros unterhielten.
Viele polnische Journalist:innen berichteten wie die meisten ihrer Kollegen im Westen gleichzeitig über Russland, die Ukraine und Belarus, dennoch hatten sie häufiger Kenntnis der Landessprachen und verstanden die imperialen Mechanismen besser – beispielsweise sei hier auf Wacław Radziwinowicz von der Gazeta Wyborcza oder, als einen Vertreter der jüngeren Generation, auf Michał

---

54 Alicja Pawelec (Hrsg.): Przejścia nie ma. Śmierć osób migranckich na granicy Unii Europejskiej z Białorusią. In: Fundacja Ocalenie vom 12. Juli 2024, https://ocalenie.org.pl/wp-content/uploads/2024/07/pl_no_safe-passage.-migrants-deaths-at-the-european-union-belarusian-border.pdf (5.10.2024).

Potocki vom Dziennik Gazeta Prawna verwiesen, aber diese Liste ist alles andere als vollständig. Darüber hinaus gibt es Korrespondenten, die sich beruflich in erster Linie mit der Ukraine beschäftigen, fließend Ukrainisch sprechen und das Land ausgezeichnet kennen, wie etwa der Kriegsberichterstatter Paweł Pieniążek, der mit dem Tygodnik Powszechny zusammenarbeitet, oder Zbigniew Parafianowicz von Dziennik Gazeta Prawna. Einige der auf die Ukraine spezialisierten Journalisten sind polnische Staatsbürger ukrainischer Herkunft, wie z. B. Jarosław Junko von der Polnischen Presseagentur PAP oder Piotr Andrusieczko von der Gazeta Wyborcza. Auch der öffentlich-rechtliche Rundfunk verfügt mit Paweł Buszko (vormals Piotr Pogorzelski) über einen ständigen Korrespondenten in Kyjiw. Wojciech Jankowski von Radio Wnet war viele Jahre lang Redakteur des Kurier Galicyjski, einer polnischen, alle zwei Wochen in der Ukraine erscheinenden Zeitschrift. Sein Redaktionskollege Paweł Bobołowicz lebt seit mehr als zehn Jahren in Kyjiw. Für die Rzeczpospolita schreibt wiederum der aus Belarus stammende Ruslan Šošyn, der das Land im Alter von 18 Jahren wegen seiner Beteiligung an oppositionellen Aktivitäten verlassen musste, über Polens östliche Nachbarn.

Die Medien befinden sich seit nunmehr zwei Jahrzehnten in einem dramatischen Wandel, der durch die technologische Revolution ausgelöst wurde. Es handelt sich um einen vielschichtigen Prozess, der jedoch in erster Linie mit der Verknappung der Budgets der betreffenden Verlage einhergeht, worunter hauptsächlich die Auslandsressorts leiden.

> » Eine Zeit lang verfügten wir über Korrespondenten in allen Nachbarländern Polens – sieben an der Zahl – und an so weit entfernten Orten wie den Vereinigten Staaten, Israel, Australien und Südkorea. Insgesamt lebten mindestens ein Dutzend Personen im Ausland, deren Hauptbeschäftigung das Schreiben für die Rzeczpospolita war. Jetzt haben wir nur noch eine ständige Korrespondentin in Brüssel. Dabei muss man bedenken, dass Brüssel ein Spezifikum ist, weil es eine starke polnische Komponente aufweist. Verschiedene Entscheidungen, die dort getroffen werden, betreffen unser Land«,

sagt der Leiter der Auslandsabteilung einer der größten polnischen Zeitungen.[55] Die Institutionen Polens als eines Landes, das erst vor drei Jahrzehnten einen rasanten Wandel seines sozioökonomischen Systems vollzogen hat, besitzen eine viel schwächere Autorität als jene in den Niederlanden oder in Schweden. Zudem ist das Land nach wie vor deutlich weniger wohlhabend, weshalb die

---

55 Vgl. Agnieszka Wądołowska: Haszczyński, Lichnerowicz, Kociszewski: zbędni korespondenci. Introwertyzm polskich mediów. In: Kultura Liberalna Nr. 198 (42/2012) vom 23. Oktober 2012, https://kulturaliberalna.pl/2012/10/23/haszczynski-lichnerowicz-kociszewski-zbedni-korespondenci-introwertyzm-polskich-mediow/#1 (21.9.2024).

Medien und Journalist:innen die negativen Auswirkungen der digitalen Revolution drastischer zu spüren bekommen als ihre westlichen Nachbarn. Mit anderen Worten: Für ihre Arbeit im Ausland erhalten sie viel weniger Geld. Im Unterschied dazu können sie mit ihren Sprachkenntnisse des Russischen, Ukrainischen und Belarusischen überzeugen, die wie das Polnische zur slawischen Sprachfamilie gehören. Dazu kommen persönliche Freundschaften und Netzwerke in diesen Ländern, das Verständnis für kulturelle Zusammenhänge und die Geschichte sowie eine Leidenschaft, die aus dem Gefühl einer bestehenden Schicksalsgemeinschaft resultiert. Das Publikum der polnischen Medienlandschaft interessierte sich in viel stärkerem Maße für Polens östliche Nachbarn als Spanier oder sogar Deutsche. Aus diesem Grund nahm die Berichterstattung aus der Ukraine oder Belarus einen wichtigen Platz in den Auslandsressorts der polnischen Medien ein.

In Moskau arbeiten keine ständigen polnischen Korrespondent:innen mehr, seit die Journalist:innen des öffentlich-rechtlichen Rundfunks und der Polnischen Presseagentur (PAP) sowie Andrzej Zaucha vom privaten Fernsehsender TVN im Jahr 2022 ausreisten. Zaucha arbeitete ein Vierteljahrhundert lang in Moskau und wurde abgezogen, nachdem in Russland Gesetze in Kraft getreten waren, die 15 Jahre Gefängnis für die Verbreitung von Informationen über die russischen Streitkräfte vorsehen, welche von der Propagandamaschine als falsch eingestuft werden. Damit wird es noch schwieriger, die russischen Machthaber und die Gesellschaft des Landes zu durchdringen und zu beschreiben. Das Gleiche gilt für Belarus.

Die Zahl der polnischen Journalist:innen, die über den Krieg in der Ukraine berichten, ist im Laufe des Krieges gesunken. Die Gründe dafür liegen in den begrenzten finanziellen Möglichkeiten, aber auch im schwindenden öffentlichen Interesse an dem Konflikt. Dennoch bleiben die Ereignisse in der Ukraine eines der Hauptthemen in den polnischen Medien. Der Krieg geht weiter.

Demgegenüber steigerte die wachsende russische Bedrohung das allgemeine Interesse an den Ereignissen in der Region. Der militärische Konflikt könnte noch viele Jahre andauern. Die Szenarien, wie sich die gegenwärtige Situation in verschiedenen Konstellationen weiterentwickeln könnte, reichen von einem Einfrieren beziehungsweise Wiederaufflackern der Kämpfe über die Integration der Ukraine in die Strukturen der EU und der Nato bis hin zu einem langsamen Niedergang Russlands, seiner weiteren Faschisierung oder einer spektakulären politischen Kehrtwende Moskaus. Man kann also getrost davon ausgehen, dass die Medien keineswegs das Interesse an den Geschehnissen jenseits von Polens Ostgrenzen verlieren werden.

Literaturverzeichnis

Wira Ahejewa: W cieniu imperium. Kulisy ukraińsko-rosyjskiej wojny kulturowej, Kraków 2023.
Olena Babakova: Temat wojny w Ukrainie oraz migrantów i uchodźców z Ukrainy w polskim dyskursie politycznym kwiecień 2023 – luty 2024. In: Fundacja im. Kazimierza Pułaskiego vom 9. Juli 2024, https://pulaski.pl/temat-wojny-w-ukrainie-oraz-migrantow-i-uchodzcow-z-ukrainy-w-polskim-dyskursie-politycznym-kwiecien-2023-luty-2024/ (5.10.2024).
Adam Balcer: Na Wschodzie bez zmian? Orientalizacja we współczesnej Polsce, Wrocław 2023.
Łukasz Baszczak, Aneta Kiełczewska, Paula Kukołowicz, Agnieszka Wincewicz, Radosław Zyzik: Pomoc polskiego społeczeństwa dla uchodźców z Ukrainy, Warszawa 2022.
Kuba Benedyczak: »W najgorszych koszmarach nie przyśniła mi się inwazja na Ukrainę«. Spowiedź rusofila. In: Nowa Europa Wschodnia vom 15. März 2022, https://new.org.pl/2192,benedyczak_spowiedz_rusofila.html (21.9.2024).
Przemysław Czapliński: Poruszona mapa, Kraków 2016.
Marcin Frenkel: Partytura na wietrze. Koncepcje paryskiej Kultury a polska polityka wschodnia w latach 1989–2014, Łódź 2022.
Jeffrey Gettleman: A new brand of activist takes aim at the Ukraine war and the climate crisis, together. In: New York Times vom 20. Juni 2022, https://www.nytimes.com/2022/06/20/world/europe/a-new-brand-of-activist-takes-aim-at-the-ukraine-war-and-the-climate-crisis-together.html (21.9.2024).
Hanna Maria Giza: Ostatnie lato w Maisons-Laffitte, Wrocław 2007.
Katarzyna Kaczorowska: Biełsat do likwidacji? Wyjaśniamy, o co chodzi w awanturze z udziałem TVP i MSZ. In: Polityka vom 10. August 2024, https://www.polityka.pl/tygodnikpolityka/spoleczenstwo/2266717,1,bielsat-do-likwidacji-wyjasniamy-o-co-chodzi-w-awanturze-z-udzialem-tvp-i-msz.read (21.9.2024).
Paweł Kowal, Agnieszka Lichnerowicz: Spokojnie już nie będzie. Koniec naszej belle epoque, Warszawa 2023.
Ivan Krastev: Reimagining the East-West Divide in Europe. In: IWMpost 129/2022 (European Boundaries and Divides), https://www.iwm.at/publication/iwmpost-article/reimagining-the-east-west-divide-in-europe (21.9.2024).
Agnieszka Lichnerowicz: Mitologia Putina [Interview mit Mykola Rjabčuk]. In: Polityka Nr. 51/2022 (3394) vom 13. Dezember 2022.
Barbara Markowska-Marczak: Ramy wojny: inwazja rosyjska na Ukrainie jako wydarzenie historyczne: Analiza ramowa polskiego dyskursu prasowego. In: Kultura i Społeczeństwo 67 (2023) 3, S. 225–252.
Кирилл Мартынов: Я верю в демократическую Россию. In: Novaja Gazeta vom 20. November 2023, https://novayagazeta.eu/articles/2023/11/20/ia-veriu-v-demokraticheskuiu-rossiiu-potomu-chto-znaiu-naskolko-velik-demokraticheskii-potentsial-v-rossiianakh (21.9.2024).
Adam Michnik: Aleksiej Nawalny »Dialogi«, Warszawa 2016.

Anna Mierzyńska: Kto promuje w Polsce rosyjskiego nacjonalistę Dugina? To środowisko znane z sympatii do Rosji. In: Oko.press vom 26. Oktober 2022, https://oko.press/kto-promuje-w-polsce-rosyjskiego-nacjonaliste-dugina (21.9.2024).

Maciej Nowicki: Wojna w Ukrainie może skończyć się na dwa sposoby. Jeden oznacza szerszy konflikt. In: Newsweek vom 24. Februar 2024, https://www.newsweek.pl/swiat/z-historii-wiem-jak-skonczy-sie-wojna-w-ukrainie-kluczowe-pytanie-jest-inne/6p24ml6 (5.10.2024).

Alicja Pawelec (Hrsg.): Przejścia nie ma. Śmierć osób migranckich na granicy Unii Europejskiej z Białorusią. In: Fundacja Ocalenie vom 12. Juli 2024, https://ocalenie.org.pl/wp-content/uploads/2024/07/pl_no-safe-passage.-migrants-deaths-at-the-european-union-belarusian-border.pdf (5.10.2024)

Mykoła Riabczuk: Czternasta od końca. Opowieści o współczesnej Ukrainie, Kraków 2022.

Marcin Skalski: Czy czeka nas konflikt etniczny?. In: Do Rzeczy Nr. 35 vom 25. August 2024, https://dorzeczy.pl/kraj/625425/ukraincy-w-polsce-czy-czeka-nas-konflikt-etniczny.html (21.9.2024).

Andrzej Szeptycki: Polskie media wobec Ukrainy. Przyczynek do dyskusji. In: Kultura i Społeczeństwo 59 (2015) 2, 229–238.

Andrzej Turkowski: Zmagania na peryferiach. Elity III RP o Rosji, Warszawa 2020.

Agnieszka Wądołowska: Haszczyński, Lichnerowicz, Kociszewski: zbędni korespondenci. Introwertyzm polskich mediów. In: Kultura Liberalna Nr. 198 (42/2012) vom 23. Oktober 2012, https://kulturaliberalna.pl/2012/10/23/haszczynski-lichnerowicz-kociszewski-zbedni-korespondenci-introwertyzm-polskich-mediow/#1 (21.9.2024).

Larry Wolff: Wynalezienie Europy Wschodniej. Mapa cywilizacji w dobie Oświecenia, Kraków 2020.

Zabużko, Oksana: Najdłuższa podróż, Warszawa 2023.

Die Kultur Osteuropas in Polen
Präsent, aber eher marginal

Piotr Pogorzelski

Wer sich für die Kultur der Ukraine oder von Belarus interessiert, findet in Polen inzwischen eine ganze Reihe von Veranstaltungen, angefangen von Buchmessen über Ausstellungen, Filmvorführungen, Theateraufführungen und Auftritte ukrainischer Rockstars bis hin zu Konzerten von Bands der alternativen Szene für ein Nischenpublikum. Es wäre allerdings übertrieben zu behaupten, dass die Kultur aus Ländern jenseits der polnischen Ostgrenzen in Polen allgegenwärtig ist. Trotzdem findet man bei genauerer Suche deutlich mehr Veranstaltungen dazu als solche mit Kulturprodukten Deutschlands oder Frankreichs.

Eingangs sei dennoch klargestellt: Die Polen wissen insgesamt wenig über die Kultur ihrer Nachbarn, egal ob über Tschechen, Litauer oder Deutsche. In den landesweit ausgestrahlten Fernsehprogrammen werden so gut wie keine Filme aus diesen Ländern gezeigt. Das Gleiche gilt für die beliebten Streamingdienste, wo die Suche nach Bildern von außerhalb der englischsprachigen Länder durchaus eine gewisse Anstrengung erfordert, die nur wenige auf sich nehmen wollen. Daher kennt ein Pole, der sich nicht allzu sehr für die Kultur der Nachbarländer interessiert, in der Regel nur das, was er in den Nachrichten sieht oder im Internet liest, vor allem in den sozialen Medien. Wie weiter unten gezeigt werden soll, hängt die Zahl der Veranstaltungen, die der Kultur dieser Länder gewidmet sind, davon ab, was gerade auf der internationalen Bühne passiert.

Abgesehen davon haben viele Polen in der Regel täglich Kontakt mit Ukrainern oder (wenngleich seltener) mit Belarusen. Dabei handelt es sich in der Regel um oberflächliche, flüchtige Beziehungen, die sich auf den Austausch von ein paar Sätzen beschränken. Zwar wäre es grundfalsch, von nationalen Ghettos zu sprechen, aber freilich lebt jede ethnische Gruppe in Polen in ihrer eigenen Blase. Es genügt, ein Konzert ukrainischer Bands in Warschau zu besuchen, um festzustellen, dass sich unter den Zuhörer:innen nur vereinzelt Polen finden. Für Konzerte dieser Art wird nicht einmal mit Plakaten im Stadtraum geworben – die Veranstalter begnügen sich mit gezielter Internetwerbung in sozialen Netzwerken.

Hinzu kommt das stereotype Bild eines Einwohners der ehemaligen UdSSR in der polnischen Populärkultur. Ein Russe ist hier ein Gangster, ein Ukrainer oder Belaruse gegebenfalls ein Handlanger von Gangstern und eine ukrainische Frau eine verwirrte, von schweren Erlebnissen gezeichnete Geschiedene oder eine Studentin, die das Geld aus ihrem Job in Polen verwendet, um ihre hungernde Familie in der Heimat zu retten.

Ein derart negatives Bild der Bürger der ehemaligen Sowjetunion ist zum Teil darauf zurückzuführen, dass die offizielle Freundschaft mit Moskau, die die Volksrepublik Polen über Jahre hinweg zwangsweise pflegte, im Prinzip abgelehnt wurde. Dies zeigte sich auch in der Kultur. Zwischen 1945 und 1989 hatten die Polen einen breiten Zugang zur russischsprachigen Kultur, z. B. waren in den Buchhandlungen Übersetzungen aus dem Russischen und Bücher im Original erhältlich, und in den Kinos wurden sowjetische Filme vorgeführt. Darüber hinaus gab es verschiedene zyklische Veranstaltungsreihen: In Grünberg in Schlesien (Zielona Góra) fand das sowjetische Liederfestival statt, begleitet von Veranstaltungen wie dem Kinderlieder- und Tanzfestival »Farben der Freundschaft« oder den »Sowjetischen Literaturtagen«. Die Gesellschaft für Polnisch-Sowjetische Freundschaft war eifrig tätig. Mit dem Niedergang der Volksrepublik Polen und dem endgültigen Zusammenbruch der UdSSR verschwanden diese Initiativen auf ganz natürliche Weise.

Die nach 1991 auf den Trümmern der UdSSR entstandenen Republiken verfügten nicht über die notwendigen Mittel zur Förderung ihrer Kultur. Erst nach der Jahrtausendwende verbesserte sich die Situation. Dies galt insbesondere für Russland, das sich wirtschaftlich dynamisch entwickelte und daher über Geld für die Organisation diverser kultureller Veranstaltungen verfügte. Gleichzeitig gab es in Polen viele kulturbegeisterte Menschen, die sich für die Ukraine, für Belarus oder, in viel geringerem Maße, für Russland interessierten (die Polen betrachten Moskau als Hauptstadt eines Reiches, das noch immer eine Bedrohung darstellt[1]) und allerlei Veranstaltungen organisierten.

Wer sich heutzutage für die Kultur Osteuropas interessiert, kann aus einem breiten Angebot an Veranstaltungen wählen. Für Fachleute, Journalist:innen und Aktivist:innen, die sich mit der Ukraine, Belarus oder Russland beschäftigen, ist die Möglichkeit, die dortige Kultur vor Ort in Polen zu verfolgen, von großer Bedeutung. Durch ihre Kenntnis des künstlerischen Schaffens können sie subtile soziale und politische Signale besser deuten und die Reaktionen der osteuropäischen Gesellschaften auf veränderte Bedingungen genauer vorhersagen. Kunstschaffende haben nicht selten ein besseres Gespür für Veränderungen und »wissen es vorher«.

---

1   Polacy o wojnie na Ukrainie i Rosjanach. In: cbos.pl vom Mai 2022, https://www.cbos.pl/SPISKOM.POL/2022/K_114_22.PDF (7.10.2024)

Kino, Fernsehen und Theater

Nach dem Sieg der Revolution der Würde im Jahr 2014 hat sich ein neues ukrainisches Kino etabliert. Zuvor erbrachten die dortigen Filmemacher vor allem Dienstleistungen für ihre Kollegen. Die Produktionskosten in der Ukraine waren niedriger als in Russland, und so wurden dort massenhaft Spielfilme und Serien gedreht.[2] Letztere zeigten oft einen postsowjetischen Raum zwischen Minsk und Wladiwostok, in dem alle die gleichen sowjetischen Feiertage begingen (den 9. Mai als Tag des Sieges, den Männertag am 23. Februar, den Frauentag am 8. März und selbstverständlich als wichtigsten Feiertag Silvester), in ähnlich aussehenden Plattenbauten lebten und mit so ziemlich denselben Bussen fuhren. Alles wurde so gefilmt, dass es unmöglich war festzustellen, wo genau die Aufnahmen entstanden waren.

Zurück zur Ukraine: 2011 wurde der Staatliche Kinematografische Dienst eingerichtet, mit dem das Finanzierungssystem für Filmproduktionen endlich gut funktionierte. Nach dem Erfolg des Euromaidan im Jahr 2014 kamen einige interessante Produktionen auf die ukrainischen Leinwände, die auch auf internationalen Festivals, darunter dem polnischen Ukraina! Festiwal Filmowy, gezeigt wurden. »Uns kam die Meinung zu Ohren, das sei doch postsowjetisches Kino, das es nicht wert sei, gezeigt zu werden. Doch es stellte sich heraus, dass das zeitgenössische ukrainische Kino sehr gut ist. Es ähnelt dem europäischen Kino, doch mit dem Hauch seiner östlichen Seele«, sagt die Initiatorin und Direktorin des Festivals, Beata Bierońska-Lach.[3]

Das Ukraina! Festiwal Filmowy findet seit 2016 in Warschau statt. Anfangs waren es hauptsächlich Polen, die die Vorführungen besuchten, aber mit der Zeit gesellten sich Ukrainer hinzu. Laut Beata Bierońska-Lach besteht das Publikum mittlerweile jeweils zur Hälfte aus Menschen aus beiden Ländern. Das Festival wächst, seine Filme werden jetzt nicht mehr nur in Warschauer Kinos, sondern auch in anderen Städten gezeigt. Auf der Veranstaltung sind die besten Spielfilme und Dokumentarfilme zu sehen, und es finden Treffen mit Filmemachern sowie Konzerte und Workshops statt, auch für Kinder. Für die Jüngsten werden überdies spezielle Vorführungen organisiert. Einige der Filme kann man sich sogar online anschauen.

---

2   Христина Кобак: Цимбалару пояснила, чому українські актори знімалися у серіалах з росіянами. In: kino.24tv.ua vom 18. Oktober 2022, https://kino.24tv.ua/baklanov-tsimbalaru-hto-vidpovidalniy-za-zyomki-rosiyan-ukrayinskih_n2180113 (7.10.2024).

3   Beata Bierońska-Lach: O festiwalu. In: ukrainaff.com, o. D., https://ukrainaff.com/o-festiwalu/ (7.10.2024).

Nach Beginn der russischen Invasion im Februar 2022 engagierten sich die Festivalmacher für die Ukrainehilfe. Zum einen wurden landesweit mehr als 150 Wohltätigkeitsvorführungen organisiert, deren Erlöse vollständig gespendet wurden. Des Weiteren wurden Branchentreffen und Podiumsdiskussionen veranstaltet, um ukrainische Filmemacher zu unterstützen, insbesondere diejenigen in Polen. So wurde beispielsweise eine Diskussionsrunde für ukrainische Schauspieler:innen mit polnischen Casting-Direktoren organisiert. Während des Festivals 2024 fand wiederum ein Panel für polnische und ukrainische Produzenten zum Thema der Finanzierung von Filmproduktionen und ukrainisch-polnischer Koproduktionen statt. Außerdem gab es Workshops für Schauspieler:innen, Drehbuchautoren, Kostümbildner, Regisseure und Kameraleute mit Filmemachern aus der Ukraine, wie ich von Beata Bieronska-Lach erfuhr.[4]

Seit 2011 findet in Warschau zudem ein Festival mit belarusischen Filmen unter dem Titel Bulbamovie[5] statt. Der Organisator dieser Veranstaltung, Janusz Gawryluk, erzählte mir, dass das Publikum zu Beginn, genauso wie im Fall des ukrainischen Festivals, hauptsächlich aus Polen bestand. Zu jener Zeit lebten nur wenige Belarusen in Polen, und die, die bereits hier waren, interessierten sich nicht sehr für die Kultur jenes Landes, dem sie den Rücken gekehrt hatten. Während im ukrainischen Kino Produktionen gezeigt werden, die sogar während des Krieges in der Ukraine entstanden sind, zeigt Bulbamovie in der Regel Filme, die außerhalb der Republik Belarus entstanden sind. Janusz Gawryluk merkt an, dass die wichtigste Aufgabe für ihn darin bestand, denjenigen belarusischen Filmemachern, die in Belarus selbst arbeiten, zu helfen. »Sie begannen, ihre Filme zu schicken. In ihrem eigenen Land hatten sie keine Möglichkeit, sie zu zeigen. Daher erreichten uns gleichermaßen Vorschläge von unabhängigen Filmemachern und von den Medien des Regimes, wie etwa dem staatlichen Sender BT TV oder dem Studio Belarusfilm«, merkt er an. Paradoxerweise hat der Erfolg von Bulbamovie dazu geführt, dass das belarusische Kino endlich auch in Belarus zu sehen ist, unter anderem auf dem größten dortigen Festival Listopad (November). Daher wurde schließlich in den Jahren 2017–2019 davon Abstand genommen, die Vorführung belarusischer Filme in Polen zu organisieren. Abgesehen davon gab es Probleme mit der Finanzierung.

Dieses kulturelle Tauwetter war darauf zurückzuführen, dass der belarusische Machthaber Alexander Lukaschenko zwischenzeitlich einige Versuche unternahm, die Kontakte mit dem Westen zu intensivieren. Wie aufrichtig diese wirklich waren, war 2020 zu sehen. Damals machte Lukaschenko alle Illusionen zunichte, indem er sich die die Opposition nach den manipulierten Wahlen

---

4   Wo nicht anders angegeben, stammen die Aussagen aus direkten Gesprächen des Autors mit Vertretern des Kultur- und Kreativsektors.
5   Der Name bezieht sich auf das Wort Bulba, das auf Belarusisch Kartoffel bedeutet.

mit Knüppeln, Folter und Inhaftierung vorknöpfte. Die Krönung dieses Gewaltspektakels war die Beteiligung des Minsker Regimes an der russischen Invasion in der Ukraine im Februar 2022. Russische Truppen drangen von Belarus aus in ukrainisches Hoheitsgebiet ein, und von Belarus aus wurde den Aggressoren zudem Unterstützung bei Artilleriefeuer gewährt. Minsk stellt der russischen Armee ebenfalls sichere rückwärtige Einrichtungen zur Verfügung, in denen Ausrüstung repariert, Waffen hergestellt und Soldaten medizinisch versorgt werden.[6] Diese Ereignisse hatten offensichtlich Auswirkungen auf Bulbamovie. Die Proteste, die im August 2020 begannen, wurden von Filmemachern gut dokumentiert. Filme hierzu waren auf dem Festival zu sehen. Ferner wuchs die Zahl der Zuschauer deutlich an, weil Zehntausende Belarusen aus Angst vor der politischen Unterdrückung in ihrem Land nach Polen flohen.

Der einzige belarusischsprachige Fernsehsender[7] Belsat TV, der von Warschau aus operiert, spielte eine wichtige Rolle bei der Filmproduktion, indem er einige der Filme unterstützte, bei ihrer Entstehung kooperierte und sie produzierte. Desgleichen zeigten die Stipendienprogramme für belarusische Filmemacher erste Effekte. Dazu zählte zum Beispiel die Initiative Film Bridge Belarus, die von der Wajda School[8] zusammen mit der Filmhochschule in Gdingen unter Kofinanzierung des Polnischen Filminstituts vorbereitet wurde. Die Erfahrungen aus diesem Programm wurden später in dem ähnlichen Projekt Film Bridge Ukraine genutzt, das sich nach Ausbruch des Krieges an ukrainische Filmemacher richtete.

Was Fernsehfilme anbelangt, so ist erwähnenswert, wie ukrainische Flüchtlinge in Polen angesprochen wurden. Bereits im März 2022 stellte der polnische öffentlich-rechtliche Fernsehsender TVP die ersten polnischen Serien mit ukrainischen Untertiteln kostenlos in seinem VoD-Dienst zur Verfügung. Zur gleichen Zeit startete der Polnische Rundfunk das Programm Polnisches Radio für die Ukraine, das bis heute im Rahmen des Auslandsdienstes des Polnischen Rundfunks (Polskie Radio dla Zagranicy)[9] läuft und sich die Flüchtlinge aus der Ukraine richtet. Auf diese Weise unterstützte er zugleich ukrainische Jour-

---

6   Kamil Kłysiński, Piotr Żochowski, Andrzej Wilk: Współagresor zdystansowany. Mińsk wobec udziału w wojnie przeciwko Ukrainie. In: Komentarzy OSW vom 10. Februar 2023, https://www.osw.waw.pl/pl/publikacje/komentarze-osw/2023-02-10/wspolagresor-zdystansowany-minsk-wobec-udzialu-w-wojnie (11.10.2024).

7   Abgesehen von Belsat gibt es weltweit keinen anderen Fernsehsender, der in belarusischer Sprache sendet. Das Fernsehen in Belarus sendet auf Russisch.

8   Dies ist eine private Filmhochschule unter der Schirmherrschaft der Europäischen Filmakademie.

9   Dabei handelt es sich um das fünfte Programm des öffentlich-rechtlichen polnischen Rundfunks mit Programmen auf Deutsch, Englisch, Russisch, Ukrainisch, Belarusisch und Polnisch (letzteres für Polen, die im Ausland leben).

nalist:innen (hauptsächlich weibliche Flüchtlinge), die so in Polen in ihrem Beruf Arbeit fanden.

Nachdem der russische Angriffskrieg im Februar 2022 losgebrochen war, verschwand die russische Kultur fast vollständig aus Polen. Ein gutes Beispiel dafür ist das Filmfestival »Sputnik über Polen« (Sputnik nad Polską)[10], das nicht mehr veranstaltet wird. Es war einigermaßen populär, weil es trotz der Unterstützung durch offizielle Stellen in Moskau anspruchsvolles russisches Kino präsentierte. Gleichzeitig waren Propagandafilme gezeigt worden, und Piotr Skulski, der Ehemann der Hauptorganisatorin des Festivals, Małgorzata Szlagowska, hatte Auftritte des Alexandrow-Ensembles in Polen organisiert. Der offizielle Name des Ensembles sagt alles über es aus: Das zweimal mit dem Rotbannerorden ausgezeichnete Akademische Gesangs- und Tanzensemble der Russischen Armee »A. V. Alexandrov«. Obwohl es vor dessen Auftritten in Polen regelmäßig kleinere Proteste gab, ließen es sich viele Polen keineswegs nehmen, russische militaristische Propaganda in einer Kuschelvariante zu erleben. All dies geschah nach 2014, als Moskau bereits die Krim annektiert und seine Operationen im Donbas begonnen hatte. Damals waren nicht wenige der Ansicht, die Russen würden es wohl damit bewenden lassen. Am 24. Februar 2022 zerbrach diese Illusion, und seither müssen russische Künstler:innen, die den Kreml in irgendeiner Weise unterstützen, einen weiten Bogen um Polen machen. Sie werden nicht eingeladen, und selbst wenn jemand auf die Idee käme, dies doch zu tun, sähe er sich heftigen Protesten ausgesetzt.

Die Organisatoren von »Sputnik über Polen«, die »Stiftung Unterstützung« (poln. Fundacja Wsparcie), handelten umgehend. Die offizielle Website des Festivals wurde abgeschaltet. Die »Stiftung Unterstützung« änderte ihren Namen in »Stiftung Neuer Raum« (poln. Nowa Przestrzeń) und machte es sich zur Aufgabe, ein Festival mit nunmehr ukrainischen Filmen unter dem Motto »Wir mit Euch, Ihr mit uns« zu veranstalten. Darüber hinaus erhielt sie dafür massive Unterstützung von der Polnischen Filmakademie. Unter skandalträchtigen Begleiterscheinungen[11] wurde das Festival auf 2023 verschoben und fand bisher nur einmal statt.

Die russische Kultur verschwand von den Litfaßsäulen, selbst wenn sie von Ukrainern aufgeführt wurde. Dies war beispielsweise bei den Konzerten des Staatlichen Opern- und Balletttheaters der Ukraine der Fall, das sich im De-

---

10 Die Internetseite des Festivals Sputnik über Polen, http://sputnikfestiwal.pl (11.10.2024).
11 Die Medien erinnerten an die Tätigkeit der Stiftung Unterstützung vor dem Februar 2022. Die Aufmerksamkeit wurde dabei u. a. auf die Sponsoren des Festivals Sputnik über Polen gelenkt, bei denen es sich um Unternehmen und Institutionen handelt, die direkt mit dem Kreml verbunden sind. Für Empörung sorgte auch der außergewöhnlich hohe Zuschuss für das neue Festival.

zember 2022 zu Ballettaufführungen mit Musik von Tschaikowskis *Schwanensee* und *Nussknacker* angekündigt hatte – sie wurden abgesagt. Das Große Theater der Nationaloper in Warschau sagte seinerseits Aufführungen von »Der Nussknacker«[12] und die Premiere von »Boris Godunow«[13] ab.

Sogar die Texte russischer Klassiker wurden verändert. In der Inszenierung der *Drei Schwestern* des Warschauer Theaters »Teatr Rozmaitości« (TR) sehnen sich die Figuren nicht nach Moskau, sondern nach Kyjiw. »Tschechow ist kein Befürworter des Krieges in der Ukraine. Seine Dramen zeigen den Zustand des Menschen und lassen uns verstehen, woher das Böse kommt. Wir können sie nicht aus dem Repertoire streichen, schon gar nicht heute, wo menschliche Werte verteidigt werden müssen«, unterstrich seinerzeit Roman Pawłowski, der Programmbeauftragte des TR.[14] Das Theater öffnete seine Türen für Ukrainer und lud Flüchtlinge zu kostenlosen Aufführungen ein. Andere polnische Kultureinrichtungen taten es ihm gleich und versuchten, den Millionen von Menschen, die ihre Heimat verloren hatten, das Leben zumindest ein bisschen zu erleichtern. Für sie gab es Freikarten für Theater und Museen. Auf diesem Wege lernten die Ukrainer die polnische Kultur kennen, und die polnischen Kuratoren und Regisseure machten Bekanntschaft mit dem Publikum aus dem Osten. Viele Kultureinrichtungen haben Künstler:innen, die die Ukraine verlassen mussten, unterstützt und so zugleich ihr Angebot erweitert. Dies war zum Beispiel beim »Teatr Polski« in Warschau der Fall, wo die Regisseurin des Charkiwer Arabesky-Theaters, Svitlana Oleško, Zuflucht fand. Im Frühjahr 2024 bereitete sie für das polnische Publikum eine Aufführung unter dem Titel *Charkiw! Charkiw!* vor, die die Geschichte ihrer Heimatstadt erzählt. Der Text dafür stammt aus der Feder des Schriftstellers Serhij Žadan. Seine Hauptfigur ist der große Reformer des ukrainischen Theaters der Zwischenkriegszeit, Les Kurbas. Die Aufführung hat eine eher leichte, musicalähnliche Form, so dass sie praktisch jedem Zuschauer zugänglich ist, obwohl man sich, um sie richtig zu verstehen, vorher mit der Geschichte von Les Kurbas und jener Künstler:innen vertraut machen sollte, die als »erschossene Renaissance« (Rosstriljane widrodschennja) bezeichnet werden.[15]

---

12 Katarzyna Jaroch: Grudzień bez »Dziadka do orzechów« w Operze Narodowej. Z afisza spadły tytuły rosyjskich twórców. In: warszawa.wyborcza.pl vom 23. Juni 2022, https://warszawa.wyborcza.pl/warszawa/7,54420,28610553,grudzien-bez-dziadka-do-orzechow-w-operze-narodowej-afisz.html (11.10.2024).

13 Waldemar Dąbrowski: Borys Godunow odwolany. In: teatrwielki.pl, o.D., https://teatrwielki.pl/teatr/aktualnosci/aktualnosc/borys-godunow-odwolany/ (11.10.2024).

14 Bezpłatny wstęp na »3siostry« dla Ukrainek i Ukraińców. In: trwarszawa.pl vom 15. März 2022, https://trwarszawa.pl/news/bezplatny-wstep-na-3siostry-dla-ukrainek-i-ukraincow/ (7.10.2024).

15 Der Begriff »erschossene Renaissance« bezieht sich auf ukrainische Kunstschaffende,

Die im Dezember 2024 in Warschau verstorbene Svitlana Oleško war nur eine unter vielen Künstlerinnen und Künstlern, die in Polen Zuflucht gefunden haben und ihre Werke dem polnischen Publikum präsentieren. Seit September 2021 gibt es ein künstlerisches Residenzprogramm für Theaterschaffende in Belarus.[16] Das Programm soll diejenigen unterstützen, die kreativ tätig und von Repressionen durch das Lukaschenko-Regime betroffen sind. Die Aufenthalte wurden vom Zbigniew-Raszewski-Theaterinstitut organisiert und aus dem Staatshaushalt finanziert. Ab 2022 wurde das Programm um Künstlerresidenzen für ukrainische Bürger erweitert. Das Ergebnis ist die Eastern Stage[17] in Warschau, also eine Schau von Bühnenprojekten, die unter Beteiligung von Teilnehmer:innen der Residenzprogramme aus Belarus und der Ukraine realisiert wurden und deren Uraufführungen zuvor in polnischen Theatern stattgefunden haben. Worüber sprechen die Ukrainer und Belarusen, die ihr Land verlassen mussten? In der Aufführung *Z@klęcie* / *З@мова* (dt. Zauberformel) von Maksym Šyška kann man beispielsweise archaische Lieder hören und Rituale aus Polesien[18] bestaunen. In der Beschreibung heißt es: »Es wurde die ›Zamowa‹ – ein altes, verschwindendes Genre der mündlichen Volksdichtung aus Belarus verwendet, dem einstmals magische Eigenschaften zugeschrieben wurden.« Die Kiewer Künstlerin Jana Šliabanska präsentierte wiederum eine musikalische Performance mit dem Titel *Die 10 Gebote*, die von der polnischen Plakatkunst des 20. Jahrhunderts inspiriert war.

Die Arbeit von Belarusen und Ukrainern hat sogar diejenigen erreicht, die Theater für die Jüngsten machen. Im Jahr 2022 wurden in Warschau zwei Veranstaltungen im Rahmen des 26. Internationalen Kinder- und Jugendtheaterfestivals Korczak Heute präsentiert: Fokus Belarus und Fokus Ukraine.[19] Ukrainische und belarusische Künstler:innen konnten über ihre Arbeit in ihren Ländern und ihre Herangehensweise an das Theater für die Jüngsten sprechen.

---

die in den 1920er und frühen 1930er Jahren aktiv waren. Die meisten von ihnen wurden in den 1930er Jahren vom NKWD verhaftet und per Erschießung liquidiert.

16 Rezydencje artystyczne. Białoruś I edycja. In: instytut-teatralny.pl vom September 2021, https://www.instytut-teatralny.pl/dzialalnosc/projekty-i-programy/rezydencje-artystyczne-instytutu-teatralnego/rezydencje-artystyczne-bialorus/ (11.10.2024).

17 Nowe głosy teatralne z Białorusi i Ukrainy | Showcase EASTERN STAGE. In: instytut-teatralny.pl vom 2. September 2024, https://www.instytut-teatralny.pl/2024/09/02/nowe-glosy-teatralne-z-bialorusi-i-ukrainy-showcase-eastern-stage/ (11.10.2024)

18 Polesien ist eine Region im Dreiländereck zwischen Polen, Belarus und der Ukraine [A.d.Ü.].

19 Focus Białoruś/Ukraina. 26. Międzynarodowy Festiwal Teatrów dla Dzieci i Młodzieży KORCZAK DZISIAJ. In: instytut-teatralny.pl vom 3. Oktober 2022, https://www.instytut-teatralny.pl/2022/10/03/focus-bialorus-ukraina/ (11.10.2024).

Literatur

In Polen gibt es seit jeher eine starke Strömung von Schriftsteller:innen, die sich mit dem Osten im weiteren Sinne befassen. Man denke nur an den hervorragenden Reportageschriftsteller Ryszard Kapuściński. Wojciech Jagielski (gegenwärtig beim Tygodnik Powszechny tätig), Wojciech Górecki (ein Experte des Zentrums für Oststudien) und – wenngleich in einer eher erzählerischen Form – Ziemowit Szczerek haben über die Region geschrieben. Ihre Bücher werden u. a. vom Verlag Czarne veröffentlicht, der 1996 von der Kulturanthropologin Monika Sznajderman und dem Schriftsteller Andrzej Stasiuk gegründet wurde. Letzterer, der einer deutschsprachigen Leserschaft gut bekannt ist, hat sich in seinen Büchern immer wieder mit Mittel- und Osteuropa befasst. In der vom Verlag aufgelegten Reihe Sulina sind historische und anthropologische Bücher, Reiseprosa und Essays über die betreffende Region erschienen. Sie wurden von Autor:innen aus dem In- und Ausland verfasst.

Literatur aus der Region wird auch vom Osteuropa-Kolleg in Breslau (KEW) veröffentlicht. Jüngste Beispiele sind Walerian Pidmohylnyjs *Die Stadt* oder Jurij Wynnytschuks *Lemberger Legenden*. Zu den Angeboten des KEW gehören neben Übersetzungen die Werke polnischer Autor:innen, die sich mit dem Gebiet der ehemaligen UdSSR befassen, wie z. B.: *W dialogu i zwarciu. Stolica Apostolska wobec sowieckiego komunizmu 1917–1991* (dt. In Dialog und Auseinandersetzung. Der Heilige Stuhl gegenüber dem Sowjetkommunismus 1917–1991) von Andrzej Grajewski, einem Journalisten der katholischen Wochenzeitung Niedziela.

Im Unterschied zum Verlag Czarne ist das KEW eine Stiftung, die auf Initiative von Jan Nowak-Jeziorański gegründet wurde.[20] Das KEW war es, das die Vierteljahreszeitschrift Nowa Europa Wschodnia und später die Zweimonatszeitschrift New Eastern Europe herausgab. Daneben betreibt es die Website Nowa Europa Wschodnia. Viele polnische Fachleute für das Gebiet der ehemaligen Sowjetunion haben für diese Medien geschrieben. Seit 2014 verwaltet das Osteuropa-Kolleg das Schloss Wohnwitz (in Wojnowice bei Breslau), wo Treffen von Literaturexpert:innen und -übersetzer:innen aus Polen (und darüber hinaus aus Mittel- und Osteuropa) stattfinden.[21]

Das Juliusz-Mieroszewski-Dialogzentrum in Warschau spielt ebenfalls eine wichtige Rolle bei der Veröffentlichung von Literatur über die Region (obschon eher akademischer als belletristischer Art). Bis 2022 firmierte diese Einrichtung als Zentrum für polnisch-russischen Dialog und Verständigung. Neben

---

20 Mehr dazu im Kapitel: Die Kompetenz polnischer Denkfabriken mit Blick auf Europas Osten.
21 Seminarium Archipelagos. In: kew.org.pl vom 23. Juli 2024, https://www.kew.org.pl/2024/07/23/serminarium-archipelagos/ (11.10.2024).

der Umbenennung bewirkte der Krieg in der Ukraine eine Veränderung der Thematik der Publikationen, an denen dort gearbeitet wird. Zwei davon aus den letzten Jahren sind besonders erwähnenswert. Die erste ist die Anthologie *Wojna 2022* (dt. Krieg 2022), die Auszüge aus den Tagebüchern, Essays und Gedichten von mehr als 40 zeitgenössischen ukrainischen Schriftsteller:innen und Romanautor:innen (wie Serhij Žadan, Jurij Andruchowytsch oder Kateryna Babkina) enthält. Bezüge auf den Krieg finden sich gleichfalls in einer anderen Publikation mit dem Titel *To jest dramat* (dt. Das ist ein Drama), die 10 Dramen enthält, von denen einige ein besseres Verständnis für das heutige Russland vermitteln. Nicht vergessen werden darf das Internationale Kulturzentrum in Krakau, das Bücher aus der Region veröffentlicht, die sich mit der Kultur und dem Erbe Mitteleuropas befassen. Dazu zählten *Ukraińskie światy Rzeczypospolitej* (dt. Ukrainische Welten der polnischen Adelsrepublik) der Kiewer Historikerin Natalia Startschenko oder *Ukraina. Wyrwać się z przeszłości* (dt. Die Ukraine. Ausbruch aus der Vergangenheit) des Historikers Jaroslaw Hrytsak. Georgiens Hauptstadt Tiflis und das ukrainische Odessa waren ebenso Gegenstand von Büchern. Zu der ukrainischen Hafenstadt am Schwarzen Meer fand zudem die Ausstellung »Odesa. Das lange zwanzigste Jahrhundert in der Kunst«[22] statt. Dass hierbei der Name der Stadt in der ukrainischen Version mit einem statt mit zwei s (so wie im Polnischen und Deutschen) geschrieben wurde, sollte symbolisch für den Bruch mit dem ehemaligen Zarenreich stehen. Zuvor wurden im IKK Antikriegsplakate ausgestellt, und schon vor der Invasion wurde ukrainischen Themen in dieser Einrichtung in großem Umfang Aufmerksamkeit geschenkt.

Eine große Rolle kommt dem Zentrum Pogranicze – sztuk, kultur, narodów[23] (dt. Grenzmark – der Künste, Kulturen und Nationen) zu, das seit 1990 im unweit der litauischen Grenze gelegenen Sejny besteht. Wie die Gründer auf ihrer Website ausführen, war der Anstoß zur Gründung des Zentrums ein Treffen mit dem polnischen Nobelpreisträger Czesław Miłosz, der aus der Gegend stammte. Die Hauptidee war der Aufbau einer Gemeinschaft von Menschen verschiedener Nationalitäten oder Kulturen. Daher organisiert das Zentrum Treffen für Jugendliche und Kinder aus der Region sowie für schöpferische Persönlichkeiten aus den Bereichen Kunst, Literatur und Musik, die dem weiteren Mittel- und Osteuropa zuzurechnen sind.

Nach dem Ausbruch des Krieges engagierte sich das Zentrum in großem Umfang für ukrainische Kunstschaffende, was sich unter anderem in der Veröffentlichung von Gedichten in der Reihe Bibliothek der ukrainischen Poesie (poln. Biblioteka Poezji Ukrainy) niederschlug. Rund um die Reihe fanden Treffen in

---

22 Wystawa »Odesa. Długi wiek XX w sztuce«. In: mck.krakow.pl vom 11. Oktober 2024, https://mck.krakow.pl/wystawa-odesa-dlugi-wiek-xx-w-sztuce (11.10.2024).
23 Die Website Pogranicze Sejny: https://www.pogranicze.sejny.pl/en/ (7.10.2024).

ganz Polen statt, etwa in Krakau, Warschau und Kattowitz. Diese Publikation wurde überdies im Kiewer Literaturmuseum vorgestellt. Das Zentrum bietet ein künstlerisches Residenzprogramm für Menschen aus der Ukraine und Belarus. Letzteres wird gemeinsam mit der Stiftung Genshagen und dem Belarusischen PEN-Club durchgeführt und von der Stiftung für deutsch-polnische Zusammenarbeit kofinanziert.

Es ist selbstredend ein schwieriges Unterfangen, alle Verlage zu beschreiben, die sich mit der Literatur der Region befassen. Daher lohnt ein Blick in die Jahresberichte der Polnischen Nationalbibliothek.[24] Als Bezugspunkt dient hierbei mit 2019 das letzte Jahr vor der Pandemie, gefolgt von den Jahren 2022 und 2023, die bereits die Zeit der Invasion in der Ukraine abdecken. 2019 betrug die Zahl der Übersetzungen aus dem Russischen das Fünffache der Übersetzungen aus dem Ukrainischen (107 zu 22). Das Belarusische wurde in der Statistik überhaupt nicht erfasst und unter »Sonstiges« aufgeführt. Betrachtet man den Gesamttrend, so waren 60 Prozent aller veröffentlichten fremdsprachigen Bücher Übersetzungen aus dem Englischen, je acht Prozent aus dem Deutschen und dem Französischen, fünf Prozent aus dem Italienischen, drei Prozent aus dem Japanischen und je zwei Prozent aus dem Norwegischen, Spanischen und Russischen (wobei es sich meist um russische Klassiker handelte). Für 2022 weist die Nationalbibliothek im Bericht 108 Übersetzungen aus dem Russischen und 23 aus dem Ukrainischen aus, also einen mit Blick auf das Vergleichsjahr fast unveränderten Stand.

Derweil stellen die Autoren des Berichts fest, dass die Zahl der in Polen in ukrainischer Sprache veröffentlichten Bücher deutlich gestiegen ist. Sie machten sechs Prozent aller fremdsprachigen Titel aus. Das sind ganze vier Prozentpunkte mehr als im Vorjahr. Drei Prozent entfielen auf Bücher in belarusischer Sprache. Man kann nur Vermutungen darüber anstellen, dass dies auf gewisse Probleme mit dem Druck in der Ukraine und – aufgrund der Zensur in Belarus – die faktische Unmöglichkeit zur Herstellung von Büchern in belarusischer Sprache zurückzuführen ist.

Die Nationalbibliothek verweist auf den kolossalen Anstieg der Zahl der Bücher (627 im Vergleich zu 479 im Vorjahr, ein Plus von 25 Prozent), die die Ukraine zum Gegenstand haben beziehungsweise ganz oder teilweise in ukrainischer Sprache erschienen sind (vor allem für Kinder, einschließlich Flüchtlinge) oder aus dem Ukrainischen übersetzt wurden beziehungsweise zur ukrainischen Literatur gehören. Im Bereich der anspruchsvollen Literatur war Oksana Zabužko sehr beliebt. Außerdem wurden in diesem Zeitraum nicht weniger als fünf Biografien

---

24   Die Nationalbibliothek ist eine staatliche Einrichtung, die Bücher und Zeitschriften sowie elektronische und audiovisuelle Publikationen sammelt, die in Polen sowie durch die Polonia und Polen im Ausland veröffentlicht werden.

über Präsident Wolodymyr Selenskyj veröffentlicht. Diese Zahlen zeugen von einem deutlich gestiegenen Interesse der polnischen Leser:innen an der Ukraine. Im Bericht für das Jahr 2023 sind wiederum 121 Übersetzungen aus dem Russischen, aber bereits 45 aus dem Ukrainischen aufgeführt. Wahrscheinlich ist das ein Ergebnis von Aufträgen, die erst nach Ausbruch des Krieges erteilt wurden. Ukrainische Verleger und Schriftsteller:innen stellen seit Jahren auf Buchmessen in Polen aus, darunter auf der wichtigsten in Warschau. Im Jahr 2023 war die Ukraine Ehrengast dieser Veranstaltung, und unabhängige belarusische Verleger (Wolna Białoruś) waren als besondere Gäste zur Buchmesse in Kattowitz geladen. All dies wurde von Begegnungen mit Schriftsteller:innen und Übersetzer:innen begleitet. Auch auf der Warschauer Messe des Historischen Buches, die 2022 ihr 30-jähriges Jubiläum feierte, waren ukrainische Verleger sowie unabhängige belarusische Verleger stark vertreten.[25] In diesem Rahmen wurde ein Salon des ukrainischen Buchs und ein Salon der unabhängigen belarusischen Verleger organisiert. Daneben mangelte es nicht an Debatten, die sich beispielsweise mit der ukrainischen Geschichte im polnischen Kontext oder mit Blick auf die russische Außenpolitik befassten. Die Große Hungersnot (Holodomor)[26] von 1932–1933 in der Sowjetukraine und die »polnische Operation«[27] des NKWD in den Jahren 1937–1938 wurden ebenfalls thematisiert. Vor diesem Hintergrund wurden Vergleiche der polnischen und der ukrainischen Erfahrung mit dem sowjetischen Totalitarismus angestellt. Leider waren ukrainische Verleger bei der Veranstaltung im darauffolgenden Jahr nicht mehr so zahlreich vertreten.

Die Ukraine war desgleichen auf dem Kinderliteraturfestival im September 2022 in Danzig und Krakau stark vertreten. Es gab Workshops für Kinder und eine Freiluftausstellung über ukrainische Wiegenlieder. Genauso wie bei der Messe des Historischen Buches zeichnete sich diese Veranstaltung im Folgejahr leider nicht durch ukrainische Akzente aus.

Musikfestivals

In Polen besteht seit Jahren ein großes Interesse an Volksmusik aus der Ukraine und Belarus. Viele Kulturschaffende sind davon überzeugt, dass sich dort jene

---

25 Targi Książki Historycznej. In: historiaikultura.pl, o. D., https://historiaikultura.pl/targi-ksiazki-historycznej-2022/ (11.10.2024).
26 Die Große Hungersnot von 1932–1933 war eine von den Moskauer Behörden künstlich herbeigeführte Nahrungsmittelkrise, in der Millionen Einwohner der Sowjetukraine umkamen. Polen erkennt diese Tragödie als Völkermord an.
27 Die »Polnische Operation« des NKWD richtete sich gegen die polnische Bevölkerung in der UdSSR. Mehr als 111 000 Polen wurden erschossen, beinahe ebenso viele wurden nach Sibirien deportiert – die Gesamtzahl der deportierten Polen belief sich auf 100 000.

authentische Kreativität erhalten hat, die in Polen von der in der kommunistischen Ära geförderten Pseudofolklore arg in Mitleidenschaft gezogen wurde. Aus diesem Grund sind Künstler:innen aus diesen Ländern zum Beispiel beim Festival »Neue Tradition« (Nowa Tradycja) in Warschau vertreten. Ein weiterer wichtiger Aspekt liegt in der Förderung der Musik nationaler Minderheiten in Polen durch diese Veranstaltung. »Der Wettbewerb enthält jedes Jahr Elemente der ukrainischen Kultur, die sich unter anderem auf die Kultur der ukrainischen Minderheit beziehen«, sagte mir Mariana Kril, Journalistin beim Polnischen Radio für die Ukraine und beim Rundfunk-Volkskulturzentrum (Radiowe Centrum Kultury Ludowej). Die Ausgabe des Jahres 2022 hatte aufgrund des russischen Angriffskriegs einen außergewöhnlichen Charakter. Ein Konzert im Zweiten Programm des Polnischen Radios wurde komplett auf Ukrainisch durchgeführt. Für ukrainische Flüchtlinge war der Eintritt kostenlos.

Erwähnenswert ist zusätzlich das seit 2008 in Posen stattfindende Festival »Ukrainischer Frühling« (Ukraińska Wiosna). Obgleich es sich nicht um eine reine Musikveranstaltung handelt, bemühen sich die Organisatoren stets darum, einen Star der ukrainischen Szene einzuladen. So waren beispielsweise Jamala (Susana Camaladinova) oder die Rapperin Alyona Alyona (Aljona Sawranenko) hier zu Gast. Anders als der Name vermuten lässt, fand das Festival in den letzten Jahren eher im Herbst statt, wobei nicht nur die erwähnten Konzerte, sondern auch Begegnungen, Aufführungen, Diskussionen und eine Buchmesse auf dem Programm standen – anders ausgedrückt, so ziemlich alles, was Menschen anzieht, die sich für die Ukraine interessieren.[28]

Ein weiteres Kulturfestival ist »Osten/Sonnenaufgang der Kultur« (Wschód Kultury – das Wort »wschód« bedeutet auf Polnisch sowohl die Himmelsrichtung als auch Sonnenaufgang). Es findet in drei Städten – Lublin, Rzeszów und Białystok – zu unterschiedlichen Terminen statt und konzentriert sich auf die Kultur der Länder der Östlichen Partnerschaft (Armenien, Aserbaidschan, Belarus, Georgien, Moldau und die Ukraine). Diese Liste wird ständig erweitert. So gab es beispielsweise während des letzten Festivals »Osten/Sonnenaufgang der Kultur – Eine andere Dimension« (Wschód Kultury – Inny Wymiar, in Białystok) Veranstaltungen, die vom Rumänischen Kulturinstitut in Warschau organisiert wurden. In Rzeszów traten hingegen die ukrainische Rockband Antytila und die wohl bekannteste belarusische Elektrokünstlerin Palina auf.[29]

Im Übrigen existieren Festivals, die für eine bestimmte Kultur organisiert werden, wie das JarmaRock Fest, das 2024 zum 48. Mal stattfand. Dort kann man

---

28 Die Informationen stammen aus dem Programm des Festivals, das auf der Website https://poznajsasiada.org abrufbar ist (11.10.2024).
29 Die Informationen stammen von der Website des Festivals unter: https://www.nck.pl/projekty-kulturalne/projekty/wschod-kultury (11.10.2024).

ukrainische Gruppen aus Polen und der Ukraine hören. Auch die Łemkowska Watra (dt. Lagerfeuer der Lemken[30]) im kleinpolnischen Zdynia hat eine mehr als 40-jährige Tradition. Ferner gibt es belarusische Festivals wie Soncahraj und Tutaka.

Natürlich ist die volkstümliche Musik nicht das einzige lebendige Genre in Polen. Das Festival für zeitgenössische Musik Warszawska Jesień (dt. Warschauer Herbst) mag zwar völlig losgelöst vom aktuellen Geschehen erscheinen, doch das ist mitnichten der Fall. Im Jahr 2024 entschlossen sich die Organisatoren zu einem ziemlich gewagten Schritt: Auf der Bühne des Konzertes »My i oni?« (dt. »Wir und sie?«) im Konzertstudio des Polnischen Rundfunks in Warschau wurden Werke zweier Künstler aufgeführt: des 27-jährigen Ukrainers Jurij Pikuš aus Lemberg und des 52-jährigen aus Moskau gebürtigen Russen Sergej Newski, der seit Jahrzehnten im Ausland lebt. Obwohl Newski erklärt, dass er ein Gegner von Wladimir Putin ist und daher den Krieg in der Ukraine ablehnt, werden derartige Auftritte in der Ukraine scheel angesehen. Die Ukrainer treibt die Furcht um, dass die sogenannten guten Russen im Grunde die gleichen Imperialisten sind wie ihre die Politik des Kremls unterstützenden Landsleute, mit dem einzigen Unterschied, dass sie sich zum Liberalismus bekennen. Jurij Pikuš geht jedoch von einer ähnlichen Prämisse aus wie Jurij Andruchowytsch: Die Stimme der Ukraine muss überall ertönen, egal wo oder wann.

Ukrainische Akzente, wenngleich in geringem Ausmaß, fanden sich auf einer Veranstaltung ganz anderer Natur – dem großen Rockfestival Pol'and'Rock Festival.[31] Im Jahr 2022 stand es unter dem Motto »Nein zum Krieg!«. Während der Eröffnungszeremonie wurde den ukrainischen Soldaten Tribut gezollt. »Ukrainer, wir stehen an Eurer Seite«, sagte der Festival-Organisator Jerzy Owsiak.[32] Während eines Auftritts der Band Jinjer aus dem Donbas hielt das Publikum gelbe und blaue Karten hoch, die die Flagge der Ukraine bildeten. Das Jahr 2022 war reich an solchen Gesten der Unterstützung.

---

30 Die Lemken sind eine der vier gesetzlich anerkannten ethnischen Minderheiten in Polen. Bei ihnen handelt es sich um eine ostslawische Volksgruppe, die sich entweder als Teil des ruthenischen oder ukrainischen Volks identifiziert. Nach dem Zweiten Weltkrieg wurden sie aus ihrer angestammten Heimat in den Beskiden und im Bieszczady-Gebirge in die UdSSR beziehungsweise in entferntere nördliche und westliche Gebiete Polens (also die »wiedergewonnenen«, vormals deutschen Ostgebiete) umgesiedelt.

31 Das Pol'and'Rock Festival ist ein Musikfestival, das von der Stiftung Großes Orchester der Weihnachtshilfe (Fundacja Wielka Orkiestra Świątecznej Pomocy) organisiert wird. Es ist als Ausdruck des Danks an all jene Polen gedacht, die eine seit 1992 stets im Januar organisierte große Wohltätigkeitsaktion unterstützen. Während der Aktion werden Gelder zur Verbesserung des Gesundheitssystems gesammelt.

32 »Oficjalnie rozpoczęliśmy 28. Pol'and'Rock Festival«. In: YouTube vom 4. August 2022, https://youtu.be/FEkqhY-oulY?si=1vZXVbJEmrADLsb9 (11.10.2024).

Ausblick

Ein zusammenfassender Blick auf die Präsenz der osteuropäischen Kultur in Polen offenbart, dass die Ukraine bei kulturellen Veranstaltungen lediglich im Rahmen einer Geste gegenüber dem sich verteidigenden Land zu Beginn des russischen Angriffskriegs auftauchte. Das Gleiche galt für die Belarusen, die sich den diktatorischen Maßnahmen von Alexander Lukaschenko entgegenstellten. Die Polen schwelgen beim Anblick dieser Art von antiimperialistischem Aufstand gerne in den Erinnerungen an ihren eigenen Kampf gegen das russische Imperium und später an den Widerstand gegen die UdSSR.

Trotz dieses unsteten, von der politischen Konjunktur abhängigen Charakters bestand der positive Effekt darin, dass die ukrainische und die belarusische Kultur stärker auf dem polnischen Markt präsent waren. Man kann gewiss davon ausgehen, dass diejenigen, die auf der Welle des allgemeinen Interesses an diesen Ländern zu diesen Veranstaltungen kamen, dabeigeblieben sind. Ganz zu schweigen von den Fachleuten, die dadurch einen leichteren Zugang zur Kultur dieser Länder haben.

Die Frage nach der zeitgenössischen russischen Kultur erübrigt sich gegenwärtig. Solange Russland seine Aggression gegen die Ukraine nicht einstellt, wird es für sie ganz offensichtlich keinen Platz in Polen geben. Abgesehen von ihren wenigen Vertretern, die sich in extremer Opposition zum Kreml befinden.

Allerdings muss man zugeben, dass in den letzten Monaten Werke der russischen Kultur auf Plakaten zu sehen und sogar in Radiosendern zu hören waren, aber das gilt nur für die Klassiker. Nach wie vor gibt es auch Platz für russische Künstler, die das Regime Putins entschieden ablehnen. So trat zum Beispiel die legendäre russische Rockband DDT am 25. März 2025 in Warschau auf.

Die ukrainische und die belarusische Kultur werden in Polen weiterhin präsent sein, allerdings höchstwahrscheinlich nur für diejenigen, die gezielt nach ihnen suchen und sich für sie interessieren. Obwohl sie weithin zugänglich sind, haben die sogenannten »Durchschnittszuschauer« kein Interesse an ihnen. Darüber hinaus ist absehbar, dass mit dem Ende des russischen Angriffskriegs in der Ukraine und der Rückkehr eines Teils der Flüchtlinge in ihre Heimat die Zahl der ukrainischen Künstler:innen, die in Polen auftreten, zurückgehen wird. Ein ähnlicher Prozess wird wahrscheinlich auch bei den Belarusen zu beobachten sein, sollte es in Minsk zu einem Machtwechsel kommen.

Das Potenzial von Migration und Minderheitengemeinschaften für die Osteuropakompetenz

Magdalena Lachowicz

Dieses Kapitel befasst sich mit der Rolle von Migrant:innen und Minderheitengemeinschaften im gesellschaftlichen und politischen Leben in Polen und insbesondere den damit verbundenen Auswirkungen auf den Umgang mit Ostfragen in Polen. Im Rahmen seiner Transformation hat Polen in diesem Bereich nicht immer die angestrebten politischen Ergebnisse erzielt, aber das Niveau des gesellschaftlichen Dialogs war durchweg hoch. In Polen wurde das Wissen über Osteuropa im Laufe der Jahre gestärkt, obwohl statistisch gesehen der Anteil der nationalen und ethnischen Minderheiten an der Gesamtbevölkerung relativ gering ist. Die Zusammenarbeit staatlicher Stellen mit den großen Gemeinschaften traditioneller belarusischer, ukrainischer und russischer Minderheiten schafft wiederum ein Wissenspotenzial für Europa und internationale Organisationen. Im Folgenden wird der Versuch unternommen, die wichtigsten Herausforderungen, Erfolge und Handlungsfelder, einschließlich der Osteuropakompetenz, für den Zeitraum 1989–2024 bei der Verwirklichung der Minderheitenrechte zu bewerten und zu charakterisieren. Die Entwicklungen der Zeit nach 1945, dabei besonders die Verschiebung der Ostgrenze Polens und die Folgen des Holocausts in den Gebieten der Zweiten Republik, hatten Auswirkungen auf die Situation der Nationalitäten in Polen. Aufgrund der territorialen Veränderungen der Nachkriegszeit verringerte sich die Fläche Polens auf 311 730 km². Das polnische Territorium verlagerte sich insgesamt nach Westen, die Grenzlinien verkürzten sich um 35 Prozent (von 5548 km im Jahr 1938 auf 3556 km im Jahr 1946). Die polnische Ostgrenze der Nachkriegszeit verlief hauptsächlich entlang des Flusses Bug. Infolge des Zweiten Weltkriegs und der anschließenden Grenzverschiebungen und Migrationsbewegungen erlebte Polen tiefgreifende demografische Veränderungen. Nach heutigem Kenntnisstand kamen zwischen 1939 und 1945 etwa 5 220 000 polnische Staatsbürger ums Leben[1], was dramatischen 22 Prozent der Vorkriegsbevölkerung entspricht. In dieser Zahl sind

---

1 Konrad Wnęk: Straty demograficzne Polski w czasie II Wojny światowej poniesione z powodu działań niemieckich, In: Raport o stratach poniesionych przez Polskę w wyni-

die Verluste der jüdischen Bevölkerung inbegriffen, die sich auf 2 700 000 bis 2 900 000 Menschenleben beliefen. Eine Folge der Grenzverschiebungen waren Abkommen über einen Bevölkerungsaustausch mit der ukrainischen, der litauischen und der belarusischen Sowjetrepublik. Auf ihrer Grundlage kamen fast 1 500 000 Menschen aus dem Osten nach Polen, während etwa 480 000 Ukrainer und 36 000 Belarusen gen Osten ausgesiedelt wurden. Die Ukrainische Aufständische Armee (UPA) reagierte mit verstärkten militärischen Aktionen auf die Zwangsaussiedlung der ukrainischen Bevölkerung, die in eine vom polnischen Staat initiierte Deportationsaktion der ukrainischen Bevölkerung unter dem Namen Aktion Weichsel mündete. Sie bestand in der Umsiedlung der verbliebenen Ukrainer in die nördlichen und westlichen Woiwodschaften Polens. Bis Juli 1947 wurden etwa 150 000 Ukrainer ausgebürgert. Bereits zwischen 1944 und 1949 fand eine teilweise Repatriierung und Wiederauswanderung statt. Zwar verlor Polen das Olsaland[2] an der polnisch-tschechoslowakischen Grenze, gemäß den Bestimmungen der Potsdamer Konferenz gewann es hingegen einen breiten Streifen westlicher Gebiete mit einer Grenze an der Oder und der Lausitzer Neiße.[3] Am 13. September 1945 wurde das Ministerium für die Wiedergewonnenen Gebiete eingerichtet. Die Aktivitäten des neuen Ministeriums konzentrierten sich auf die rasche Aussiedlung der deutschen Bevölkerung und die effiziente Durchführung einer Besiedlungskampagne. Insgesamt kamen etwa 4 700 000 neue Einwohner in die Wiedergewonnenen Gebiete, davon etwa 2 900 000 aus Zentral- und Südpolen, 1 500 000 aus der UdSSR und jeweils etwa 50 000 aus Frankreich und Deutschland.[4]

Diese Prozesse haben die Zusammensetzung der Bevölkerung Polens fundamental verändert. Bis zum Ausbruch des Zweiten Weltkriegs war Polen ein

---

ku agresji i okupacji niemieckiej w czasie II wojny światowej 1939–1945, Konrad Wnęk (Hrsg.), Instytut Strat Wojennych im. Jana Karskiego, S.113

2   Das Olsaland war ein hauptsächlich von polnischsprachigen Menschen bewohntes Gebiet, das nach dem Ersten Weltkrieg der damaligen Tschechoslowakei zugesprochen wurde. Polen besetzte es 1938 nach dem Münchner Abkommen, in dessen Folge die tschechoslowakische Regierung Gebietsabtretungen an Deutschland anerkennen musste.

3   Die Fläche der Wiedergewonnenen Gebiete beträgt 101 000 km², was fast ein Drittel der Fläche Polens ausmacht. Der Status und die Zugehörigkeit der Wiedergewonnenen Gebiete wurde auf Basis bilateraler Abkommen geregelt: durch den als Görlitzer Abkommen bekannten Grenzvertrag mit der DDR aus dem Jahre 1950, den Vertrag zwischen der Bundesrepublik Deutschland und der Volksrepublik Polen über die Grundlagen der Normalisierung ihrer gegenseitigen Beziehungen (Warschauer Vertrag) von 1970 und schließlich den deutsch-polnischen Grenzvertrag vom 14. November 1990, mit dessen Unterzeichnung die Oder-Neiße-Grenze endgültig anerkannt wurde.

4   Ustalenie nowego przebiegu granic. In: Zintegrowana Platforma Edukacyjna Ministerstwa Edukacji Narodowej, o. D., https://zpe.gov.pl/a/przeczytaj/DIyyeetTy (10.10.2024).

Vielvölkerstaat. Untersuchungen belegen, dass vor dem Krieg 14–15 Prozent der polnischen Bürger ukrainischer Herkunft waren, 9–10 Prozent jüdischer Abstammung, dazu kamen 2–5 Prozent Belarusen und 2–4 Prozent Deutsche.[5] Die letzte Volkszählung in der Volksrepublik Polen, bei der auch nach der Nationalität der Befragten gefragt wurde, fand am 14. Februar 1946 statt. Sie ergab, dass von den 23 928 757 Einwohnern 20 520 178 (beinahe 86 Prozent) Polen waren, 2 288 300 (9,5 Prozent) erklärten sich als Deutsche, 399 526 (1,7 Prozent) gaben eine »sonstige« Nationalität an, 304 322 (1,3 Prozent) waren von unbestimmter Nationalität, während bei 417 431 (1,7 Prozent) ein Feststellungsverfahren durchgeführt wurde. Bei allen späteren Zahlen handelt es sich lediglich um Schätzungen.[6]

Nach 1944 übernahmen die Kommunisten die Macht unter der Losung, einen ethnisch homogenen Staat zu schaffen. Sie bemühten sich um eine auf Assimilation und eine endgültige Lösung von Nationalitätenkonflikten gerichtete Homogenisierungspolitik. In Bezug auf die litauischen, belarusischen und ukrainischen Minderheiten spiegelte die Politik des polnischen Staates weitge-

---

5   Die Schwierigkeiten bei der genauen Ermittlung von Daten sind darauf zurückzuführen, dass es keine überprüfbaren Statistiken gibt. Die vor dem Krieg durchgeführten Volkszählungen ergaben oft ein verfälschtes Bild der Realität, da sich die Bevölkerung weigerte, ihre Herkunft anzugeben, oder die Volkszählung offensichtlich boykottierte, wie es bei der ukrainischen Bevölkerung 1921 der Fall war. Vgl. Mniejszości narodowe w II RP – trudności młodego państwa. II Wojna Światowa. In: warhist.pl, o. D., https://warhist.pl/polska/trudnosci-mlodego-panstwa/ (9. 10. 2024).

6   Vgl. Andrzej Szczepański: Ewolucja polityki etnicznej w Polsce w latach 1944–1989. In: Wrocławskie Studia Politologiczne Nr. 28/2020, S. 164–174, hier S. 165. Im Dokument des Statistischen Zentralamtes der Republik Polen (Główny Urząd Statystyczny, GUS) über die Allgemeine Zusammenfassende Volkszählung vom 14. Februar 1946 heißt es, dass die Tabelle »Bevölkerung gemäß Einteilung in Nationalitäten« aus folgenden Gründen nicht die nationale Zusammensetzung der polnischen Bevölkerung widerspiegelt: seit der Volkszählung laufende 1) Repatriierung von Deutschen aus Polen nach Deutschland; 2) Repatriierung von Polen aus dem Osten und Westen; 3) Umsiedlungsaktion der ukrainischen, weißrussischen und litauischen Bevölkerung; und 4) Umsiedlungsaktion in die Wiedergewonnenen Gebiete aus den vormaligen polnischen Gebieten. Insgesamt verließen vom Zeitpunkt der Volkszählung bis zum 31. Dezember 1946 1 616 555 Deutsche Polen. Vgl. Powszechny Sumaryczny Spis Ludności z dn. 14. II 1946 r. In: Główny Urząd Statystyczny Rzeczpospolitej Polskiej: STATYSTYKA POLSKI, Reihe D, H. 1, Warschau 1947, S. 1–125, hier S. XVI (17). Die Prozentzahlen wurden gerundet, die Angaben des GUS sind uneinheitlich. Das GUS gab jedoch keine Ergebnisse zur Frage aller Nationalitäten bekannt. Der Bericht des GUS wies nur Polen zusammen mit Personen aus, die zum Zeitpunkt der Volkszählung überprüft oder rehabilitiert waren, Personen, für die ein Rehabilitations- oder Überprüfungsverfahren anhängig war, Deutsche und sogenannte sonstige Nationalitäten. Die Frage nach der Nationalität tauchte in Polen im 20. Jahrhundert nur bei zwei Volkszählungen (1921 und 1946) auf.

hend die Haltung der zentralen sowjetischen Behörden gegenüber diesen Nationalitäten in der UdSSR wider; in Bezug auf die Deutschen war sie zumeist eine Folge der nationalsozialistischen Besatzungspolitik auf polnischem Boden in den Jahren 1939–1945. Die Juden wurden vom Regime als natürliche Verbündete im Kampf gegen den Faschismus behandelt.[7] Auf den Krieg folgte eine Phase der beschleunigten Assimilationspolitik, einschließlich der Ausweisung von Deutschen und Ukrainern oder der Schließung belarusischer Schulen. Die Nachkriegspolitik der Kommunisten trug polarisierende Züge, indem sie eine Vielzahl von Restriktionen, Repressionen und Beschränkungen gegen die Deutschen einführte, während sie gleichzeitig versuchte, die Unterstützung der Schlesier, Kaschuben, Masuren, Ermländer und Pommern zu gewinnen. Die Praxis der Umsetzung dieser Politik war allerdings kontraproduktiv.[8] Die Belarusen wurden im Übrigen als stabilisierender Faktor in der Region Białystok betrachtet. In den folgenden Phasen der Entwicklung des kommunistischen Regimes in Polen, in der Zeit der Stalinisierung nach 1948, wurden wiederum die Methoden geändert. Zu jener Zeit wurde die institutionelle, sprachliche und kulturelle Entwicklung der nationalen Minderheiten einer vollständigen Kontrolle unterworfen. Ab 1951 wurden Organisationsformen des kulturellen Lebens geschaffen und das Bildungs- und Pressewesen in den Minderheitensprachen initiiert, selbstredend in Kooperation mit dem Partei- und Staatsapparat. Nach dem Tod von Josef Stalin begann 1956 eine kurzlebige Phase der Liberalisierung und alsbald ein erneuter Rückfall in den Kampf gegen den Revisionismus, wodurch das Nationalitätenproblem in Polen stark an den Rand gedrängt wurde. Die Wirksamkeit der kommunistischen Assimilationspolitik war erheblich, wobei auch die Rolle der Migration in den 1980er und 1990er Jahren nicht vernachlässigt werden darf. Nach 1989 erklärten sich daher viele Bürger mit nichtpolnischen Wurzeln als Polen (bei den Volkszählungen seit 2002).[9] Das Potenzial für die Einwirkung nationaler Minderheiten auf die innenpolitische Ebene ist freilich erhalten geblieben. Insbesondere die komplexe historische Erfahrung der Zweiten Polnischen Republik und der Nachkriegszeit sorgt dafür, dass die polnische Osteuropakompetenz in Europa ihresgleichen sucht.

Von besonderem Interesse sind Initiativen, bei denen Vertreter nationaler und ethnischer Minderheiten an der Ausarbeitung gesetzlicher Lösungen mitwirken, also an der Neugestaltung des Rechtssystems beteiligt sind. Dazu gehören:

---

7 Eugeniusz Mironowicz: Komunizm a mniejszości narodowe w Polsce po II wojnie światowej. In: Joanna Sadowska (Hrsg.): Dziedzictwo komunizmu w Europie Środkowo-Wschodniej, Białystok 2008, S. 103–113, hier S. 104.
8 Ebenda, S. 105.
9 Die Volks- und Wohnungszählung aus dem Jahre 2002 ergab einen Anteil von 471 500 Einwohnern mit nichtpolnischer Staatsangehörigkeit.

die Vorbereitung und Umsetzung des Gesetzes über nationale und ethnische Minderheiten in Polen, die Teilnahme an Konsultationsprozessen zu Sondergesetzen und bei Gesetzentwürfen im Bereich der Bildung und Entwicklung von Minderheiten und Migranten sowie die Schaffung eines positiven Images und die Überwachung der Umsetzung von Rechten. Die gesetzlichen Lösungen und Projekte sollen zwei unterschiedlichen Gruppen zugleich dienen: den nationalen und ethnischen Minderheiten und den Migranten/Ausländern. Umgekehrt stärken starke Gemeinschaften die Qualität und den Umfang der polnischen Osteuropakompetenz für die Region.

Zahlenmäßige Größe der nationalen und ethnischen Minderheiten und der Ausländer in Polen

Menschen mit einer anderen nationalen Identität als der polnischen können in zwei Gruppen eingeteilt werden: in nationale und ethnische Minderheiten einerseits und Ausländer/Migranten andererseits. Im ersten Fall kann die Zahl der Einwohner mit einer anderen als der polnischen Identität auf der Grundlage der Volkszählung von 2021 bestimmt werden. Gemäß diesen Daten machen sie insgesamt nur 1 339 600 Personen aus (was 3 Prozent der Bevölkerung entspricht). In der national-ethnischen Struktur, die sich aus der freiwilligen Deklaration von Nationalität und Sprache im Jahr 2021 ergibt, ist die ukrainische Gemeinschaft mit 79 400 Personen vertreten, die belarusische mit 54 300, die russische mit 14 800, die deutsche mit 132 500, die englische mit 48 700 und die amerikanische mit 25 100. Die Daten zu den Ausländern stammen wiederum aus den Registern für Aufenthaltsgenehmigungen und Arbeitserlaubnisse. Im Januar 2021 besaßen nur 460 000 Ausländer eine Aufenthaltsgenehmigung in Polen, und die zunehmende Dynamik betraf vor allem Bürger aus der Ukraine und Belarus – hier änderte sich das Migrationsmodell allmählich von einer vorübergehenden zu einer dauerhaften Migration. Die wachsende Zahl von Menschen dieser Nationalitäten bis zum Jahr 2022 führte nicht zu Debatten über die Notwendigkeit einer Umgestaltung der Sozialpolitik in den Bereichen Bildung und Sozialhilfe beziehungsweise im Hinblick auf eine zügige Anpassung an den Arbeitsmarkt. Vielmehr waren Gesetzesänderungen darauf gerichtet, den Anforderungen des polnischen Arbeitsmarktes zu entsprechen und Arbeitgeber bestimmter Wirtschaftszweige beim Schließen von Arbeitskräftelücken zu unterstützen. Die summarischen Daten für das Jahr 2020 zeigen, dass die Mehrheit der erteilten Aufenthaltsgenehmigungen mit einer Arbeitstätigkeit zusammenhängt – im Jahr 2020 betraf dies ganze 76 Prozent der Ausländer. In diesem Zusammenhang ist eine starke Konzentration von Ausländern in jenen Woiwodschaften feststellbar, in denen sich die größten urbanen Zentren befinden. Am stärksten vertreten waren die Woiwodschaften Masowien (Warschau) mit 119 000, Kleinpolen (Krakau) mit 52 000, Großpolen (Posen) mit 41 000 und Niederschlesien (Breslau) mit 37 000 Personen. Etwa 60 Prozent der Ausländer mit gültiger Aufenthaltsgenehmigung gehörten zur Altersgruppe zwischen 18 und 40 Jahren, wohingegen etwa 4 Prozent über 60 Jahre alt waren. Diese Regionen und Städte entwickelten sich seit dem Jahr 2022 zum vorrangigen Ziel von Kriegsflüchtlingen aus der Ukraine und zu den Gebieten, in denen die ukrainische Diaspora tatsächlich wirksam aktiv war.

Im Jahr 2022 setzte bekanntlich infolge der russischen Aggression gegen die Ukraine ein heftiger Migrationsschub ein. Die Bevölkerungsströme sind aufgrund der hohen Migrationsdynamik, wegen der Gesetzesänderungen in der EU, in Polen, in der Ukraine und in den Nachbarländern sowie mit Blick auf das Fehlen einer vollständigen Dokumentation in den Woiwodschaften nur schwer nachzuvollziehen. Bei der Ermittlung des Potenzials lohnt sich erneut ein Blick auf die Arbeitsmarktdaten. Im Juni 2024 verzeichnete die polnische Sozialversicherungsanstalt (Zakład Ubezpieczeń Społecznych, ZUS) 1 160 000 Ausländer, unter denen Ukrainer (771 000), Belarusen (134 000) und Georgier (27 200) die größten Gruppen bildeten. Den Daten der ZUS zufolge waren die meisten Ausländer in ihrer 1. Zweigstelle in Warschau versichert: 145 030. Auf den weiteren Plätzen folgten die Zweigstelle in Breslau (86 059), die 3. Zweigstelle in Warschau (79 075), die Zweigstelle in Krakau (73 481) und die Zweigstelle in Danzig (69 992). Es sind im Wesentlichen Menschen im Haupterwerbsalter (25–49 Jahre), die zu Arbeitszwecken nach Polen kommen, wobei die meisten Erwerbstätigen mit ausländischem Pass zwischen 30 und 39 Jahre alt sind. Der Anteil der Ausländer an der Gesamtzahl der Versicherten in Polen nimmt stetig zu.

Bei der Zusammenstellung der Daten zeigen sich deutliche quantitative und qualitative Unterschiede in der Art der durch das Rechtssystem garantierten Rechte und Pflichten. Dies hat spezifische Auswirkungen auf die aktuelle Situation. Erstens könnte es gut sein, dass die Angehörigen der ukrainischen und der belarusischen Diaspora analoge Rechte für ihre Landsleute beanspruchen; zweitens lassen sich in sozialer Hinsicht neuralgische Gebiete identifizieren; und drittens fungieren Fachwissen und Dialog auf staatlicher, regionaler und lokaler Ebene als ein System kommunizierender Röhren und helfen bei der Entwicklung von Problemlösungsinstrumenten, der Erstellung kommunaler und nationaler Strategien sowie der Formulierung von Empfehlungen für die öffentliche Politik.

Analyse der Rechte der nationalen Minderheiten in Polen im Rahmen des Rechtssystems

Das Rechtssystem für den Schutz nationaler Minderheiten in Polen wurde nach 1997 im Zuge der Übernahme und Umsetzung internationaler Verpflichtungen geschaffen und in die polnische Verfassung aufgenommen. Mit dem Gesetz über nationale Minderheiten von 2005[10] wurde die Definition einer nationalen Minderheit eingeführt. Sie bezieht sich auf eine Gruppe polnischer Bürger, die zahlenmäßig kleiner ist als die polnische Mehrheit und ihre eigene Sprache, Kultur oder Traditionen besitzt, sich ihrer eigenen historischen nationalen Gemeinschaft bewusst und auf deren Ausdruck und Schutz bedacht ist sowie sich mit der in ihrem eigenen nationalen Staat organisierten Nation identifiziert und Vorfahren hat, die seit mindestens 100 Jahren auf dem heutigen Territorium der Republik Polen leben. Folglich besteht in Polen eine geschlossene Liste von nationalen Minderheiten, die die oben genannten Kriterien erfüllen: die belarusische, tschechische, litauische, deutsche, armenische, russische, slowakische, ukrainische und jüdische Minderheit. Roma, Karäer, Lemken und Tataren sind jeweils als ethnische Gruppe anerkannt (also ohne einen Bezugsstaat zu haben).[11] In Polen war das Problem des Schutzes von Minderheitensprachen durchweg eine der schwierigsten Fragen im Zusammenhang mit dem rechtlichen Status der einzelnen nationalen und ethnischen Gruppen. Die Verfassung der Republik Polen erkennt zwar Polnisch als Amtssprache an, verletzt indes nicht die Rechte nationaler Minderheiten aus ratifizierten internationalen Abkommen. Weitere Rechtsakte schützen die religiösen Rechte und Praktiken, die Autonomie der Kirchen und religiösen Vereinigungen sowie das Recht nationaler und ethnischer Minderheiten auf Bildung und den Gebrauch ihrer Sprache, einschließlich Regionalsprachen.[12]

Das Gesetz über nationale und ethnische Minderheiten und Regionalsprachen räumte den in Polen lebenden nationalen und ethnischen Minderheiten die Möglichkeit ein, ihre Nachnamen in der Originalschreibweise zu verwenden, bei ihren Kontakten mit der staatlichen Verwaltung die Unterstützung eines Übersetzers und von Übersetzungen in Anspruch zu nehmen und zusätzliche traditionelle Ortsnamen in der Minderheitensprache zu verwenden. Letzteres wurde jedoch an ein quantitatives Kriterium gebunden: Zweisprachige Ortsna-

---

10 Ustawa z dnia 6 stycznia 2005 r. o mniejszościach narodowych i etnicznych oraz o języku regionalnym (Gesetz vom 6. Januar 2005 über nationale und ethnische Minderheiten sowie Regionalsprachen; Gesetzblatt der Republik Polen 2017 Pos. 823).
11 Ebenda.
12 Ustawa z dnia 7 października 1999 r. o języku polskim (Gesetz vom 7. Oktober 1999 über die polnische Sprache; Gesetzblatt der Republik Polen 2021 Pos. 672).

men bedürfen einer Mindestbevölkerung von 20 Prozent für den infrage kommenden Ort. Von Bedeutung im Bildungsbereich sind die Bestimmungen des Gesetzes über das Bildungssystem von 1991 und die Verordnung des Ministers für nationale Bildung vom 30. August 2017 über die Bedingungen und die Art und Weise, in der öffentliche Kindergärten, Schulen und Einrichtungen Aufgaben wahrnehmen, die es Schüler:innen aus nationalen und ethnischen Minderheiten sowie regionalsprachigen Gemeinschaften ermöglichen, ihr Gefühl der nationalen, ethnischen und sprachlichen Identität zu bewahren. Die Einrichtungen nehmen diese Aufgaben wahr, indem sie Unterricht in der Sprache der nationalen oder ethnischen Minderheit und der Regionalsprache sowie Unterricht in ihrer eigenen Geschichte und Kultur erteilen (die Dauer des Unterrichts ist begrenzt).[13] Die Garantie des Gebrauchs der Minderheitensprache im öffentlichen Raum und der Meinungsäußerung sowie der Bereitstellung und des Empfangs von Informationen in der Minderheitensprache spiegelt sich in den Bestimmungen wider, die nationalen Minderheiten den Zugang zu öffentlichen Medien ermöglichen.[14] Im Unterschied dazu werden diese Rechte Migranten derselben Volkszugehörigkeit verwehrt.

In Anbetracht der Tatsache, dass in Polen eines der wichtigsten gesetzlichen Kriterien für die Zugehörigkeit zu einer Minderheit die polnische Staatsbürgerschaft ist,[15] sollte die rechtliche Stellung der genannten Minderheiten klar von der umfassenderen (und nicht selten davon abweichenden) Problematik von Flüchtlingen und Migranten unterschieden werden, die auf polnischem Staatsgebiet ankommen, was vor allem als Folge des russischen Einmarsches in der Ukraine am 24. Februar 2022 von Belang ist. Diese Debatte betrifft in erster Linie die Maßnahmen der polnischen Regierung gegenüber den ukrainischen, belarusischen und russischen Personengruppen. Das polnische Fachwissen zu öffentlichen Politiken in gesellschaftlichen Schlüsselbereichen wie Bildung, Gesundheitsfürsorge, nationale Sicherheit und Sozialmaßnahmen wird durch den Dialog (beziehungsweise das Fehlen eines solchen) mit nationalen Minderheiten, Wissenschaftlern und Akteuren des dritten Sektors geprägt. Das horizontal ausgerichtete Netz der nichtstaatlichen Akteure ist eine wichtige Ressource für die Durchführung einer wirksamen gesellschaftlichen Strategie zur Verwirk-

---

13 Rozporządzenie Ministra Edukacji Narodowej z dnia 30 sierpnia 2017 r. w sprawie kształcenia ustawicznego w formach pozaszkolnych (Erlass des Ministers für nationale Bildung vom 30. August 2017 über des lebenslange Lernen in außerschulischen Bereichen; Gesetzblatt der Republik Polen 2017 Pos. 1632).

14 Art. 21 Abs. 1 Pkt. 8a des Gesetzes vom 29. Dezember 1992 über den Rundfunk und das Fernsehen (ustawa z dnia 29 grudnia 1992 r. o radiofonii i telewizji; Gesetzblatt der Republik Polen 2022 Pos. 1722).

15 Art. 2 Abs. 1 und 3 des Gesetzes vom 6. Januar 2005 über nationale und ethnische Minderheiten sowie Regionalsprachen.

lichung jener Rechte, die durch internationale und nationale Verpflichtungen und Vorschriften garantiert werden. Gewisse Probleme ergeben sich in sozial sensiblen Bereichen wie der Sprachenpolitik oder der Religionsfreiheit. Derzeit steht Polen als Einwanderungsland nicht nur vor der enormen Herausforderung der Entwicklung einer Migrationspolitik, sondern muss zugleich die Rechte nationaler und ethnischer Minderheiten sowie regionaler Gruppen sichern, die von außerhalb Polens – hauptsächlich aus der Ukraine und Belarus – ins Land kommen (einschließlich der Krimtataren). Ein Blick auf die unterschiedliche demografische und nationale Zusammensetzung dieser Länder macht die Tragweite der gegenwärtigen Situation anschaulich.

Die Rolle von Aktivisten, Fachleuten und Verbänden nationaler und ethnischer Minderheiten und ihr Beitrag zur öffentlichen Meinungsbildung und polnischen Innenpolitik

In den letzten drei Jahrzehnten hat die Rolle der Expert:innen für Minderheitenfragen in Polen auf der Ebene der zentralen Steuerung der Nationalitäten- und Kulturpolitik zugenommen. In der Arbeit des polnischen Parlaments bestand eine erhebliche Nachfrage nach Fachwissen, die neben öffentlichen Konsultationen durch die Arbeit neuer Institutionen befriedigt wurde. Das Gesetz vom 6. Januar 2005 über nationale und ethnische Minderheiten und Regionalsprachen ist das Ergebnis der Arbeit der Kommission für nationale und ethnische Minderheiten[16] des Sejms der Republik Polen. Im Prinzip liefen die diesbezüglichen Vorbereitungen ununterbrochen seit 1989 – der erste Entwurf wurde allerdings erst um die Jahreswende 1993/1994 ausgearbeitet. An der Erarbeitung der Gesetzesentwürfe von 1998 und 2002 waren keine Vertreter der betreffenden Minderheiten aktiv beteiligt, wohl aber Vertreter der politischen Parteien. Aufgrund der Rotation der Ausschussmitglieder und des damals mangelnden politischen Willens waren diese Bemühungen zum Scheitern verurteilt. Mit dem 2005 verabschiedeten Gesetz über nationale und ethnische Minderheiten und Regionalsprachen wurden die bereits in den 1990er Jahren gesetzten Prioritäten umgesetzt,[17] überdies fand sich ein Novum in Form der Bezugnahme auf

---

16   Ebenda. Es handelt sich um einen ständigen Ausschuss, der auf Initiative von Jacek Kuroń eingerichtet wurde: Der Ausschuss für nationale und ethnische Minderheiten wurde durch den Beschluss des Sejms vom 31. Juli 1989 zur Änderung der Geschäftsordnung des Sejms der Volksrepublik Polen eingesetzt. Er setzte sich aus 18 Abgeordneten zusammen und war unter anderem für die (erfolglose) Ausarbeitung des Gesetzes über das nationale Erbe und die nationalen Minderheiten zuständig.

17   Die Prioritäten wurden in späteren Debatten beibehalten und schließlich im Gesetz von 2005 umgesetzt. Dazu gehören: die Freiheit, sich in Vereinen, Stiftungen, Parteien, po-

Regionalsprachen. Dies war das Ergebnis von Gutachten über die kaschubische und schlesische Bevölkerung sowie von Stellungnahmen, die durch Vertreter ebenjener Gruppen abgegeben wurden. Am Ende wurden die Forderungen der Kaschuben, zuvörderst hinsichtlich ihrer Sprache, aufgenommen.[18] Das Gesetz war ein Wendepunkt für den Abschluss der sogenannten institutionellen Vollständigkeit (engl. institutional completeness) des Schutzes der Rechte nationaler Minderheiten in Polen *(des Zyklus des Aufbaus des Rechtsschutzes)*.[19] Infolgedessen erweiterte es nicht nur die Rechte, sondern stärkte ferner die Stimme der Minderheitengemeinschaften als eigenständige Experten für ihre Angelegenheiten und den Umfang ihrer Beteiligung an der Schaffung neuer Bedingungen für ihr Bestehen innerhalb des Staates.

Auf der zentralen Ebene der staatlichen Organe ergab sich direkt aus dem Gesetz über nationale und ethnische Minderheiten und Regionalsprachen[20] die Einrichtung der Gemeinsamen Kommission der Regierung und der nationalen und ethnischen Minderheiten. Ihr Ziel war die wirksame Umsetzung der Rechte nationaler und ethnischer Minderheiten auf Beteiligung an der Regelung von ihre kulturelle Identität betreffenden Angelegenheiten, die genauso in Artikel 35 der Verfassung der Republik Polen enthalten sind und sich indirekt aus dem Rahmenübereinkommen zum Schutz nationaler Minderheiten ergeben. An der Arbeit der Kommission waren Vertreter nationaler und ethnischer Minderheiten sowie Fachleute beteiligt, die eine führende Rolle bei der Erforschung von

litischen Klubs zu organisieren; das Recht, ihre Nationalität zu erklären (inklusive der Möglichkeit, ihre Vertreter ins Parlament und in die regionalen und lokalen Selbstverwaltungen zu entsenden); die Möglichkeit, die Sprache der jeweiligen Minderheit in Ämtern und Schulen zu verwenden (die doppelte Benennung von Orten, in denen Menschen mit einer anderen als der polnischen Nationalität in geschlossenen historischen Gruppen leben, wurde ebenfalls postuliert); die Möglichkeit, Schulen und Bildungseinrichtungen mit einem Lehrplan in der Sprache einer bestimmten Minderheit einzurichten; die Möglichkeit, in der eigenen Sprache Druckerzeugnisse zu erstellen; die Bereitstellung der Archive des Innenministeriums für Vertreter von Minderheiten.

18 Detaillierte Informationen finden sich in: Ryszard Chruściak: Prace parlamentarne nad ustawą z dnia 6 stycznia 2005 r. o mniejszościach narodowych i etnicznych oraz o języku regionalnym. In: THEMIS POLSKA NOVA Nr. 1(6)/2014, S. 47–70, https://cejsh.icm.edu.pl/cejsh/element/bwmeta1.element.ojs-doi-10_15804_tpn2014_1_04 (10.06.2024).

19 Sławomir Łodziński: Przed ustawą o mniejszościach. Charakter instytucjonalizacji praw osób należących do mniejszości narodowych po 1989 roku a ustawa o mniejszościach z 2005 roku. In: Anita Adamczyk, Andrzej Sakson, Cezary Trosiak (Hrsg.): Między lękiem a nadzieją. Dziesięć lat funkcjonowania ustawy o mniejszościach narodowych i etnicznych oraz o języku regionalnym (2005–2015), Poznań 2025, S. 25–38, hier S. 26.

20 Es sei daran erinnert, dass ein Minderheitengesetz in den meisten europäischen Ländern zum rechtlichen Standard gehört. Derartige Gesetze sind in Österreich, der Tschechischen Republik, Litauen, Lettland, Deutschland, Slowenien, Ukraine, Ungarn usw. in Kraft. In Polen wurde dies erst 2005 erreicht.

Aspekten des Lebens von Minderheiten in Polen und Europa spielen. Der Einführung dieses Instruments ging eine Debatte unter den Minderheitengemeinschaften in Polen voraus (sowohl in deren eigenen Reihen als auch in der breiteren Öffentlichkeit). Das Gesetz und die darin vorgeschlagenen Lösungen waren, trotz aller an ihm geübten Kritik, das Ergebnis eines sich durch Kompromissbereitschaft auszeichnenden Dialogs zwischen Vertretern nationaler und ethnischer Minderheiten (in Form von Organisationen, Aktivisten, Intellektuellen), Fachleuten und Vertretern der damaligen Regierung.

Der Tätigkeitsbereich der Gemeinsamen Kommission umfasst Fragen, die mit der Erhaltung des kulturellen Erbes nationaler, ethnischer und sprachlicher Minderheiten in Polen zusammenhängen. Dazu gehören: Stellungnahmen zur Umsetzung der Rechte und Bedürfnisse von Minderheiten, einschließlich der Bewertung der Umsetzung von Rechten und der Formulierung von Vorschlägen für Maßnahmen zur Gewährleistung der Rechte und Bedürfnisse von Minderheiten; Stellungnahmen zu Programmen, die auf die Schaffung von Bedingungen abzielen, die der Erhaltung und Entwicklung der kulturellen Identität von Minderheiten, der Erhaltung und Entwicklung von Regionalsprachen, der staatsbürgerlichen oder sozialen Integration förderlich sind; Stellungnahmen zu Gesetzesentwürfen zu Minderheitenfragen; Stellungnahmen zur Höhe und zu den Grundsätzen der Verteilung von Mitteln, die im Staatshaushalt für Maßnahmen bereitgestellt werden, die dem Schutz, der Erhaltung und der Entwicklung der kulturellen Identität von Minderheiten sowie der Erhaltung und Entwicklung von Regionalsprachen dienen; Maßnahmen zur Verhinderung der Diskriminierung von Personen, die Minderheiten angehören.

Zur Erfüllung ihrer Aufgaben arbeitet die Gemeinsame Kommission mit Organen der staatlichen Verwaltung und der territorialen Selbstverwaltung sowie mit interessierten gesellschaftlichen Organisationen zusammen. Bedeutsam ist die Struktur der Kommission, in der gleichermaßen Vertreter der Exekutive (Regierungsverwaltung) und Angehörige nationaler und ethnischer Minderheiten zusammenkommen. Obgleich die Praxis der Auswahl der Delegierten mitunter Kritik und Zwist innerhalb der Minderheitengemeinschaften ausgelöst hat, handelt es sich im Großen und Ganzen um ein Gremium, das den demokratischen Grundsatz der proportionalen Vertretung und des Zusammenwirkens von Exekutive und Zivilgesellschaft umsetzt. Die Kommission hat eine Reihe von Stellungnahmen, Appellen, offiziellen Positionen und Beiträgen zu Konsultationen hervorgebracht, die von Minderheitenvertretern abgegeben werden und in den regelmäßigen Berichten der Kommission ihren Ausdruck finden.

Als unmittelbare Folge der langjährigen Expertenarbeit in diesem Gremium wurde 2024 das Institut für sprachliche Vielfalt der Republik Polen gegründet.[21] Dies entsprach letztendlich der Forderung nach einer non-formalen Bildung für die polnische Gesellschaft im Bereich des Wissens über nationale und ethnische Minderheiten, die seit Jahrhunderten in Polen leben – sie war (nach 1989) gleich zu Beginn der Arbeiten am rechtlichen Rahmen und an den Lösungen für Minderheiten in der öffentlichen Debatte aufgetaucht. Als neue Kultureinrichtung soll das Institut Wissen über die sprachliche Vielfalt Polens im In- und Ausland verbreiten, das sprachliche Erbe Polens dokumentieren sowie die Mehrsprachigkeit und den Schutz der Sprachenrechte fördern. Dies ist ein Meilenstein in der Entwicklung fachlicher Empfehlungen für die Sprachenpolitik auf nationaler und europäischer Ebene. Auf der Website des Ministeriums für Kultur und Nationales Erbe heißt es diesbezüglich: »Das Institut wird seine Aufgaben u. a. auf folgende Weise erfüllen: Durchführung eigener Programme, einschließlich von Stipendien- und Förderprogrammen; Erstellung von Lehrbüchern und anderen pädagogischen und didaktischen Materialien; Durchführung von Aktivitäten im Zusammenhang mit der digitalen Revolution; Digitalisierung und Bereitstellung von Materialien zur sprachlichen Vielfalt Polens, insbesondere durch die Einrichtung und Pflege eines Repositoriums der Sprachen und Sprachvarietäten.«[22] Die Entstehung des Instituts kann als echte Erfolgsgeschichte für die Wissenschaftsgemeinde und verschiedene gesellschaftliche Kreise gelten, zu denen neben den Mitgliedern der Kommission (aus Parlament und Regierung) die Aktivisten zu zählen sind, die sich in Polen verschiedener Sprachvarietäten bedienen.

Die Rolle der Minderheiten- und Einwanderergemeinschaften auf der Ebene der öffentlichen Information in Polen

Von entscheidender Bedeutung ist die Analyse der Rolle der Minderheitenmedien, des Aufbaus eines medialen Bildes auf lokaler, nationaler und internationaler Ebene und der aktiven Gestaltung einer gerechten Minderheiten- und Migrationspolitik. In all diesen Bereichen wurde die Rolle der Minderheitengemeinschaften zwischen 1989 und 2024 gestärkt. Technologische Veränderun-

---

21 Im Mai 2024 wurde durch einen Erlass des Ministers für Kultur und Nationales Erbe vom 25. April 2024 das Institut für sprachliche Vielfalt der Republik Polen gegründet. Die Ministerin für Kultur und Nationales Erbe, Hanna Wróblewska, ernannte Dr. Anna Wotlinska am 15. Mai zur amtierenden Direktorin des Instituts.
22 Powołaliśmy Instytut Różnorodności Językowej Rzeczypospolitej – nową instytucję kultury. Komunikat. Ministerstwo Kultury i Dziedzictwa Narodowego. In: gov.pl vom 10.05.2024, https://www.gov.pl/web/kultura/powolalismy-instytut-roznorodnosci-jezykowej-rzeczypospolitej--nowa-instytucje-kultur (10.10.2024).

gen, die eine größere Vielfalt der Kommunikationsmittel ermöglichen, haben sich ebenfalls auf das Niveau des Zugangs zu den Medien ausgewirkt. Im Zuge der Verwirklichung der Minderheitenrechte und des Kampfes um ein besseres Image der Minderheiten wurden eine Reihe lokaler Medien (Radio, Zeitungen, Mitteilungsblätter) gegründet und regionale Fernsehsender (mit Programmen in der Minderheitensprache) eingerichtet. Dieser Prozess schreitet mittlerweile in den sozialen Medien (Youtube, Podcasts, Interviewserien) rasant voran.[23] Ein Durchbruch für Minderheiten und osteuropäische Migranten in Polen war im Jahr 2007 die Gründung von Belsat TV – einem Fernsehsender, der auf Belarusisch, Ukrainisch und Russisch sendet. Der Sender ist Teil des polnischen öffentlich-rechtlichen Fernsehens und wurde von Anfang an vom polnischen Außenministerium mit Unterstützung internationaler Geber kofinanziert. Er dient zugleich als Sprachrohr unabhängiger Journalist:innen, die sich gegenwärtig im Exil aufhalten. Belsat TV erfüllt eine wichtige regimekritische Funktion,[24] ebenso wie im Übrigen die Nachrichtenplattform https://belsat.eu/, die auf Belarusisch, Russisch, Polnisch und Englisch erscheint. Wenngleich der Sender eine Antwort auf die Forderungen verschiedener Kreise der belarusischen demokratischen Opposition und ein Element der polnischen Außenpolitik darstellt, ist er gleichermaßen für die Stärkung der Einwanderergemeinschaften in Polen von Bedeutung, was in erster Linie seit 2020 zum Tragen kommt. Insgesamt gesehen arbeiten alle Minderheiten- und Migrantenmedien im Sinne einer aktiven Gestaltung eines positiven Bildes und der Förderung eines öffentlichen Diskurses über eine faire Minderheiten- und Migrationspolitik. Dies ist gerade jetzt unerlässlich, weil gegenwärtig Anstrengungen unternommen werden, eine Strategie und ein Konzept für die Migrationspolitik in Polen zu entwickeln. Diese Medien sind ein Instrument, um die Gleichberechtigung voranzutreiben und der Marginalisierung im gesellschaftlichen Leben entgegenzuwirken. Vertreter von Minderheiten beteiligen sich an Watchdog-Aktivitäten, die die öffentliche Meinungsbildung unter die Lupe nehmen. Minderheitengemeinschaf-

---

23 Die Zahl der Medien nationaler und ethnischer Minderheiten mit lokaler Reichweite ist beträchtlich. Beispiele sind: das Portal Nasz Wybir der ukrainischen Minderheit, das Jahrbuch Ruska Bursa der Minderheit der Lemken, die deutschen Medien in Polen unter https://www.deutschemedien.pl/tv-video/ und die belarusischen Most Media in Bialystok.

24 Im Jahr 2024 wurde Belsat TV in Russland zu einer unerwünschten Organisation erklärt. In einer Erklärung beschuldigte die russische Staatsanwaltschaft Belsat, »die Innen- und Außenpolitik der russischen Behörden zu diskreditieren, ein negatives Bild von Russland zu vermitteln und den Integrationsprozess innerhalb des Unionsstaates von Russland und Belarus zu kritisieren«. Zitiert nach: Mariusz Kowalczyk: Biełsat uznany za organizację niepożądaną w Rosji. In: Press vom 16. September 2024, https://www.press.pl/tresc/83586,bielsat-uznany-za-organizacje-niepozadana-w-rosji_-za-wspolprace-ze-stacja-grozi-odpowiedzialnosc-karna (24.06.2024).

ten nehmen aktiv an der öffentlichen Debatte (einschließlich von Beiträgen in den Medien) teil, engagieren sich im Monitoring von Fällen der Diskriminierung und setzen sich gegen Desinformationskampagnen ein. Eine Analyse der Achtung der Minderheitenrechte wurde u. a. vom Verband der Ukrainer in Polen durchgeführt. In seinem Bericht wurden mehr als eine Million Texte angeführt, die 2018–2019 in Onlineforen erschienen sind.[25] Er dokumentierte die Wahrnehmung der ukrainischen Minderheit und der Migranten aus der Ukraine sowie die Haltung in der Öffentlichkeit aktiver polnischer Bevölkerungsgruppen ihnen gegenüber, wobei der Schwerpunkt auf negativen Phänomenen lag, die eine Bedrohung für polnische Bürger und Migranten aus der Ukraine darstellen.[26] Einige Nichtregierungsorganisationen, die die Anwendung europäischer Instrumente unterstützen, sind aktiv an der Erstellung von Fachwissen zu Fällen von Hassrede gegen andere Nationalitäten beteiligt. Beispielhaft stehen hierfür ein Projekt zum Monitoring von Hassrede, das vom Verband der Ukrainer in Polen durchgeführt wird, und die auf dem Portal mowanienawisci.info gesammelten Berichte.[27]

Die Rolle von Minderheitengemeinschaften in der öffentlichen Politik und Bildung in Polen

In diesem Teil der Analyse soll auf die Bedeutung der Idee der Mitgestaltung als grundlegender Faktor bei bildungspolitischen Entscheidungen und der Beteiligung an der Annahme lokaler Strategien eingegangen werden. Dies betrifft etwa den Sprachunterricht und die (akademische) Berufsbildung, lokale Bildungsinitiativen für Migranten und die non-formale Bildung. Es werden neue bildungspolitische Instrumente geschaffen, wie beispielsweise sogenannte Minderheitenassistenten, Schulen in freier Trägerschaft und Bildungseinrichtungen für Minderheiten.

---

25 Piotr Tyma (Hrsg.): Mniejszość ukraińska i migranci z Ukrainy w Polsce. Analiza dyskursu, Warszawa 2019.
26 Piotr Tyma (Hrsg.): Ukrainian minority and migrants from Ukraine in Poland. Discourse analysis. Joint publication, Warszawa 2018.
27 Das Portal mowanienawisci.info wurde im Rahmen des Programms Bürger für Demokratie eingerichtet, das aus Mitteln des EWR finanziert wird. Hier finden sich grundlegende Informationen über Hassrede, Definitionen, polnische und europäische Rechtsakte und Initiativen zur Änderung der Gesetzgebung, verfügbare Veröffentlichungen (wissenschaftliche Studien, Analysen, Berichte und Monitoring) sowie Bildungsmaterialien für verschiedene Zielgruppen und Kontakte zu Organisationen, die sich mit diesem Thema befassen. Vgl. die Website unter: https://www.mowanienawisci.info/sekcja/polska/.

Der wichtigste Ort für den Dialog zwischen Minderheiten, Migranten und dem Staat, einschließlich der Gewinnung gezielten Fachwissens für rechtliche Lösungen und die Verbreitung bewährter Verfahren, ist das Bildungswesen. Das Schulwesen für nationale und ethnische Minderheiten hat sich in Polen in enger Zusammenarbeit mit dem Staat entwickelt und wurde in Rechtsakten wie dem Bildungsgesetz verankert. In den Jahren des Aufbaus des Schulwesens für Minderheiten wurden verschiedene Appelle und Petitionen von Minderheitenorganisationen zur Entwicklung oder Verbesserung der Situation des Sprachunterrichts für Minderheiten veröffentlicht. Diese Einlassungen zu verschiedenen strittigen Fragen wurden unabhängig vom Stadium der Institutionalisierung und Entwicklung der Struktur von Minderheitenschulen[28] oder von Stipendienprogrammen[29] erstellt. Die Tatsache, dass die Stimme der Minderheitenorganisationen durch zivilgesellschaftliche Akteure wie das Zentrum für politische Bildung (Centrum Edukacji Obywatelskiej, CEO), Our Kids. The Trusted Source und die Jerzy-Regulski-Stiftung für die Entwicklung der lokalen Demokratie (Fundacja Rozwoju Demokracji Lokalnej im. Jerzego Regulskiego)[30] verstärkt wird, ist dabei alles andere als unerheblich. Diese NGOs

---

28 Unter anderem der Appell des Verbands der deutschen sozial-kulturellen Gesellschaften in Polen: Dlaczego potrzebujemy nauczania języka niemieckiego jako języka mniejszości – Apel do gmin. In: vdg.pl vom 18. April 2023, https://vdg.pl/dlaczego-potrzebujemy-nauczania-jezyka-niemieckiego-jako-jezyka-mniejszosci-apel-do-gmin/ (23.06.2024); Anna Petrovska: Działacze organizacji mniejszościowych wystosowali apel do ministra edukacji ws. liceów z białoruskim językiem nauczania. In: Polskie Radio Białystok vom 9. Oktober 2023, https://www.radio.bialystok.pl/wiadomosci/index/id/231522 (23.06.2024); Nie dla zamknięcia Etnofilologii kaszubskiej na Uniwersytecie Gdańskim – APEL. In: naszademokracja.pl von 2019, https://www.naszademokracja.pl/petitions/nie-dla-zamkniecia-etnofilologii-kaszubskiej-na-uniwersytecie-gdanskim (23.06.2024).
29 Etwa das Lane-Kirkland-Stipendienprogramm, https://kirkland.edu.pl/o-programie/. Erwähnenswert ist auch das Programm Study Tours to Poland, das von Direktor Mirosław Skóra geleitet wird, der zugleich Präsident des Verbands der Ukrainer in Polen ist (https://studytours.pl/en/). Study Tours to Poland (STP) ist ein Programm der Polish-American Freedom Foundation, das von der Stiftung Leaders of Change (Fundacja Liderzy Przemian) in Zusammenarbeit mit der Stiftung Borussia durchgeführt wird. Das Programm organisiert Studienbesuche in Polen für Menschen aus Osteuropa, dem Südkaukasus und Zentralasien. Das Angebot richtet sich an Studierende und Fachkräfte aus verschiedenen Bereichen und Fachgebieten.
30 Marek Mazurkiewicz: Analiza celowa Nr. 2/2023 Centrum Ekspertyzy Lokalnej oraz FRDL. Edukacja języków mniejszości jako narzędzie ochrony przed skutkami kryzysu demograficznego na poziomie lokalnym? Fundacja Rozwoju Demokracji Lokalnej, Warszawa 2023, S. 1–13; Magdalena Tędziagolska, Bartłomiej Walczak, Anna Żelazowska-Kosiorek: Szkoła zróżnicowana kulturowo. Wyzwania i potrzeby związane z napływem uczniów z Ukrainy, CEO, Warszawa 2022, https://ceo.org.pl/rapor-

erstellen zuverlässige Berichte, die die Grundlage für die Entwicklung konkreter Lösungen für die Interaktion zwischen zivilgesellschaftlich Handelnden und kommunalen Stellen bilden.[31] Im Folgenden sollen einige Beispiele für »Koalitionen« von Minderheiten und bestimmten Berufsgruppen angeführt werden, die mit Blick auf Bildung und interkulturellen Dialog einen wirksamen Einfluss auf die staatliche Verwaltung ausgeübt haben.

Es sei daran erinnert, dass in Polen nur für Angehörige einer nationalen Minderheit das Recht auf Unterricht in der Landessprache galt. In einem Schreiben des Ministeriums für nationale Bildung von 2016 heißt es: »Die Regeln für die Organisation und Finanzierung des Ukrainischunterrichts der nationalen Minderheit sind anders definiert als die Regeln für die Organisation und Finanzierung des Ukrainischunterrichts für ausländische Schulkinder, deren Muttersprache aus dem Herkunftsland das Ukrainische ist [...]. Auch die Europäische Charta der Regional- oder Minderheitensprachen gilt nicht für die Sprache von Migranten, denen die sich auf dem Territorium der Republik Polen aufhaltenden ukrainischen Bürger zuzurechnen sind. Daher können ukrainische Staatsbürger, die sich in Polen aufhalten, nicht als nationale Minderheit behandelt werden und haben folglich keinen Anspruch auf jene Rechte, die polnischen Staatsbürgern als Angehörigen nationaler Minderheiten zustehen.«[32] Dieser Grundsatz gilt für alle Migranten. Wie aus den (oben analysierten) rechtlichen Definitionen klar hervorgeht, haben somit Schüler:innen mit Migrationshintergrund genau wie Schulkinder, die als Flüchtlinge ins Land gekommen sind, keinen Zugang zum Bildungssystem für Angehörige der nationalen Minderheiten.

t-jakie-sa-potrzeby-i-wyzwania-szkol-zwiazane-z-naplywem-uczniow-z-ukrainy/ (23.06.2024); Magdalena Tędziagolska, Bartłomiej Walczak, Kamil M. Wielecki: Uczniowie uchodźczy w polskich szkołach. Gdzie jesteśmy u progu kolejnego roku szkolnego, CEO, Warszawa 2023, https://ceo.org.pl/udostepniamy-raport-uczniowie-uchodzczy-w-polskich-szkolach/ (23.06.2024); Raport o szkolnictwie niepublicznym w Polsce. Szkolnictwo niepubliczne od przedszkola do szkoły średniej – rozwój i stan obecny. In: www.ourkids.net von 2019, https://www.ourkids.net/pl/pdf/2019-raport.pdf (23.06.2024).

31 Viele Städte und Woiwodschaften haben Instrumente zur Verbesserung der Zusammenarbeit eingeführt, wie z. B. das Amt eines Beauftragten für Migranten. Hier sind die Aktivitäten der Breslauer Beauftragten für Einwohner ukrainischer Herkunft (Olga Chrebor) beziehungsweise belarusischer Herkunft (Taccjana Andrużka) oder von Karolina Keler, einer kaschubischen Aktivistin, die zur Beauftragten der Woiwodschaft Pommern für nationale und ethnische Minderheiten (in Danzig) ernannt wurde, zu nennen.

32 Pismo z dnia 22 kwietnia 2016 r. Ministerstwo Edukacji Narodowej 2141/2016 Zapewnienie mniejszości ukraińskiej oświaty w języku narodowym. In: sip.lex.pl, o.D., https://sip.lex.pl/orzeczenia-i-pisma-urzedowe/pisma-urzedowe/2141-2016-zapewnienie-mniejszosci-ukrainskiej-oswiaty-w-184867413 (25.06.2024).

Die Zahl der Personen, die diese Lösungen potenziell in Anspruch nehmen können, wächst ständig, und damit steigen parallel die Herausforderungen für den Staat. Dieses Phänomen kann am Beispiel von Ukrainern genauer betrachtet werden. Die Gesamtzahl aller Schülerinnen und Schüler, die nach dem 24. Februar 2022 alle Arten von polnischen Schulen besuchten, belief sich einschließlich von Migrantenkindern, die noch vor der Eskalation der Kampfhandlungen in das schulische Umfeld eintraten (Stand: April 2024), im polnischen Bildungssystem[33] auf mehr als 5 200 000 Personen[34] (einschließlich 348 400 ausländische Schüler:innen). Die überwiegende Mehrheit der nicht-polnischen Gruppe besteht aus Schülern mit ukrainischer Identität (5,5 Prozent oder 290 300, davon 188 000 Flüchtlinge und 102 300 Migranten) sowie Belarusen (32 000) und Russen (4600).[35] Dabei ist zu beachten, dass im PESEL-System[36] die Zahl der schulpflichtigen Kinder in Polen auf 298 000 beziffert wird und die ZUS weitere 155 000 ausweist, so dass wir es hier also nicht mit der gesamten migrantischen Bevölkerung zu tun haben, die sich auf polnischem Territorium aufhält. Das ukrainische Ministerium für Bildung und Wissenschaft gibt an, dass 58 000 Kinder, die sich gegenwärtig in Polen aufhalten, im Rahmen des ukrainischen Fernschulsystems unterrichtet werden.[37] Statistiken zufolge machen Flüchtlingskinder aus der Ukraine fast 3 Prozent aller Schüler:innen in polnischen Schulen aus (zusammen mit den Migranten von vor 2022 waren es 4 Prozent), was die Entwicklung eines Unterstützungssystems für das gesamte schulische Umfeld zu einem Gebot der Stunde macht. In diesem Zusammenhang war und ist die Rolle von Aktivist:innen bei der Unterstützung von Schulen und bei der Bildung für Migranten und Minderheitengemeinschaften in Polen von kolossaler Bedeutung. Eine Antwort auf die Gesetzeslücken, die sich aus den unterschiedlich definierten Rechten für die ukrainische Minder-

---

33 Darunter versteht man nach Angaben im Informationssystem des Ministeriums für nationale Bildung (SIO) Kindergärten sowie öffentliche und nicht-öffentliche Schulen für Kinder, Jugendliche und Erwachsene.
34 Diese Angaben beziehen sich auf das Schuljahr 2023/24 in Polen in allen Arten von Schulen und Kindergärten, öffentlichen und nicht-öffentlichen Einrichtungen für Kinder und Jugendliche sowie für Erwachsene.
35 Auf den weiteren Plätzen: Vietnamesen – 2400, Inder – 1800, Georgier – 1400, Moldawier – 1000.
36 PESEL (Powszechny Elektroniczny System Ewidencji Ludności) ist die nationale Identifikationsnummer zur Erfassung der Bevölkerung, die jedem Kind bei Geburt zugewiesen wird. Sie kann auch von Ausländern beantragt werden, die sich länger als 30 Tage in Polen aufhalten [A. d. Ü.]
37 Daten zitiert aus: Paulina Chrostowska: Uczniowie z Ukrainy z doświadczeniem uchodźstwa w polskim systemie edukacji, CEO – Unicef, Warszawa 2024, S. 2–20, https://ceo.org.pl/wp-content/uploads/2024/07/CEO-Uczniowie-z-Ukrainy-z-doswiadczeniem-uchodzstwa-w-polskim-systemie-edukacji.-Kwiecien-2024.pdf (25.06.2024).

heit in Polen und Ukrainer mit Migrationshintergrund ergeben, sind Schulen in freier Trägerschaft, die auf Initiative von Migranten- und Minderheitengemeinschaften gegründet wurden; ferner setzen sich diese Milieus aktiv für die Entwicklung von Bildungskonzepten und die Umsetzung wirksamer Lösungen durch die staatliche Verwaltung und die kommunale Selbstverwaltung ein. Der Unterricht findet in Formaten der formalen und non-formalen Bildung statt, einschließlich des Fernunterrichts in ukrainischen Schulen verschiedenen Typs: Privatschulen, Tages- oder Samstagsschulen beziehungsweise Abend- oder Online-Unterricht.[38] Gleichzeitig findet ein ständiger Dialog zwischen diesen Gemeinschaften und europäischen und nationalen Gremien auf der Ebene der Zentralverwaltung, der kommunalen Selbstverwaltung und des dritten Sektors statt, über den auf die Entwicklung von Strategien zur Bereitstellung von Unterstützung im Bildungsprozess und zur Gewährleistung wirksamer Bildungslösungen für die junge Generation der Ukrainer hingewirkt wird.

Ein praktisches Problem für polnische Schulen ist die Arbeit für den interkulturellen Dialog und die Stärkung von Toleranz und multikultureller Erziehung im weiteren schulischen Umfeld. Ein Beispiel für eine Basisinitiative, an der zivilgesellschaftlich Aktive, Minderheiten und Migrantengemeinschaften beteiligt sind, ist die NGO To ma sens! Stowarzyszenie Asystentów Międzykulturowych (dt. Das macht Sinn! Verein interkultureller Assistenten), die am 26. November

---

[38] Im polnischen Bildungswesen wurden etwa die folgenden Initiativen ins Leben gerufen: die Erste Ukrainische Schule in Polen (Pierwsza Ukraińska Szkoła w Polsce) der Stiftung Ungesiegbare Urkaine (Niezwyciężona Ukraina; mit Standorten in Warschau, Krakau und Breslau); das Dmytri-Pawlytschek-Bildungszentrum Schule Materynka (Centrum Edukacyjne Szkoła Materynka im. Dmytra Pawłyczka) in Warschau, das 2017 durch das Ukrainische Bildungszentrum (Ukraińskie Centrum Edukacyjne; Zweigstellen in Danzig, Posen, Kattowitz) gegründet wurde; die Warschauer Ukrainische Schule (Warszawska Szkoła Ukraińska), die vom Klub der Katholischen Intelligenz und dem Ukrainischen Haus in Warschau betrieben wird, die Schule Kid's Smile der Stiftung Razom in Breslau; die Allgemeinbildende ukrainische PUSH School Warsaw, die auf eine Initiative der Stiftung Bildungszentrum für Kinder der Ukraine (Centrum Edukacyjne Dzieci Ukrainy) zurückgeht. Als Samstagsschulen fungieren die Ukrainische Samstagsschule Warschau (Ukraińska Szkoła Sobotnia Warszawy) des Ukrainischen Hauses, die Ukrainische Professor-Michal-Lesiow-Samstagsschule (Ukraińska Szkoła Sobotnia im. prof. Michała Łesiowa) der Stiftung Geistliche Kultur im Grenzgebiet (Fundacja Kultury Duchowej Pogranicza), die ukrainische Schule der Stiftung Zustricz in Krakau und eine analoge Schule in Breslau. Die Stiftung Standhafte Ukraine (Niezłomna Ukraina) bietet viele weitere Bildungsmöglichkeiten für ukrainische Schüler:innen und Vorschulkinder, wie Daten aus einer Information der Botschaft der Ukraine in der Republik Polen zu entnehmen ist: ОСВІТНІ МОЖЛИВОСТІ ДЛЯ ДІТЕЙ З УКРАЇНИ У ПОЛЬЩІ vom 27. September 2023, https://www.facebook.com/photo.php?fbid=634100502202539&set=pb.100068077835901.-2207520000&type=3; Weitere Informationen unter: https://nezlamna.org/pl/informacje-dotyczace-nauki-szkolnej/ (23.08.2024).

2021 gegründet wurde. Sie wird von einer lose koordinierten Basisbewegung zur Einrichtung der interkulturellen Assistenz im polnischen Bildungswesen getragen. Mit der Novellierung des Sondergesetzes über Hilfsleistungen für ukrainische Staatsbürger wurde ab dem 1. September 2024 eine neue Stelle – der interkulturelle Assistent – an den Schulen eingeführt.[39] Allerdings blieb den Kommunalverwaltungen als den Schulträgern zu wenig Zeit für die Umsetzung der Änderungen (die Novelle trat am 1. Juli 2024 in Kraft), was zu einem unbefriedigenden Ergebnis führte: Nur 71 Kommunalverwaltungen meldeten die Beschäftigung von interkulturellen Assistenten in ihren Schulen (lediglich 10 von ihnen beschäftigten die Assistenten pünktlich zum 1. September 2024), während 1391 Kommunalverwaltungen keinerlei zusätzliche Unterstützung anbieten konnten.[40] Dabei ist dieses Instrument von entscheidender Bedeutung – die Aufgabe des interkulturellen Assistenten besteht darin, die sprachlichen und kulturellen Schwierigkeiten von Schüler:innen im Adaptionsprozess zu erkennen und ihnen bei der Integration in die multikulturelle Schulgemeinschaft unter die Arme zu greifen. Daneben gehört es zu den Aufgaben des Assistenten, in Fragen der Prävention und Bekämpfung schulischer Gewalt mit Eltern und Lehrkräften zusammenzuarbeiten. Derartige Unterstützung für Lehrkräfte und Schulen, in denen Migranten und Ausländer unterrichtet werden, wird in erster Linie von zivilgesellschaftlicher Seite angeboten. Beispielhaft ist hier das Zentrum für politische Bildung zu nennen, das sich mit der Entwicklung von Wissen über formale und non-formale Bildung befasst und den diesbezüglich in die Höhe schnellenden Wissensbedarf staatlicher Behörden (durch Datenerhebungen und Berichte) sowie eines breiten Netzes von Grund- und Sekundarschulen deckt (CEO arbeitet mit über 40 000 Bildungseinrichtungen zusammen). Eine Reihe von Hochschulen leisten ebenfalls inhaltliche Unterstützung und bieten

---

39 Ustawa z dnia 15 maja 2024 r. o zmianie ustawy o pomocy obywatelom Ukrainy w związku z konfliktem zbrojnym na terytorium tego państwa oraz niektórych innych ustaw (Gesetzblatt der Republik Polen 2024 Pos. 854), https://www.infor.pl/akt-prawny/DZU.2024.163.0000854,metryka,ustawa-o-zmianie-ustawy-o-pomocy-obywatelom-ukrainy-w-zwiazku-z-konfliktem-zbrojnym-na-terytorium-tego-panstwa-oraz-niektorych-innych-ustaw.html#:~:text=W%20ustawie%20z%20dnia%2012%20marca (23.09.2024). Relevant ist überdies: Rozporządzenie Ministra Edukacji z dnia 26 sierpnia 2024 r. zmieniające rozporządzenie w sprawie organizacji kształcenia, wychowania i opieki dzieci i młodzieży będących obywatelami Ukrainy (Gesetzblatt der Republik Polen 2024 Pos. 1302).

40 Vgl. den Bericht »80 tys. dzieci i młodzieży z Ukrainy w polskiej szkole« der Stiftung GrowSpace in Zusammenarbeit mit dem Verband der Ukrainer in Polen und der Stiftung Stand with Ukraine (die Repräsentativität der Befragungsgruppe erreichte 90,4 Prozent der kommunalen Selbstverwaltungen in Polen) – zum Download verfügbar unter: https://lgbtplusme.com/news/80-tys.-dzieci-i-mlodziezy-z-Ukrainy-w-polskiej-szkole (6.10.2024).

im Rahmen umfangreicher Projekte Schulungen an. Führend im Bereich der non-formalen Bildung ist wiederum CEO, das in Kooperation mit dem Norwegian Refugee Council, Plan International, der Polish-American Freedom Foundation und Unicef Polen Programme für Lehrkräfte und Schulleitungen entwirft, Weiterbildungsmaßnahmen organisiert, Unterrichtsmaterialien erstellt sowie Untersuchungen durchführt und Daten über schulpflichtige Kinder erhebt, die vor dem Krieg nach Polen geflohen sind. All diese Aktivitäten wurden im Laufe der Jahre durch die Verfasser:innen wissenschaftlicher Untersuchungen und universitäre Empfehlungen in Form von Fachwissen verstärkt, die auf wissenschaftlichen Konferenzen und Branchenveranstaltungen unter Beteiligung von Minderheitenbeauftragten polnischer Städte oder der Beauftragten für die Zusammenarbeit mit Zivilgesellschaft und Jugend vorgetragen wurden. Insgesamt gesehen scheinen soziale Initiativen und Nichtregierungsorganisationen bei der Gewinnung von Wissen und der Verbreitung von Empfehlungen zur Lösung der kritischen Situation in der Bildungs- und Integrationspolitik den Aktivitäten von Wissenschaftler:innen und Denkfabriken gleichwohl einen Schritt voraus zu sein. Dies gilt in besonderem Maße für die Zeit nach dem russischen Angriff auf die Ukraine im Februar 2022.

Die Rolle von Minderheitengemeinschaften bei der Demokratisierung und Institutionalisierung in Polen. Eine Bestandsaufnahme

Die ukrainische und die belarusische Minderheit in Polen verfügen über ein starkes, weit verzweigtes Netz von Unterstützungsorganisationen. Seit dem Zusammenbruch des Ostblocks hat ein dynamischer Prozess der Institutionalisierung der nationalen Minderheiten stattgefunden. Das Gesetz über nationale und ethnische Minderheiten und Regionalsprachen aus dem Jahr 2005 ermöglichte den Aufbau von Instrumenten zur Stabilisierung der Finanzierung der organisatorischen Basis für die Entwicklung der Identität und Kultur der nationalen Minderheiten. Die Diversifizierung der Tätigkeitsformen und Standorte erwies sich während der politischen Krisen in der Ukraine und in Belarus als besonders wichtig. Diese Organisationen der nationalen Minderheiten und zivilgesellschaftliche Organisationen (NGOs) halfen Migranten und Flüchtlingen aus Belarus und der Ukraine in hohem Maße bei der Integration in die polnische Gesellschaft und bei der Bewältigung lokaler sozialer Konflikte. Viele Lösungen ergaben sich aus der engen Zusammenarbeit zwischen kommunalen Selbstverwaltungen und Akteuren des dritten Sektors, zum Beispiel in Warschau, Lublin, Breslau und Krakau. Die Erfahrungen der Jahre 2020–2024 haben zu einer zunehmenden Spezialisierung dieser Organisationen geführt (Stiftung Nasz Wybór, Grupa Granica, Homo Faber, Kalejdoskop Kultur, Stiftung Zustricz u. a.).

Ihre Vertreter bringen sich auf lokaler, nationaler und europäischer Ebene mit Beratungsleistungen und Fachwissen ein.

Die ukrainische Diaspora ist durch verschiedene Organisationen vertreten, darunter solche, die über langjährige Erfahrung mit Aktivitäten für die ukrainische Gemeinschaft verfügen. Zu diesen Organisationen gehört etwa der Verband der Ukrainer in Polen (Związek Ukraińców w Polsce), der im Februar 1990 aus der Umwandlung der Ukrainischen sozial-kulturellen Gesellschaft (Ukraińskie Towarzystwo Społeczno-Kulturalne) hervorging und deren Rechtsnachfolgerin ist. Er verfügt über zehn regionale Zweigstellen und Dutzende lokaler Arbeitskreise. Weiterhin zu nennen ist der Verein Ukrainisches Nationalhaus (Stowarzyszenie Ukraiński Dom Narodowy), der sich mit der Initiative zum Bau des Ukrainischen Hauses in Przemyśl identifiziert, das 1904 in Betrieb genommen wurde und heute ein Kulturzentrum ist. 2004 wurde in Warschau die Ukrainische Historische Gesellschaft in Polen (Ukraińskie Towarzystwo Historyczne w Polsce) gegründet, um die Gemeinschaft der ukrainischen Historiker:innen stärker zu vernetzen. Auf lokaler Ebene existieren die folgenden Einrichtungen: Der Verband der Ukrainer von Podlachien (Związek Ukraińców Podlasia) ist die größte ukrainische sozial-kulturelle Organisation in dieser Region und ging 1992 aus der Zweigstelle Podlachien des Verbands der Ukrainer in Polen hervor; die Ukrainische Gesellschaft (Towarzystwo Ukraińskie), gegründet 1999; seit März 1990 besteht zudem die Vereinigung der Lemken (Zjednoczenie Łemków). Darüber hinaus bestehen professionelle Organisationen, die sich auf die Bildung und Aktivierung der Gemeinschaft für die Entwicklung des nationalen Erbes konzentrieren. Hierzu zu rechnen sind Prosvita, der Verein Wissenschaftliches Institut Podlachien (Stowarzyszenie Podlaski Instytut Naukowy), der Freundeskreis des Freilichtmuseums der materiellen Kultur in der Region Chełm und Podlachien in Hola (Towarzystwo Miłośników Skansenu Kultury Materialnej Chełmszczyzny i Podlasia w Holi), der Ukrainische Lehrerverband in Polen (Ukraińskie Towarzystwo Nauczycielskie w Polsce) und die Ukrainische Pfadfinderorganisation in Polen Płast.

Bemerkenswert ist die aktive Beteiligung, die zivilgesellschaftliche Akteure der nationalen Minderheiten in der öffentlichen Debatte und hinsichtlich der Unterstützung von Migranten an den Tag legen. Mit ihren Veranstaltungen üben sie Einfluss auf die staatliche Sozialpolitik aus. Beispiele für Projekte, die staatliche Interventionen fordern, finden sich u. a. in den jüngsten Aktivitäten des Verbands der Ukrainer in Polen. Dazu gehören Appelle (offener Brief zu Bauernprotesten, Beschwerden gegen Entscheidungen über die Einstellung von Ermittlungen zu antiukrainischen Äußerungen, Interventionen bei der Staatsanwaltschaft, Appelle an die staatlichen Behörden der Republik Polen, um offener Feindseligkeit gegenüber der ukrainischen Minderheit und ukrainischen Bürgern wirksam entgegenzutreten), lokale Maßnahmen (Renovierung von Gebäuden, die für Flüchtlinge aus der Ukraine bestimmt sind), die Qualifizierung (Trainings im Bereich der Vorbereitung und des Managements von kulturellen Aktivitäten für Animateure aus Polen und der Ukraine) und die Unterstützung der ukrainischen Bevölkerung in der Ukraine. Ein charakteristisches Merkmal dieses Verbands ist, dass er nicht vor Auseinandersetzungen und einer Beteiligung am historischen Dialog zurückschreckt. In den letzten Jahren hat er gleichfalls Daten über die Situation ukrainischer Migranten und Flüchtlinge in Polen (einschließlich Schulkindern) gesammelt und führt ein Monitoring zu Fällen von Hassrede durch. An der Verbesserung des polnisch-ukrainischen Dialogs über die gemeinsame Geschichte wirken Initiativen der Ukrainischen Historischen Gesellschaft in Polen mit, etwa Treffen der Präsidenten der Institute für Nationales Gedächtnis beider Länder, wissenschaftliche Konferenzen und Kooperationen mit ukrainischen Universitäten. Die Gesellschaft ist bei weitem nicht die einzige, die sich solche Aufgaben gestellt hat. Bei einer genaueren Betrachtung lassen sich einzelne Tätigkeitsschwerpunkte benennen: Verbreitung, Popularisierung und Förderung von Bildung, Kultur, Kunst und Muttersprache; Formulierung von Forderungen an staatliche Behörden und Institutionen zur Befriedigung sozialer und lebensnotwendiger Bedürfnisse der in Polen lebenden Minderheiten; Vertretung der kollektiven und individuellen Interessen der Gemeinschaft gegenüber den staatlichen Behörden, der kommunalen Selbstverwaltung und der öffentlichen Verwaltung in Polen beziehungswweise Vertretern anderer Staaten, vorrangig der Europäischen Union und der Ukraine, sowie gegenüber gesellschaftlichen und wirtschaftlichen Organisationen der Republik Polen und anderer Länder und die Unterstützung der strategischen Partnerschaft zwischen Polen und der Ukraine. Die ukrainischen Organisationen sind daher ein ständiger Partner im Dialog mit der Exekutive (aller Ebenen) und der Legislative und sensibilisieren die politischen Eliten erfolgreich für komplexe soziale Kontexte, strittige Fragen oder Versäumnisse.[41] Gleichwohl soll nicht verschwiegen werden, dass die Wirkungsmacht ukrainischer Organisationen im polnischen Staat im Zeitverlauf schwankt und periodisch gewissen politischen Konjunkturen unterliegt.[42]

---

41 Załącznik 8. Zestawienie uwag przedstawicieli mniejszości narodowych i etnicznych do IV Raportu z realizacji przez Rzeczpospolitą Polską postanowień Konwencji ramowej Rady Europy o ochronie mniejszości narodowych oraz komentarz MSWiA, Warszawa 2022. In: rm.coe.int, o. D., https://rm.coe.int/annex-8/168094d3bd (23.09.2024).
42 Konservative Parteien wie Recht und Gerechtigkeit (PiS) – oder die rechtsgerichtete Konföderation – unterstützten während der Regierungszeit der PiS weder ukrainische oder pro-ukrainische Organisationen noch zyklische, gesetzlich garantierte Initiativen. Infolgedessen erhielten sie beispielsweise 2017, zum 70. Jahrestag der Deportation der Lemken (während der sogenannten Aktion Weichsel), keinen Zuschuss vom Innenministerium und wurden daher auf Basis einer öffentlichen Spendenaktion finanziert. Das Gleiche

Die belarusische Minderheit ist im öffentlichen Raum u. a. durch folgende zivilgesellschaftliche Organisationen vertreten: die Belarusische sozial-kulturelle Gesellschaft (Białoruskie Towarzystwo Społeczno-Kulturalne) und den Verband der Belarusen in der Republik Polen (Związek Białoruski w Rzeczypospolitej Polskiej[43]). Dabei ist indessen zu beachten, dass die Organisationen der belarusischen Minderheit überaus stark geografisch konzentriert sind.[44] Die älteste Organisation der belarusischen Diaspora ist die 1956 eingetragene Belarusische sozial-kulturelle Gesellschaft. Bis 1988 war sie zudem die einzige Organisation der belarusischen Minderheit in Polen überhaupt.[45] Nach den Straßenprotesten und Repressionen in den Jahren 2020–2021 in Belarus änderte sich die Situation: Die belarusische Einwanderung nach Polen stieg in erheblichem Maße und nahm den Charakter eines politischen Exils an, zu dem sich politische Aktivist:innen und unabhängige Vertreter sozial-kultureller und künstlerischer Kreise (mehr oder weniger freiwillig) entschlossen. Infolgedessen sind in Polen neue wichtige Initiativen entstanden, die belarusischen Flüchtlingen und Mitgliedern der neuen Migrantengemeinschaften in Polen (primär in Großstädten) Hilfe bieten. Zu dieser Kategorie zivilgesellschaftlicher Organisationen gehören: das Belarusische Haus in Warschau, das Belarusische Zentrum in Bialystok, die belarusische Oppositionsorganisation BYPOL und eine Geschichts- und landeskundliche Initiative namens Razam (Gemeinsam) in Danzig. Bestimmte Solidaritätsinitiativen erweisen sich als nicht minder wichtig für die Integration, Koordinierung und Konsolidierung der Aktivitäten für belarusische Migranten. Diesbezüglich sind zu nennen: der 1. Kongress der belarusischen Kultur im Exil (Warschau 2023); der Kongress zur Belarusforschung (Danzig 2023); Kongress der historisch Forschenden PL–LT–UA–BY unter dem Titel »Historische Gemeinschaft der vier Nationen – Erbe der Ideen und Zukunftsperspektiven« (Warschau 2024), mit dem es gelungen ist, den belarusischen Aspekt dank einer starken Vertretung belarusischer Wissenschaftler, Aktivisten und Kulturschaffender in den weiteren europäischen Kontext einzubringen. Die Bedeutung derartiger Unternehmungen liegt in dem Bestreben, aus der Isolation auszubrechen und eine effektive Zusammenarbeit zwischen den bisher verstreut liegenden Zentren der belarusischen Diaspora zustande zu bringen, die nur punktuell und auf sich allein gestellt agieren sowie das Ziel verfolgen, Empfeh-

---

galt für andere Bereiche, etwa den Unterricht von Minderheitensprachen oder die Entwicklung von Minderheitenmedien.
43 Zur Zusammensetzung des Belarusischen Verbands vgl.: Mniejszości Narodowe i Etniczne. Białorusini. In: gov.pl, o. D., https://www.gov.pl/web/mniejszosci-narodowe-i-etniczne/bialorusini (25.10.2024).
44 Dem Statistischen Zentralamt (2010) zufolge hatten 10 von 12 belarusischen Vereinen ihren Sitz in Bialystok.
45 Mniejszości Narodowe i Etniczne.

lungen für die polnische und europäische Politik auszuarbeiten. Die im Umfeld der belarusischen Migranten in Polen angestoßenen und in Zusammenarbeit mit der territorialen Selbstverwaltung realisierten Initiativen haben in der Regel langfristigen Charakter. Daher kann ihr Einfluss auf die Gestaltung lokaler Gegebenheiten oder die landesweite öffentliche Meinung noch nicht abschließend beurteilt werden. Wir begnügen uns hier mit einem Verweis auf das Zentrum für belarusische Kultur in Bialystok, das sich die Entwicklung und Förderung der belarusischen Kultur sowie die Integration dieser Minderheit und die Verbesserung des Images der Migranten auf die Fahnen geschrieben hat. Ein für die vorliegenden Ausführungen nicht unwesentlicher Punkt ist die Tatsache, dass die Einrichtung eine Finanzierung aus dem Haushalt der Woiwodschaft Podlachien erhalten wird.[46]

Die russische Minderheit in Polen
Zwischen sozialer Herausforderung und Kooperation

Die russische Minderheit in Polen entstand durch aufeinanderfolgende Wellen einer politisch hervorgerufenen Auswanderung, die bis ins russische Zarenreich zurückreichen. Dazu gehörten Einwanderer aus der Zeit der polnischen Teilungen, infolge der Oktoberrevolution, aus der Zeit der Volksrepublik Polen und schließlich nach dem Zusammenbruch der Sowjetunion.[47] Bei der Volks- und Wohnungszählung von 2011 erklärten sich 8796 polnische Staatsbürger als der russischen Minderheit zugehörig; 2021 waren es bereits 14 800. Ihre Mitglieder gehören zumeist der Polnisch-Orthodoxen Kirche an,[48] die eine wichtige Rolle bei der Zurückdrängung des Einflusses des orthodoxen Patriarchats von Moskau und der ganzen Rus sowie im medialen Diskurs zu diesem Thema spielt.

---

46 Zu der Initiativgruppe gehörten Vertreter der belarusischen Minderheit in Polen, Professor Oleg Latyszonek von der Universität Bialystok, das Vorstandsmitglied des Verbands der Vereinigungen des Belarusischen Kulturzentrums Anatoly Wap und der Abgeordnete des Woiwodschaftsrats Slawomir Nazaruk, der ihre Aktivitäten unterstützte.

47 Interessanterweise wurde die russische Minderheit in der Volksrepublik Polen verboten. Im Jahr 1975 wurde der Status der russischen Minderheit, die in Polen bis zum Jahr 2000 offiziell über 25 Jahre hinweg nicht existierte, abgeschafft. Erst zu diesem Zeitpunkt erkannten die polnischen Behörden die Existenz dieser Minderheit an, was durch die Ratifizierung des Rahmenübereinkommens zum Schutz nationaler Minderheiten des Europarats und der Europäischen Charta der Regional- oder Minderheitensprachen durch Polen sowie durch die Verabschiedung des Gesetzes vom 6. Januar 2005 über nationale und ethnische Minderheiten und Regionalsprachen flankiert wurde.

48 Die orthodoxen Traditionen in den polnischen Gebieten reichen bis ins 14. Jahrhundert zurück.

Die Diagnosen des Juliusz-Mieroszewski-Dialogzentrums (bis 2022 Zentrum für polnisch-russischen Dialog und Verständigung[49]) wiesen auf ein besonderes Phänomen in der polnischen Gesellschaft hin: die Akzeptanz und das Verständnis für die kulturelle Nähe zum russischen Volk bei gleichzeitiger Missbilligung des Vorgehens des Putinregimes (die sich nach der Annexion und Besetzung der Krim nach 2014 verschärfte).[50] Die offene Einstellung gegenüber den Russen beeinflusste die polnisch-russischen Beziehungen und das Auftreten der russischen Minderheit und der Migranten in der Gesellschaft, insbesondere in der traditionell von ihnen bewohnten Region im nordöstlichen Teil des Landes, vor allem in Augustów, Suwałki, Wodziłek, Wojnowo[51] und in großen Städten.[52] Der Dialog zwischen der russischen Minderheit und dem polnischen Staat bildete den Rahmen für die polnische Außenpolitik und die schwierigen bilateralen Beziehungen. Die Arbeit der Polnisch-Russischen Gruppe für schwierige Fragen unter dem Vorsitz von Adam Rotfeld[53] untermauerte die weit verbreitete Überzeugung, dass eine Intensivierung der Tätigkeit von auf Russland spezia-

---

49 Seit dem 27. Juli 2022 firmiert das vormalige Zentrum für polnisch-russischen Dialog und Verständigung unter der Bezeichnung Juliusz-Mieroszewski-Dialogzentrum.

50 Vgl. die Berichte des Zentrums für polnisch-russischen Dialog und Verständigung: Rosja-Polska. Diagnoza społeczna 2020, Warszawa 2020, http://cprdip.pl/wydawnictwo,raporty,685,rosja-polska_diagnoza_spoleczna_2020.html (25.10.2024); Polska–Rosja: diagnoza społeczna 2013: Polacy na temat Rosji i Rosjan oraz stosunków polsko-rosyjskich, Rosjanie na temat Polski i Polaków oraz stosunków rosyjsko-polskich, Warszawa 2013, https://opac.cbw.wp.mil.pl/1742702238733/ksiazka/polska-rosja?_lang=pl (25.10.2024); Polska-Rosja. Diagnoza społeczna 2015. Polacy na temat Rosji i Rosjan oraz stosunków polsko-rosyjskich. Rosjanie na temat Polski i Polaków oraz stosunków rosyjsko-polskich, Warszawa 2015, http://cprdip.pl/wydawnictwo,raporty,69,polska-rosja_diagnoza_spoleczna_2015.html (23.09.2024).

51 Interessant ist die traditionelle Gruppe der sogenannten Altgläubigen, die hauptsächlich in den Woiwodschaften Podlachien und Ermland-Masuren leben. Diese religiöse Gruppe entstand in der zweiten Hälfte des 17. Jahrhunderts als Folge einer Spaltung der russisch-orthodoxen Kirche. Ende des 18. Jahrhunderts ließen sich die Altgläubigen auf der Flucht vor religiöser Verfolgung in den heutigen Gebieten Polens (Suwalkigebiet und Masuren) nieder.

52 Die Ausnahme ist Liegnitz (Legnica), wo sich das Hauptquartier der Militärgruppe Ost der Roten Armee befand. Dieser Ort wird eingehend erforscht, unter anderem von Prof. Zuzanna Grębecka von der Universität Warschau (im Hinblick auf das postsowjetische Sentiment, die gemeinsame Geschichte des Alltagslebens bis 1993 usw.).

53 Die Gruppe wurde 2002 gegründet und nach einer Aussetzung ihrer Arbeit im Jahre 2008 reaktiviert. Institutionell bestand die Gruppe aus einem Team polnischer und russischer Expert:innen und Wissenschaftler:innen, die von beiden Ländern ernannt wurden, um die heikelsten Fragen in den polnisch-russischen Beziehungen zu erörtern, die sich aus der historischen Vergangenheit ergeben. Die Gruppe besaß für die polnische und die russische Regierung einen beratenden Charakter. Im Jahr 2017 wurde ein erfolgloser Versuch unternommen, sie erneut zu reaktivieren.

lisierten Analysten in Polen geboten sei. Gleichzeitig bestätigte sie die Belastbarkeit horizontaler Netzwerke und forderte die Schaffung von bilateralen Projekten, die nicht der Kontrolle durch russische staatliche Behörden unterliegen, etwa über die Zusammenarbeit mit Vertretern der russischen Menschenrechtsorganisation Memorial im Warschauer Zentrum Karta (Ośrodek Karta), im ebenfalls von Karta betriebenen Onlineportal WITRYNA Domu Wschodniego für den historischen Dialog mit den Völkern Osteuropas oder mit unabhängigen russischen Intellektuellen im Zentrum für polnisch-russischen Dialog und Verständigung.[54] Im Rahmen des Programms forumIdei[55] der Stefan-Batory-Stiftung wurde ein Expertendialog durchgeführt, der sich unter Beteiligung von russischen, polnischen und europäischen Intellektuellen, gesellschaftlich engagierten Personen und Journalist:innen mit Russland und seinem Platz in Europa auseinandersetzte. Seit dem Zusammenbruch der UdSSR haben sich diese Aktivitäten gewissermaßen zweigleisig entwickelt: Den Basisinitiativen unabhängiger Intellektueller und lokaler Aktivist:innen stand ein institutionalisierter Top-Down-Ansatz gegenüber, an dem offiziell Russen in Ländern außerhalb der Russischen Föderation beteiligt waren.

In Polen sind verschiedene Organisationen tätig, die erfolgreich Russen (einschließlich der Angehörigen der nationalen Minderheit) zusammenbringen, so etwa der Verein Russisches Haus (Stowarzyszenie Russkij Dom) in Warschau und Danzig, die Russische Gemeinschaft (Wspólnota Rosyjska) in Warschau, der Russische Kultur- und Bildungsverein (Rosyjskie Stowarzyszenie Kulturalno-Oświatowe) in Białystok und der Verein Für ein freies Russland (Stowarzyszenie Za Wolną Rosję)[56], der von Einwanderern getragen wird. Die Art der Ak-

---

54 Unter der seit 2022 geltenden Bezeichnung Mieroszewski-Zentrum besitzt es einen deutlich erweiterten Tätigkeitsbereich und bezieht sich auf Georgien, Moldau, die Ukraine, Belarus und die Russische Föderation.
55 In der Beschreibung des Programms von ForumIdei (vgl. https://www.batory.org.pl/forumidei/o-forumidei/ , 25.10.2024) heißt es: »Ziel des Programms ist es, nach Antworten auf die aktuellen gesellschaftlichen und politischen Herausforderungen in Polen und auf internationaler Ebene zu suchen, eine Kultur des Dialogs zwischen verschiedenen ideologischen und politischen Milieus zu fördern und praktische Lösungen für den Aufbau eines demokratischen, bürgerlichen, rechtsstaatlich verfassten und in Europa verwurzelten Polens vorzuschlagen«; Aufzeichnungen der Debatten finden sich auf dem Youtube-Kanal der Stefan-Batory-Stiftung: https://www.youtube.com/user/FundacjaBatorego (25.10.2024).
56 Die Organisation wurde 2018 registriert. Im Jahre 2023 wurde sie in Russland für unerwünscht erklärt. Die russische Staatsanwaltschaft gab an, dass der Verein Für ein freies Russland Russen dazu ermutigte, sich den Freiwilligenbataillonen anzuschließen, die in der Ukraine gegen russische Truppen kämpfen, und sich an der Organisation von Widerstand in Russland beteilige. Der Verein wurde u. a. von russischen, polnischen und ukrainischen Bürgern gegründet. Er wird von Maria Charmast geleitet. Zu den Zielen der Ver-

tivitäten dieser Einrichtungen lässt sich nicht auf einen gemeinsamen Nenner bringen. Zweifellos stehen sie alle unter dem Einfluss des aktuellen politischen Kontexts. Darüber hinaus wurde 2008 der Verein der Landsleute Russlands in Polen – SSR Galizien (Stowarzyszenie Rodaków Rosji w Polsce – SSR Galicya) ins Leben gerufen, der zeitlich mit einer Konsolidierung der Politik der Russischen Föderation gegenüber den sich im Ausland aufhaltenden Russen zusammenfällt. Im September 2008 wurde durch einen Erlass des Präsidenten der Russischen Föderation, Dmitrij Medvedev, die Föderalagentur für Angelegenheiten der GUS, für Fragen der im Ausland lebenden Mitbürger und für internationale humanitäre Zusammenarbeit (Rossotrudničestvo) gegründet. Sie ist mit der Aufgabe einer umfassenden Bindung und Integration von Russen mit dem Heimatland betraut. Die Agentur hat die Zuständigkeiten anderer Organisationen übernommen, darunter (auch in Polen) das Netz der Russischen Zentren für internationale wissenschaftliche und kulturelle Zusammenarbeit.[57] Der 1987 gegründete Verein Russische Gemeinschaft (Stowarzyszenie Wspólnota Rosyjska) hat ebenso Wurzeln im Sowjetapparat und wurde nach eigenen Angaben gegründet, um »Sowjetbürger« (heutzutage russische Bürger) zu verbinden und die russische Sprache und Kultur in Polen zu fördern. Obzwar die Werbung für die Aktivitäten dieser Organisationen seit 2022 zurückgefahren wurde, blieb ihr Charakter erhalten.[58] Zur Koordinierung der polnisch-russischen Zusammenarbeit in den Bereichen Wirtschaft und Kultur wurde 2002 der Verein für die Zusammenarbeit Polens mit Osteuropa (Stowarzyszenie Współpracy Polska-Wschód[59]) gegründet, der an die Tradition der polnisch-sowjetischen Zusam-

einigung gehören die folgenden Punkte: »eine Gemeinschaft freier Russen zu schaffen, die auf polnischem Territorium leben [...], ihnen bei der Bewahrung ihrer Identität zu helfen und ihre Initiativen zu unterstützen [...], das Bild der Russen in den Augen der Polen zu verändern [...], die Zusammenarbeit zwischen der russischen demokratischen Bewegung und der polnischen Zivilgesellschaft zu fördern und die Beziehungen zu Gruppen freier Russen in anderen europäischen Ländern zu stärken«. Vgl. Stowarzyszenie »Za wolną Rosję«. In: kontynent-warszawa.pl, https://kontynent-warszawa.pl/instytucje/46358-stowarzyszenie-za-wolna-rosje (25.10.2024).

57 Die Russischen Häuser in Warschau und Danzig werden seit 2021 vom Russischen Zentrum für Wissenschaft und Kultur in Warschau (Российский центр науки и культуры в Варшаве) und dem Russischen Zentrum für Wissenschaft und Kultur in Danzig (Российский центр науки и культуры в Гданьске) betreut.

58 Ein Beispiel ist die Aktion zur Unterstützung der Einstellung polnischer Staatsbürger an russischen Universitäten im Jahr 2023/2024 sowie die Erhöhung der Bekanntheit des Portals Education in Russia.

59 Sie wurde im Jahr 2002 mit Jozef Marian Bryll als Vorsitzendem registriert. Bei ihr handelt es sich um eine Organisation mit einem sehr breiten Spektrum an Aktivitäten, die aber auch Mitglieder zusammenbringt. Ihr Hauptziel besteht im Aufbau und der Entwicklung gutnachbarschaftlicher Beziehungen zu den Ländern jenseits der polnischen Ostgrenze,

menarbeit anknüpft. In Polen wurde die Gesellschaft für Polnisch-Sowjetische Freundschaft (Towarzystwo Przyjaźni Polsko-Radzieckiej, TPPR) bereits (mit dem Vorrücken der Roten Armee) im Jahre 1944 gegründet; 1991 wurde sie in den Verein Polen-Russland (Stowarzyszenie Polska-Rosja[60]) umgewandelt. Ihre Aktivitäten konzentrierten sich vorwiegend auf die Organisation von Propagandaveranstaltungen, Reisen in die UdSSR, Austauschbesuche (sogenannte Freundschaftszüge) und die Förderung der sowjetischen Kultur, Technologie, Literatur und des Films in Polen. Die prestigeträchtigste Veranstaltung war das von der TPPR mitorganisierte Festival des sowjetischen Liedes in Grünberg in Schlesien (Zielona Góra).[61]

Eine kulturelle Organisation der russischen Minderheit ist der Russische Kultur- und Bildungsverein in Polen (Rosyjskie Stowarzyszenie Kulturalno-Oświatowe w Polsce) mit Sitz in Białystok.[62] Dabei handelt es sich um die älteste Nichtregierungsorganisation der historischen russischen Minderheit in der Dritten Polnischen Republik.[63] Der Verein knüpft an das Werk und die Traditionen der Organisationen der russischen Minderheit in der Zweiten Polnischen Republik (in den Jahren 1918–1939), der Russischen Kultur- und Bildungsgesellschaft in Polen und des Vereins Internationaler Russischer Klub (Stowarzyszenie Międzynarodowy Ruski Klub[64]) an. Er ist kontinuierlich tätig und richtet seine Arbeit – nach Angaben seiner Mitglieder – auf die Bewahrung des nationalen Erbes und der russischen Identität bei gleichzeitiger Unterstützung der Idee der europäischen Integration und der Förderung der Menschenrechte.[65]

die auf den besten Traditionen des gegenseitigen Respekts beruhen. Sie strebt nach der Entfaltung der Zusammenarbeit in den Bereichen Wissenschaft, Technik, Bildung, Kultur, Kunst, Sport, Tourismus und Wirtschaft. Als Partnerländer werden Armenien, Belarus, Kasachstan, Moldau, die Russische Föderation, die Ukraine und Usbekistan genannt.

60 Der gegenwärtig existierende Verein für polnisch-russische Zusammenarbeit wurde 2013 eingetragen.
61 Es fand von 1965 bis 1989 statt.
62 Der Verein ist seit seiner Eintragung ins Vereinsregister am 27. Dezember 1991 ununterbrochen tätig und nahm bereits im Sommer 1991 seine Tätigkeit auf.
63 Der Verein nimmt ebenfalls Bezug auf die Russische Kultur- und Bildungsgesellschaft in Polen (Rosyjskie Towarzystwo Kulturalno-Oświatowe w Polsce, RTKO), die seit Herbst 1948 die Monatszeitschrift Zweno herausgab; außerdem war er Schirmherr des Russischen Theaters in Warschau. Im Frühjahr 1956 wurde die RTKO offiziell als einzige Organisation der russischen Minderheit in Polen registriert. Ab Januar 1957 nahm sie die Veröffentlichung der Wochenzeitschrift Rosyjski Głos wieder auf, die während der Zweiten Polnischen Republik (bis 1939) in Lemberg erschienen war. Die RTKO wurde 1975 geschlossen.
64 Eingetragen am 27. Dezember 1991 in Białystok.
65 Spis organizacji. Rosyjskie Stowarzyszenie Kulturalno-Oświatowe. In: ngo.pl, o. D., https://spis.ngo.pl/140650-rosyjskie-stowarzyszenie-kulturalno-oswiatowe (23.07.2024).

Nach dem Kollaps der UdSSR stand die russische Migration nach Polen in einem engen Zusammenhang mit Flüchtlingswellen aus russischen Gebieten – zuvörderst während der Tschetschenienkriege[66] – und der voranschreitenden Unterdrückung der russischen Zivilgesellschaft.[67] Diese Gruppe unterscheidet sich daher erheblich von der ukrainischen Arbeitsmigration. Eine andere Gruppe sind russische Migranten, darunter Personen mit Erfahrungen im Bereich Aktivismus, Journalismus und Menschenrechte, die eine wichtige Ressource für das effektive sozial- und außenpolitische Handeln der polnischen Public Diplomacy darstellen. Eine wegen ihres Kampfes gegen Desinformationskampagnen bedeutsame Gruppe sind die unabhängigen Journalist:innen des Teams von Belsat TV sowie Aktivist:innen aus Nichtregierungsorganisationen und die Mitglieder der Helsinki-Stiftung wegen ihres aktiven Einsatzes für die Menschenrechte. Desgleichen haben unabhängige Historiker, Sozialwissenschaftler und Pädagogen der non-formalen Bildung – einschließlich Kriegsgegnern und Personen, die sich in ihrem Streiten für die Demokratie gegen das Putinregime gestellt haben – sowie Vertreter ethnischer Minderheiten in der Russischen Föderation (Freies Jakutien, Freies Burjatien usw.) ebenfalls Zuflucht in Polen gefunden. Ein spezifisches Milieu bilden Kulturaktivisten, Kunstschaffende und russische Dramaturgen, die sich in Polen um künstlerische Initiativen wie das Lubimowka-Echo (Warschau 2024), das russische Filmfestival Sputnik über Polen (bis 2022)[68] oder die Aktivitäten von Ivan Vyrypaev und der Teal House Foundation in Warschau scharen.[69] Nach 2022 erlangten Vernetzungsplatt-

---

66 Diese Flüchtlingsbewegungen hielten nicht nur direkt während der Konflikte, sondern auch danach weiter an. Im Jahr 2013, nach der Einführung von Beschränkungen infolge der Proteste auf dem Moskauer Bolotnaya-Platz und der Eskalation der Lage im Kaukasus, machten Russen 87 Prozent aller Asylbewerber in Polen aus (9064 Personen), und die Zahl der Tschetschenen, die einen Flüchtlingsstatus beantragten, lag bereits im zweiten Halbjahr 2012 deutlich höher.
67 Eine eingehende Studie über den dritten Sektor in Russland und den Status ausländischer Agenten in der russischen Praxis seit 2012 wurde in den Jahren 2018–2022 von Magdalena Lachowicz durchgeführt, die beim Mieroszewski-Zentrum ein Projekt zu den Folgen der Einführung der betreffenden Gesetzgebung leitete. Vgl. https://mieroszewski.pl/programy/badania-naukowe/konsekwencje-wdrozenia-ustawy-o-statusie-agentow-zagranicznych-w-federacji-rosyjskiej (25.10.2024). Das Ergebnis dieser Arbeit ist die folgende Monografie: Niepokorni. Nieprawomyślni. Status agenta zagranicznego w FR w latach 2019–2021, Warszawa 2024.
68 Mehr zu diesem Thema im Kapitel: Östliche Kultur in Polen. Präsent, aber eher marginal.
69 Dabei handelt es sich um eine Internationale Kulturstiftung mit Sitz in Warschau, die ausgereisten Künstler:innen hilft, sich in ihren neuen Aufenthaltsländern zurechtzufinden. Vgl. https://tealhouse.io/.

formen wie Reforum Space[70] oder Kovčeg (The Ark)[71], die die russische Exilgemeinde in Europa zusammenschweißen, große Bedeutung. Weil es angesichts der Entwicklungen in den Jahren 2014 und 2022 zu einer erheblichen Verschärfung der politischen Kontrolle über die russische Migranten-Community kam, wurden Mechanismen umgesetzt, die ihrer weiteren Professionalisierung und Aktivierung dienlich sind.

Anstelle einer Zusammenfassung

Die Rolle von NGOs und der Initiativen von Minderheiten und ethnischen Gruppen für die Animierung des dritten Sektors und die Entwicklung der nonformalen Bildung sowie von Fachwissen und Kooperationsprogrammen für die Gestaltung der Ostpolitik ist in der polnischen Gesellschaft von grundlegender Bedeutung. Die Einrichtung von Unterstützungszentren für Migranten (wie das Ukrainische Haus, das Belarusische Haus usw.), auf sie ausgerichtete Hilfsinitiativen und Integrationsmaßnahmen sowie der Austausch sogenannter guter Praktiken oder die Zusammenarbeit zwischen der organisierten Zivilgesellschaft, kulturellen Einrichtungen und bestimmten Berufsgruppen, beispielsweise dem Jerzy-Grotowski-Institut oder den Künstlern des Kongresses der belarusischen Kultur im Exil in Warschau, sind für den Aufbau einer nicht durch Konflikte zerrissenen Gesellschaft (im Sinne eines Peacebuildings) wesentlich.
Der institutionelle Rückhalt für nationale Minderheiten und Migranten ist seit 2014 dynamisch gewachsen und hat seit 2020 beziehungsweise 2022 eine sprunghafte Entwicklung durchgemacht. Es wurden neue NGOs und lokale, bereichs- und themenbezogene Initiativen gegründet. Die Zusammenarbeit mit der kommunalen Selbstverwaltung verbessert sich zunehmend, und bewährte Verfahren werden auf nachhaltige Weise verbreitet, wie etwa die Aktivitäten der Organisation Homo Faber aus Lublin zur Integration von Migranten vor Ort (die Schulungen von Beamten einschließen) eindrücklich bestätigen. Im wichtigsten Bereich der Zusammenarbeit des dritten Sektors mit dem Staat, die wirksame Lösungen und eine Verbesserung der Qualität von Dienstleistungen hervorbringen soll, ist Polen in eine neue Phase eingetreten. Sie ist durch die Bildung von Koalitionen verschiedener Nichtregierungsorganisationen gekennzeichnet, die sich für die Stärkung der Einflussmöglichkeiten in problemati-

---

70 Sie sind in sechs Städten aktiv, in denen sich große russischsprachige pazifistische Gemeinschaften gebildet haben: Berlin, Budva, Warschau, Wilna, Paris, Tiflis und Tallinn. Vgl. https://reforumspaces.io/.
71 The Ark ist das größte Hilfsprojekt für russische Kriegsgegner im Exil und in Russland. Vgl. https://kovcheg.live/en/ark/.

schen Fragen, eine Beschleunigung von Konsultationsprozessen, Debatten und des Austausches mit den Behörden und eine substanziell erweitere Mitwirkung an der Selbstverwaltung einsetzen. In dieser Hinsicht existieren in Polen gegenwärtig eine Koalition der Minderheiten- und Migrantenorganisationen, die Ermland-Masuren-Koalition für die Integration von Migrantinnen und Migranten und die Gdingener Gruppe für die Unterstützung von Einwanderern.[72] Eine eigene Kategorie sind Zentren zur Unterstützung von Migranten, die häufig in Minderheitengemeinschaften eingerichtet wurden und sich inzwischen zu Orten der Analyse spezifischer Themenbereiche und zu einem Instrument für die Ausarbeitung von Solidaritätsinitiativen gewandelt haben. Erwähnenswert sind hierbei Initiativen wie das Ukrainische Haus, das Belarusische Haus und das Europäische Zentrum für Roma-Kultur und -Bildung Romano Kher – Zigeunerhaus. Um das Handwerkszeug der Beteiligung am öffentlichen Diskurs zu stärken, initiieren Organisationen nationaler Minderheiten und migrantische NGOs vielfältige (sektorale, thematische, regionale) Koalitionen, die in der Folge in der öffentlichen Debatte breite Einfluss- und Mitwirkungsmöglichkeiten bei der Gestaltung der Sozialpolitik schaffen, wie z. B. die Teilnahme an Konsultationen, Initiativen zur Generierung von Fachwissen und analytischen Daten, Konsolidierung sozialer Milieus, Ernennung von Aufgabenträgern sowie die effektive Zusammenarbeit mit der kommunalen Selbstverwaltung und Behörden in ständigen Beratungsgremien. Beispiele für solche Initiativen sind der Ausschuss für den Bürgerdialog zum städtischen Unterstützungssystem für die Integration von Zuwanderern und Zuwanderinnen in Lublin (seit 2021)[73], die Koalition für Chancengleichheit der Polnischen Gesellschaft für Antidiskriminierungsrecht (Polskie Towarzystwo Prawa Antydyskryminacyjnego[74]), die Koalition für Antidiskriminierungserziehung der Gesellschaft für Antidiskriminierungserziehung (Towarzystwo Edukacji Antydyskryminacyjnej[75]) und ein Konsortium von Organisationen, die sich für Migranten in Polen einsetzen

---

72 Die Koalition wurde im Jahr 2016 gegründet und umfasst die folgenden lokalen Mitglieder: Städtisches Sozialhilfezentrum in Gdingen, Kreisarbeitsamt in Gdingen, Stadtbibliothek in Gdingen, Lebensmittelbank, Verein Gaudium Vitae, Bildungsabteilung der Stadtverwaltung in Gdingen, Abteilung für soziale Angelegenheiten der Stadtverwaltung in Gdingen, Auswanderungsmuseum in Gdingen, Grenzschutz, Labor für soziale Innovationen der Stadt Gdingen, Verein Ovum, Grundschule Nr. 26 in Gdingen. Vgl. https://mopsgdynia.pl/wiecej-o-dzialalnosci/koalicje-i-partnerzy/gdynska-grupa-na-rzecz-integracji-imigrantow/.
73 https://hf.org.pl/dzialania/koalicje-wspolprace-sieci/.
74 https://www.ptpa.org.pl/projekty/koalicja-rownych-szans/.
75 https://tea.org.pl/aktualnosci/category/koalicja-na-rzecz-edukacji-antydyskrymina cyjnej/.

(seit 2018).[76] Ergänzend zu dieser Kategorie von Aktivitäten unter aktiver Beteiligung von Vertretern von Minderheitengruppen gibt es Initiativen öffentlicher Einrichtungen, die darauf abzielen, die Wahrnehmung und die Schaffung von Wissen über Minderheiten und Migranten zu verbessern. Zu nennen sind hier beispielsweise Forschungsinitiativen (Zentrum für Migrationsforschung CEBAM an der Adam-Mickiewicz-Universität Posen[77], Zentrum für Migrationsforschung an der Universität Warschau[78]), Diskussionsformate (wie der Kongress zur Belarusforschung[79]), Monitoringmaßnahmen (Meinungsumfragen des Juliusz-Mieroszewski-Dialogzentrums[80]), analytische Projekte (Mitteleuropa-Institut[81], Stefan-Batory-Stiftung[82]) und ständige Zentren für die Zusammenarbeit mit Minderheiten (Europäisches Solidarność-Zentrum in Danzig[83], Baobab Lublin[84]). Auf staatlicher Ebene ist demgegenüber eine wachsende Rolle der Minderheitenexperten bei der Diagnose der Situation von Minderheiten- und migrantischen Organisationen, bei der Teilnahme an Konsultationsprozessen und bei der Arbeit des polnischen Parlaments sowie anderer Regierungsgremien und Organe der kommunalen Selbstverwaltung erkennbar. Zusammenschlüsse von Organisationen erfüllen überdies eine zusätzliche Vernetzungs- und Mentoringfunktion für Führungspersönlichkeiten und offiziell wie informell agierende Aktivisten. Darüber hinaus fungieren sie als Drehscheibe und Nährboden für Initiativen von Migranten und Minderheiten. Die von ihnen geübte Praxis wird so zu einer zuverlässigen Quelle von Wissen und Veränderungsempfehlungen. Es lässt sich eine zunehmende Dynamik bei der Beteiligung von Fachleuten aus den Kreisen nationaler und ethnischer Minderheiten und anderer gesellschaftlicher Milieus an der Verbreitung von Wissen über und der Förderung eines guten Images dieser Gruppen in Polen beobachten. Daneben leisten sie einen Beitrag zur Entwicklung der Geschichtspolitik, der Sozialwirtschaft und der Wissenschaft. Das gegenseitige Verhältnis zwischen den Angehörigen verschiedener Volksgruppen und der polnischen Mehrheitsgesellschaft unterliegt keinen dynamischen Veränderungen – und das wird auch in absehbarer Zukunft so bleiben.

---

76 https://konsorcjum.org.pl/en/home-page/ .
77 https://www.cebam.pl/.
78 https://en.cebam.pl/.
79 https://ecs.gda.pl/wydarzenia/kongres-badan-nad-bialorusia/.
80 https://mieroszewski.pl/en/publishing-house/publishing-house .
81 https://ies.lublin.pl/en/.
82 https://www.batory.org.pl/en/.
83 https://ecs.gda.pl/en/.
84 https://baobab.lublin.pl/en/

Literaturverzeichnis

Apel Związku Niemieckich Stowarzyszeń Społeczno-Kulturalnych w Polsce pt. Dlaczego potrzebujemy nauczania języka niemieckiego jako języka mniejszości – Apel do gmin. In: vdg.pl vom 18. April 2023, https://vdg.pl/dlaczego-potrzebujemy-nauczania-jezyka-niemieckiego-jako-jezyka-mniejszosci-apel-do-gmin/ (23.06.2024).

Paulina Chrostowska (Hrsg.): Uczniowie z Ukrainy z doświadczeniem uchodźstwa w polskim systemie edukacji, kwiecień 2024 r., CEO – Unicef, Warszawa 2024, S. 1–20.

Ryszard Chruściak: Prace parlamentarne nad ustawą z 6 stycznia 2005 o mniejszościach narodowych i etnicznych oraz o języku regionalnym. In: Themis Polska Nova Nr. 1(6)/2014, S. 47–70, https://cejsh.icm.edu.pl/cejsh/element/bwmeta1.element.ojs-doi-10_15804_tpn2014_1_04 (10.06.2024).

Daten aus einer Information der Botschaft der Ukraine in der Republik Polen: ОСВІТНІ МОЖЛИВОСТІ ДЛЯ ДІТЕЙ З УКРАЇНИ У ПОЛЬЩІ vom 27. September 2023, zitiert nach: https://www.facebook.com/photo.php?fbid=634100502202539&set=pb.100068077835901.-2207520000&type=3; Vgl. überdies: https://nezlamna.org/pl/informacje-dotyczace-nauki-szkolnej/ (23.08.2024).

Komunikat Ministerstwa Kultury i Dziedzictwa Narodowego: Powołaliśmy Instytut Różnorodności Językowej Rzeczypospolitej – nową instytucję kultury. In: gov.pl vom 10.05.2024, https://www.gov.pl/web/kultura/powolalismy-instytut-roznorodnosci-jezykowej-rzeczypospolitej--nowa-instytucje-kultur (10. 10. 2024).

Mariusz Kowalczyk: Biełsat uznany za organizację niepożądaną w Rosji. In: Press vom 16. September 2024, https://www.press.pl/tresc/83586,bielsat-uznany-za-organizacje-niepozadana-w-rosji_-za-wspolprace-ze-stacja-grozi-odpowiedzialnosc-karna (24.06.2024).

Mateusz Kowalewski: Ochrona prawna mniejszości narodowych i etnicznych w Polsce – zagadnienia podstawowe. In: Annales Pomorienses. Ius Nr. 1/2022, S. 162–181.

Sławomir Łodziński: Przed ustawą o mniejszościach. Charakter instytucjonalizacji praw osób należących do mniejszości narodowych po 1989 roku a ustawa o mniejszościach z 2005 r. In: Anita Adamczyk, Andrzej Sakson, Cezary Trosiak (Hrsg.): Między lękiem a nadzieją. Dziesięć lat funkcjonowania ustawy o mniejszościach narodowych i etnicznych oraz o języku regionalnym (2005–2015), Poznań 2025, S. 25–38.

Marek Mazurkiewicz: Analiza celowa Nr. 2/2023 Centrum Ekspertyzy Lokalnej oraz FRDL. Edukacja Języków Mniejszości jako Narzędzie Ochrony przed Skutkami Kryzysu Demograficznego na Poziomie Lokalnym? Fundacja Rozwoju Demokracji Lokalnej, Warszawa 2023, S. 1–13.

Eugeniusz Mironowicz: Komunizm a mniejszości narodowe w Polsce po II wojnie światowej. In: Joanna Sadowska (Hrsg.): Dziedzictwo komunizmu w Europie Środkowo--Wschodniej, Białystok 2008, S. 103–113.

Mniejszości narodowe w II RP – trudności młodego państwa. In: warhist.pl, o. D., https://warhist.pl/polska/trudnosci-mlodego-panstwa/ (09. 10. 2024).

Nie dla zamknięcia Etnofilologii kaszubskiej na Uniwersytecie Gdańskim – APEL. In: naszademokracja.pl von 2019, https://www.naszademokracja.pl/petitions/nie-dla-zamkniecia-etnofilologii-kaszubskiej-na-uniwersytecie-gdanskim (23.06.2024).

Obwieszczenie Marszałka Sejmu Rzeczypospolitej Polskiej z dnia 19 marca 2021 r. w sprawie ogłoszenia jednolitego tekstu ustawy o języku polskim (Gesetzblatt der Republik Polen 2021 Pos. 672).

Anna Petrovska: Działacze organizacji mniejszościowych wystosowali apel do ministra edukacji ws. liceów z białoruskim językiem nauczania. In: Polskie Radio Białystok vom 9. Oktober 2023, https://www.radio.bialystok.pl/wiadomosci/index/id/231522 (23.06.2024).

Pismo z dnia 22 kwietnia 2016 r. Ministerstwo Edukacji Narodowej 2141/2016 Zapewnienie mniejszości ukraińskiej oświaty w języku narodowym, https://sip.lex.pl/orzeczenia-i-pisma-urzedowe/pisma-urzedowe/2141-2016-zapewnienie-mniejszosci-ukrainskiej-oswiaty-w-184867413 (25.06.2024).

Polska–Rosja: diagnoza społeczna 2013: Polacy na temat Rosji i Rosjan oraz stosunków polsko-rosyjskich, Rosjanie na temat Polski i Polaków oraz stosunków rosyjsko-polskich, Warszawa : Centrum Polsko-Rosyjskiego Dialogu i Porozumienia 2013, https://opac.cbw.wp.mil.pl/1742702238733/ksiazka/polska-rosja?_lang=pl (23.09.2024).

Polska–Rosja. Diagnoza społeczna 2015: Polacy na temat Rosji i Rosjan oraz stosunków polsko-rosyjskich. Rosjanie na temat Polski i Polaków oraz stosunków rosyjsko-polskich, Warszawa 2015, http://cprdip.pl/wydawnictwo,raporty,69,polska-rosja_diagnoza_spoleczna_2015.html, (23.09.2024).

Powszechny Sumaryczny Spis Ludności z dn. 14. II 1946 r., Główny Urząd Statystyczny Rzeczpospolitej Polskiej STATYSTYKA POLSKI, SERIA D, ZESZYT 1, Warszawa 1947, S. 1–125.

Raport – dzieci i młodzież z Ukrainy w Polsce, https://lgbtplusme.com/news/80-tys.-dzieci-i-mlodziezy-z-Ukrainy-w-polskiej-szkole (06.10.2024).

Raport o Szkolnictwie niepublicznym w Polsce. Szkolnictwo niepubliczne od przedszkola do szkoły średniej – rozwój i stan obecny. In: www.ourkids.net von 2019, https://www.ourkids.net/pl/pdf/2019-raport.pdf (23.06.2024).

Rosja–Polska. Diagnoza społeczna 2020: Rosjanie na temat Polski i Polaków oraz stosunków rosyjsko-polskich, Warszawa 2020, http://cprdip.pl/wydawnictwo,raporty,685,rosja-polska_diagnoza_spoleczna_2020.html (23.09.2024).

Rozporządzenie Ministra Edukacji Narodowej z dnia 30 sierpnia 2017 r. w sprawie kształcenia ustawicznego w formach pozaszkolnych (Gesetzblatt der Republik Polen 2017 Pos. 1627).

Rozporządzenie Ministra Edukacji z dnia 26 sierpnia 2024 r. zmieniające rozporządzenie w sprawie organizacji kształcenia, wychowania i opieki dzieci i młodzieży będących obywatelami Ukrainy (Gesetzblatt der Republik Polen 2024 Pos. 1302).

Andrzej Szczepański: Ewolucja polityki etnicznej w Polsce w latach 1944–1989. In: Wrocławskie Studia Politologiczne Nr. 28/2020, S. 164–174.

Magdalena Tędziagolska, Bartłomiej Walczak, Anna Żelazowska-Kosiorek: Szkoła zróżnicowana kulturowo. Wyzwania i potrzeby związane z napływem uczniów z Ukrainy. Centrum Edukacji Obywatelskiej, Warszawa 2022, https://ceo.org.pl/raport-jakie-sa-potrzeby-i-wyzwania-szkol-zwiazane-z-naplywem-uczniow-z-ukrainy/ (23.06.2024).

Magdalena Tędziagolska, Bartłomiej Walczak, Kamil M. Wielecki: Uczniowie uchodźczy w polskich szkołach. Gdzie jesteśmy u progu kolejnego roku szkolnego. Centrum Edukacji Obywatelskiej, Warszawa 2023, https://ceo.org.pl/udostepniamy-raport-uczniowie-uchodzczy-w-polskich-szkolach/ (23.06.2024).

Piotr Tyma (Hrsg.): Mniejszość ukraińska i migranci z Ukrainy w Polsce. Analiza dyskursu, Warszawa 2019.

Piotr Tyma (Hrsg.): Ukrainian minority and migrants from Ukraine in Poland. Discourse analysis. Joint publication, Warszawa 2018.

Ustalenie nowego przebiegu granic. In: Zintegrowana Platforma Edukacyjna Ministerstwa edukacji Narodowej, o. D., https://zpe.gov.pl/a/przeczytaj/DIyyeetTy (10.10.2024).

Ustawa z dnia 6 stycznia 2005 r. o mniejszościach narodowych i etnicznych oraz o języku regionalnym (Gesetzblatt der Republik Polen 2017 Pos. 823).

Ustawa z dnia 29 grudnia 1992 r. o radiofonii i telewizji (Gesetzblatt der Republik Polen 2020 Pos. 805).

Ustawa z dnia 15 maja 2024 r. o zmianie ustawy o pomocy obywatelom Ukrainy w związku z konfliktem zbrojnym na terytorium tego państwa oraz niektórych innych ustaw (Gesetzblatt der Republik Polen 2024 Pos. 854), https://www.infor.pl/akt-prawny/DZU.2024.163.0000854,metryka,ustawa-o-zmianie-ustawy-o-pomocy-obywatelom-ukrainy-w-zwiazku-z-konfliktem-zbrojnym-na-terytorium-tego-panstwa-oraz-niektorych-innych-ustaw.html#:~:text=W%20ustawie%20z%20dnia%2012%20marca (23.09.2024)

Załącznik 8, Zestawienie uwag przedstawicieli mniejszości narodowych i etnicznych do IV Raportu z realizacji przez Rzeczpospolitą Polską postanowień Konwencji ramowej Rady Europy o ochronie mniejszości narodowych oraz komentarz MSWiA, Warszawa 2022. In: rm.coe.int, o. D., https://rm.coe.int/annex-8/168094d3bd (23.09.2024).

Internetquellen, Organisationen, Onlineportale

The Ark, https://kovcheg.live/en/ark/.
Baobab, https://baobab.lublin.pl/.
Centrum Badań Migracyjnych na Uniwersytecie im. Adama Mickiewicza, https://www.cebam.pl/.
Centrum Mieroszewskiego, https://mieroszewski.pl/.
Europejskie Centrum Solidarności, https://ecs.gda.pl/.
Fundacja Batorego, https://www.batory.org.pl/.
Homo Faber, https://hf.org.pl/.
Instytut Europy Środkowej, https://ies.lublin.pl/.
Konsorcjum Migracyjne, konsorcjum.org.pl Międzynarodowa Fundacja Kultury z siedzibą w Warszawie, https://tealhouse.io/.
Ośrodek Badań nad Migracjami, https://www.migracje.uw.edu.pl/.
Polskie Towarzystwo Prawa Antydyskryminacyjnego, https://www.ptpa.org.pl/.
Portal mowa nienawiści, https://www.mowanienawisci.info/sekcja/polska/.
Reforum Spaces, https://reforumspaces.io/.

Polnische Osteuropakompetenz – Merkmale und Perspektiven

Małgorzata Kopka-Piątek, Agnieszka Łada-Konefał

Das Ziel der vorliegenden Publikation ist es, einen Überblick über die Kompetenzen polnischer Akteure im Umgang mit Osteuropa zu geben und einschlägiges Wissen zu vermitteln. Die Diskussionen, von denen in den vorausgegangenen Kapiteln die Rede war, weisen bestimmte Gemeinsamkeiten auf. Unabhängig von den einzelnen behandelten Sektoren lassen sich Trends erkennen, um die es nun abschließend gehen soll. Sie vervollständigen das Bild der polnischen Ostanalyse. Dieses Kapitel ist keine klassische Zusammenfassung der in den einzelnen Kapiteln vorgestellten Thesen und Schlussfolgerungen, sondern fasst die Beobachtungen des polnischen Fachwissens zu Osteuropa aus einer breiteren Perspektive zusammen, die auch über die beschriebenen Bereiche hinausgeht.

Charakteristische Merkmale der polnischen Osteuropakompetenz

Zu den charakteristischen Merkmalen der polnischen Osteuropakompetenz gehören:

- Strategische Bedeutung des Ostens für Polen

Sowohl in der öffentlichen als auch in der politischen Wahrnehmung ist die Lage östlich der polnischen Grenzen von strategischer Bedeutung und eng mit der Sicherheit des Landes verbunden. Dies hat offensichtliche geografische Gründe und geht auf Erfahrungen aus der älteren und jüngeren Geschichte zurück. Die Annexion der Krim im Jahr 2014 und erst recht der vollumfängliche Einmarsch Russlands in die Ukraine im Jahr 2022 haben das Gefühl, sich an einem strategisch bedeutenden Ort zu befinden, noch weiter verstärkt. Daher gehört ein profundes, aktuelles und vielseitiges Wissen über Osteuropa zur polnischen Staatsräson. Diese Überzeugung wird von politischen und fachlichen Kreisen geteilt.

→ Fehlende Polarisierung

Abgesehen von der Sicherheitsfrage ist der Osten das einzige Thema, das die polnische Gesellschaft, die politische Klasse und Fachleute im Allgemeinen nicht polarisiert. Mit Ausnahme der extremen Rechten haben die meisten Kreise einen ähnlichen Blick auf die Bedeutung der Region für die polnische Staatsräson und schätzen die Situation und die daraus resultierenden politischen Herausforderungen ähnlich ein.

→ Kompetenz aufgrund historischer Erfahrungen und Nähe

Die Polen im Allgemeinen und polnische Analyst:innen, Journalist:innen und gesellschaftliche Aktivist:innen im Besonderen besitzen ein tieferes Verständnis für die Mechanismen und spezifischen Eigenschaften des Ostens. Dies ist auf die kulturelle und sprachliche Nähe, lange historische Erfahrungen, schwierige Beziehungen zu Russland und das vielschichtige Beziehungsgeflecht zu Ukrainern oder Belarusen zurückzuführen.

→ Gefestigtes Milieu

Das Milieu der Ostwissenschaftler in Polen ist stark konsolidiert. Rivalitäten oder Konflikte zwischen Fachleuten, Journalist:innen und anderen sich mit Ostfragen beschäftigenden Personen sucht man vergebens. Stattdessen bestehen zahlreiche kollegiale Kontakte, die den Austausch von Kenntnissen und Ideen erleichtern. Es besteht ein gemeinsames Bewusstsein für die Bedeutung des Wissens über Osteuropa für die polnische Gesellschaft und Politik.

Herausforderungen und Schwächen der Osteuropakompetenz Polens

Neben den erwähnten Merkmalen, die die Stärken des polnischen Fachwissens zu Osteuropa unterstreichen, zeigt die Publikation auch gewisse Schwächen auf.

→ Geringes Interesse der Regierung an den Ergebnissen von Analysen

Obwohl die Generierung von Kenntnissen über Osteuropa für Polen strategisch relevant ist, hält sich das Interesse von Regierungsvertretern an politischer Beratung aus den Kreisen der Ostkundler in engen Grenzen. Das mag daran liegen, dass es unter den polnischen Politikern eine ganze Reihe von Personen gibt, die sich in akademischer Hinsicht für das Thema interessieren oder anderweitig beruflich mit dem Osten vertraut sind und daher glauben, selber bereits über ausreichende Kenntnisse zu verfügen. Dennoch gilt diese Einschätzung nicht nur für Fragestellungen mit Bezug auf Osteuropa. Fachleute aus vielen anderen

Bereichen beklagen sich ebenfalls über das mangelnde Interesse politischer Entscheidungsträger an ihrer Kompetenz.

→ Unterfinanzierung von Einrichtungen, die sich mit Osteuropa befassen

Das geringe Interesse der Regierenden wirkt sich auf die Unterfinanzierung des gesamten Experten-, Kultur- und Mediensektors aus. Beispielhaft dafür stehen etwa Redaktionen, die es sich nicht mehr leisten können, Auslandskorrespondenten zu unterhalten und sie gegebenenfalls in Kriegsgebiete zu schicken, oder ungenügende Zuschüsse für sich mit Osteuropa beschäftigenden Einrichtungen. Viele dieser Einrichtungen fußen auf der Leidenschaft ihrer Beschäftigten und deren persönlichem Engagement. Durch die unzureichende Finanzierung von Nichtregierungsorganisationen und fachlichen Kreisen ist das hohe Niveau der Professionalität, der Entwicklung und der langfristigen Tätigkeit dieses Sektors akut bedroht.

→ Kolonialer Blick auf den Osten

Auch die Polen sind nicht völlig frei von einer paternalistischen, kolonialistischen Herangehensweise an Osteuropa. Sie selbst wurden von ihren westlichen Nachbarn von oben herab (wie in einer Lehrer-Schüler-Beziehung) behandelt, und jetzt tun sie es ihnen mitunter mit Blick auf die östlichen Länder und ihrer Vertreter gleich. Man könnte sogar die These wagen, dass sie auf diese Weise den durch westliche Partner hervorgerufenen Minderwertigkeitskomplex reflexartig abreagieren. Eine solche Haltung spiegelt sich gleichfalls in den Aktivitäten einiger Wissenschaftler und anderer Fachleute wider.

→ Mangel an jungem Personal

Wie in vielen Branchen kämpfen auch die sich mit Osteuropa befassenden Milieus mit Nachwuchsmangel. Es fehlt die klare Botschaft, dass der Osten ein interessantes und zukunftsträchtiges Themenfeld darstellt, mit dem die eigene Zukunft und Karriere zu verbinden sich lohnt. Das nachlassende Interesse am Erlernen der russischen Sprache führt bereits jetzt zu Problemen bei der Suche nach Mitarbeiter:innen für Expertenzentren, die sich für ihre Arbeit dieser Sprache bedienen können. Das Unterrichtsangebot für die weiteren Sprachen der Region ist ebenfalls schwach und wird nicht ausreichend beworben.

→ Konkurrenz durch Nachbarn

Gleichzeitig gibt es immer mehr Menschen, die direkt aus der Region kommen (hauptsächlich Ukrainer und Belarusen) und auf dem Arbeitsmarkt, in der Politikberatung und in der Kultur einen Platz für sich finden. Gut ausgebildet, engagiert und mit zunehmend besseren Kontakten in andere europäische Hauptstädte ausgestattet, besitzen diese Personen bessere Kenntnisse nicht nur der Landessprache, sondern generell über ihr Herkunftsland. Ihre Bedeutung auf dem Markt wird weiter wachsen und sie werden für polnische Fachleute oder Journalist:innen bis zu einem gewissen Punkt zur Konkurrenz werden.

Polnische Osteuropakompetenz und die deutsch-polnischen Beziehungen

Die Wahrnehmung des Ostens spaltete über Jahre hinweg Polen und Deutsche ebenso wie die polnische und deutsche Politik. In der aktuellen Bedrohungslage ist es daher umso wichtiger, genau zu betrachten, was sie unterscheidet, aber auch, was sich nach 2022 verändert hat.

→ Verschiedene Perspektiven auf Russland bis zum Jahr 2022

In den deutsch-polnischen Beziehungen war die ausgesprochen unterschiedliche Herangehensweise beider Länder an Osteuropa von beträchtlicher Bedeutung. Im Gegensatz zu den westlichen Annäherungsversuchen an Russland war die polnische Politik davon geprägt, dass sie beim Knüpfen enger Kontakte zu Putins Russland große Zurückhaltung an den Tag legte. Dies betraf auch den Bereich der wirtschaftlichen Zusammenarbeit, einschließlich so strategisch wichtiger Sektoren wie der Versorgung mit Energieressourcen. Genauso wie andere Länder der Region war sich Polen des engen Zusammenhangs zwischen der Energiewirtschaft und den politischen Zielen Russlands bewusst. Den deutschen Partnern auf verschiedenen Ebenen, wie Politik, Medien oder Wissenschaft, war dieses Bewusstsein nur schwer zu vermitteln, da sie sich in ihren Beziehungen zu Russland von dem Glauben an die rein wirtschaftliche Dimension der zunehmenden Abhängigkeit von russischen Rohstoffen leiten ließen. Ein größerer Teil der politischen und meinungsbildenden Eliten glaubten an die Wirkmächtigkeit von Geschäftsbeziehungen und wirtschaftlichen Standards, die ihres Erachtens auch den Zustand der russischen Demokratie positiv beeinflussen würden. Außerdem war der Westen nicht bestrebt, die Beziehungen zu Ländern wie Belarus oder der Ukraine zu vertiefen.

Die polnische und die deutsche Gesellschaft unterschieden sich ebenfalls in ihrer Wahrnehmung von Russland. Während die Polen in Russland mit überwältigender Mehrheit eine Bedrohung sahen, zeigte sich in Deutschland weniger als jeder zweite Befragte davon überzeugt (im Jahr 2015 erklärten 76 Prozent der Polen und 41 Prozent der Deutschen, dass von Russland eine militärische Bedrohung ausgehe; im Februar 2022, kurz vor dem russischen Einmarsch in der Ukraine, waren es jeweils 69 Prozent und 55 Prozent).[1] Dieser Umstand trug

---

1 Jacek Kucharczyk, Agnieszka Łada-Konefał: Hoffnung und Krise: Die öffentliche Meinung zu den gegenseitigen Beziehungen und den gemeinsamen Herausforderungen.

dazu bei, dass die deutsche Einschätzung der polnischen Osteuropakompetenz zumeist negativ ausfiel – in vielen Kreisen wurde sie als übermäßig emotional und geradezu irrational betrachtet. Ihr wurde vorgeworfen, Putins Russland zu Unrecht als ein Schreckgespenst darzustellen.

Wandel im Jahr 2022

Im Jahr 2022 erkannten viele, wenn nicht sogar die Mehrheit der deutschen Politiker, Fachleute und Journalist:innen schließlich an, dass die Bürger Polens und der baltischen Staaten mit ihrer Einschätzung Russlands und seiner imperialen Ziele doch richtig gelegen hatten. Dies ermöglichte eine signifikante Annäherung in der Wahrnehmung von Polen und Deutschen mit Blick auf die russische Bedrohung (einen Monat nach dem Einmarsch Russlands in die Ukraine gaben sich 79 Prozent der Polen und 74 Prozent der Deutschen von einer militärischen Bedrohung überzeugt)[2] und die daraus resultierenden Maßnahmen. Einerseits ist die Tatsache, dass endlich eine ähnliche Sichtweise auf Russland und die Lage in Osteuropa besteht, für die gegenseitigen Beziehungen von Vorteil. Die Wahrnehmung Russlands in Deutschland hat sich deutlich verändert. Im Augenblick wird es klar als ein aggressives Land eingestuft, mit dem man keine vertrauensvollen Beziehungen eingehen sollte. Inwieweit dieser Wandel nachhaltig ist, bleibt eine offene Frage. Auf polnischer Seite ist nach wie vor die Befürchtung groß, dass Deutschland gegenüber Russland früher oder später zum Business as usual zurückkehren wird. Die Stimmung vor der Bundestagswahl zu Beginn des Jahres 2025, die auf eine deutliche Unterstützung für die offen prorussisch auftretende Partei Alternative für Deutschland hindeutete, verstärkt diese Befürchtungen ebenso wie die Forderung, ein Ende des Krieges selbst auf Kosten schwerer Verluste auf ukrainischer Seite anzustreben. Andererseits ermöglichte die Erkenntnis der Deutschen, dass die Polen nicht ohne Grund vor der russischen Politik gewarnt hatten, eine Abkehr vom »Lehrer-Schüler-Verhältnis« in den gegenseitigen Beziehungen. Zweifellos besaßen die Polen größeres Wissen und bewiesen ein besseres Urteilsvermögen. Im Laufe der Zeit hat dieser Rollenwechsel jedoch an Schärfe eingebüßt, daher ist eine Rückkehr zu den gewohnten Mustern keineswegs ausgeschlossen.

Dennoch findet die polnische Osteuropakompetenz gegenwärtig im Westen (inklusive Deutschlands) deutlich mehr Gehör, und polnische Fachleute vertreten ihren Standpunkt zum Beispiel in den Medien und Expertenkreisen selbstbewusster als zuvor.

Deutsch-polnisches Barometer 2024, Instytut Spraw Publicznych / Deutsches Polen Institut, Warszawa–Darmstadt 2024, S. 58

2   Ebenda.

→ Umsicht versus Romantik

Unabhängig vom jeweiligen Bereich (also auch mit Blick auf Osteuropa) ist es ein Wesensmerkmal der deutsch-polnischen Beziehungen, dass die deutsche Seite in ihnen eine (exorbitant) rationale Haltung an den Tag legt, die mit einer (manchmal übertrieben) emotionalen, man könnte fast schon sagen »romantischen«, Herangehensweise der polnischen Seite kollidiert. Diese allgemeine, auf allen Ebenen anzutreffende Herausforderung in den gegenseitigen Beziehungen gewinnt im Hinblick auf Osteuropa umso mehr an Prägnanz, weil dieses Thema für die Polen beträchtliches Gewicht besitzt und direkt mit einem Gefühl der Sicherheit oder Bedrohung verbunden ist. Daher tendieren die Polen nicht selten dazu, überaus emotional zu argumentieren, was insbesondere deutschen Gesprächspartnern nicht verborgen bleibt (und hier und da unangenehm aufstößt). Auf deutscher Seite stützten sich die Beziehungen zu Russland, das in den vergangenen Jahrzehnten den wichtigsten Pfeiler der deutschen Ostpolitik bildete, in erster Linie auf wirtschaftliche Argumente, die keineswegs immer die Realität widerspiegelten. Das war darauf zurückzuführen, dass hinter der Haltung gegenüber Russland politische Interessen eines Teils der deutschen Eliten standen, die freilich versuchten, sie kühl und analytisch darzustellen. Aus diesem Grunde waren die Argumente und die Sprache, in der sich Polen und Deutsche über Osteuropa auseinandersetzten, zumeist verschieden (und sind es auch weiterhin). Polnische Expert:innen sind sich dessen zunehmend bewusst und geben unumwunden zu, dass sie sich in Diskussionen mit ihren deutschen Kolleg:innen um einen zurückhaltenderen Ton bemühen als früher, was ihres Erachtens dazu beiträgt, dass die beabsichtigte Botschaft in der Tat bei ihren Gesprächspartnern ankommt.

→ Tabuisierung

In den deutsch-polnischen Diskursen über den Osten sind derzeit auf beiden Seiten Tabuthemen zu beobachten, die indessen in jedem Land unterschiedliche Fragen betreffen. Auf polnischer Seite bezieht sich das auf die Hypothese, dass die Ukraine den Krieg mit Russland verlieren könnte. Im polnischen Diskurs wird ein derartiger Ausgang des Krieges ausgeblendet und es besteht keinerlei Bereitschaft, dieses Thema mit der deutschen Seite zu besprechen. In Deutschland ist es hingegen völlig inakzeptabel, die mit einer möglichen »Implosion« Russlands verbundene Situation zu analysieren. Diese Gemengelage führt bereits jetzt dazu, dass man sich gegenseitig aus den Debatten und Veranstaltungen zu diesen Aspekten ausschließt. Es ist davon auszugehen, dass sich diese Tendenz fortsetzen und sogar noch verschärfen wird.

Perspektiven

→ Anerkennung der strategischen Bedeutung Osteuropas, auch unterstützt durch polnisches Fachwissen

Da die Kenntnis osteuropäischer Fragestellungen wegen ihrer sicherheitspolitischen Relevanz für polnische Politiker eine Angelegenheit von größtem nationalem Belang ist, könnte man erwarten, dass dieselben Politiker ein gesteigertes Interesse an den Projekten und der weiteren, insbesondere finanziellen Förderung von Einrichtungen haben, die in diesem Bereich tätig sind. Nach Ansicht vieler Kreise ist die derzeitige Unterstützung unzureichend. Infolgedessen wird das Potenzial in Form von langjähriger Erfahrung, zusammengetragenem Wissen sowie persönlicher und institutioneller Bereitschaft für weiteres Engagement in diesem Bereich nicht in ausreichendem Maße genutzt.

→ Bedarf an Wissen über den Osten

Neben der gegenwärtigen Lage in Osteuropa, vor allem im Hinblick auf den andauernden russischen Feldzug, wird die geplante EU-Mitgliedschaft der Ukraine den Bedarf an Expertenwissen über die Region auf Jahre und Jahrzehnte hinaus stimulieren. Die Kreise der polnischen Ostkundler können diese Perspektive für die weitere Entwicklung nutzen.

→ Schaffung einer internationalen Debatte über Osteuropa

In Europa entwickeln sich weitere – in anderen geografischen Regionen gelegene – Expertenzentren auf dynamische Weise und übernehmen bereits heute eine Führungsrolle bei der Gestaltung der Debatte über Europas Osten. Diese befinden sich zum Beispiel in Skandinavien und Frankreich.
Polnischen Denkfabriken kommt die Rolle zu, für den innerpolnischen Gebrauch Erklärungsarbeit zu leisten sowie Schlussfolgerungen und Empfehlungen vorzulegen. Demgegenüber haben sie nur in geringem Maße eine kreative Funktion bezüglich dessen, was darüber im Westen gedacht wird – sie inspirieren keine neue strategische Debatte über die künftige Ostpolitik. Es ist davon auszugehen, dass die nächste große Debatte über die Ost-West-Beziehungen nach dem Ende des russisch-ukrainischen Krieges stattfinden wird. Es wäre gut, wenn sie von polnischen Thinktanks, die sich mit Osteuropa befassen, initiiert würde und wenn es sich um eine in den Rahmen der Europäischen Union eingebettete Debatte unter Beteiligung der Ukraine handeln würde.
In diesem Zusammenhang wäre es lohnenswert, die Kommunikationsweise an das Zielpublikum noch stärker anzupassen. Die Lösung vonseiten polnischer Expert:innen besteht darin, ihre Rhetorik entsprechend zu ändern: In Gesprächen mit Kolleg:innen aus dem Westen sollten sie eine weniger stark Ängste

schürende und emotional neutrale Sprache verwenden und die von ihnen vorgestellten Visionen auf klar nachvollziehbare Argumente stützen. In einer partnerschaftlichen Beziehung muss jedoch gleichzeitig von der anderen Seite erwartet werden, dass sie Einfühlungsvermögen und Verständnis für den polnischen Ansatz zeigt, der von anderen Ländern in der Region, etwa den baltischen Staaten, weitgehend geteilt wird.

→ Bessere Nutzung der vorhandenen Ressourcen

Bei der polnischen Ostanalyse ist es sinnvoll, auf bewährte Kanäle der Kontaktaufnahme mit westlichen Partnern zu setzen. Ein Beispiel dafür ist die vom Osteuropa-Kolleg herausgegebene Zeitschrift NEW EASTERN EUROPE, die von einem breiten Publikum geschätzt wird. Die Zeitschrift wird in englischer Sprache veröffentlicht und ist praktisch weltweit erhältlich. Sie behandelt globale Themen aus der Perspektive der Region und fördert in anderen Teilen der Welt ein Verständnis für die Meinungen, Erfahrungen und Debatten in Osteuropa. Das Polnische Institut für Internationale Angelegenheiten unterhält derzeit Büros in Brüssel, Washington und Berlin. Eine Stärkung der personellen und finanziellen Ressourcen dieser Zweigstellen könnte dazu beitragen, dass das polnische Denken über den Osten (und darüber hinaus) in diese wichtigen Hauptstädte vordringt. Diese Vertretungen bieten auch einen hervorragenden Raum für eine fruchtbare Zusammenarbeit zwischen polnischen Akteuren und ihren ausländischen Partnern.

Biogramme

Małgorzata Kopka-Piątek, Senior Fellow des Instituts für Öffentliche Angelegenheiten (ISP) in Warschau, in den Jahren 2021–2025 Direktorin des Programms für Europa- und Migrationspolitik und Senioranalystin am ISP, zudem Leiterin des Observatoriums für Geschlechtergleichstellung. Sie ist Vorsitzende und Mitbegründerin des Vereins FemGlobal.Kobiety w polityce międzynarodowej. Absolventin der Germanistik an der Universität Breslau und eines Postgraduiertenstudiums der Politikwissenschaft an der Universität Warschau. 15 Jahre lang war sie im Warschauer Büro der Heinrich-Böll-Stiftung im Bereich Europa und internationale Politik tätig und widmete sich dort insbesondere der europäischen Außenpolitik, den deutsch-polnischen Beziehungen und der Perspektive von Frauen- und Geschlechterfragen in der internationalen Politik. Zuvor war sie zwischen 2003 und 2005 im Warschauer Büro des Deutsch-Polnischen Jugendwerks beschäftigt. Sie ist Trainerin in den Bereichen interkulturelle Bildung, gewaltfreie Konfliktlösung und internationale Freiwilligenarbeit.

Dr. Magdalena Lachowicz, Assistenzprofessorin am Lehrstuhl für Oststudien an der Fakultät für Geschichte der Adam-Mickiewicz-Universität in Posen. Sie beschäftigt sich mit Fragen der Soziologie der Nation, ethnischen Beziehungen und regionalen Bewegungen in Eurasien sowie der Geschichte der UdSSR, der Ukraine und Russlands im 20. und 21. Jahrhundert. Ihr Forschungsschwerpunkt liegt auf der zeitgenössischen Nationalitätenpolitik der mittel- und osteuropäischen Länder mit einem besonderen Augenmerk auf Polen, der Ukraine und der Slowakei, vor allem im Hinblick auf die ethnische Gruppe der Karpatenrussinen im Kontext regionaler Politik und globaler gesellschaftlicher Prozesse. Sie befasst sich mit der Entwicklung des dritten Sektors in der Russischen Föderation, der Zivilgesellschaft und der Rolle alternativer kultureller und künstlerischer Projekte in den Protestbewegungen in Belarus und der Ukraine vor und nach der Jahrtausendwende.

Agnieszka Lichnerowicz, Absolventin der Warschauer Wirtschaftshochschule, ist als Journalistin bei Radio TOK FM tätig, wo sie die Sendungen »Światopogląd« und »Wieczorem« moderiert. Sie arbeitet zudem als Reporterin und hat u. a. Belarus, Russland, Georgien, das vom Arabischen Frühling aufgewühlte Nordafrika und Kurdistan bereist. Seit mehr als 20 Jahren berichtet sie über die Ereignisse in der Ukraine, einschließlich des seit einem Jahrzehnt andauernden Krieges. Sie beschäftigt sich auch mit Wirtschafts- und Geschichtspolitik. Während des politischen Wandlungsprozesses in Myanmar hat sie dort Workshops durchgeführt. Sie ist u.a. Trägerin des Ryszard-Kapuściński-Preises der Polnischen Presseagentur. Sie schreibt außerdem für andere Presseorgane wie etwa das Wochenmagazin Polityka, ist Mitautorin des Buches *Lepiej już nie będzie* und hält Kurse am Collegium Civitas ab.

Dr. Agnieszka Łada-Konefał, stellvertretende Direktorin des Deutschen Polen-Instituts in Darmstadt, bis Dezember 2019 Direktorin des Europa-Programms und Senioranalystin am Institut für Öffentliche Angelegenheiten. Sie studierte Politikwissenschaft in Warschau und Berlin (Promotion an der Universität Warschau) sowie Organisationspsychologie in Dortmund und schloss einen Executive Master of Public Administration an der Hertie School of Governance ab. Als Gastwissenschaftlerin absolvierte sie u.a. Aufenthalte am European Policy Centre in Brüssel (2011), an der University of Sussex (2012), am Alfred-von-Oppenheim-Zentrum für Europäische Zukunftsfragen der Deutschen Gesellschaft für Auswärtige Politik (DGAP) in Berlin (2013) und bei der Stiftung Wissenschaft und Politik in Berlin (2016–2017). Ihre Arbeitsschwerpunkte liegen in den Bereichen Deutschland und deutsch-polnische Beziehungen, polnische Außen- und Europapolitik sowie Wahrnehmung von Polen im Ausland und von Ausländern in Polen.

Małgorzata Nocuń, Journalistin des Tygodnik Powszechny, von 2004 bis 2006 dessen Korrespondentin in der Ukraine und in Belarus. Redakteurin der Zeitschrift Nowa Europa Wschodnia. 2014 wurde sie im Rahmen des Wettbewerbs »Pióro Nadziei« der polnischen Sektion von Amnesty International für ihre Reportagen aus dem Nordkaukasus ausgezeichnet. Sie ist die Autorin folgender Bücher: *Wczesne życie* und – zusammen mit Andrzej Brzeziecki – *Białoruś. Kartofle i dżinsy*, *Ograbiony naród. Rozmowy z intelektualistami białoruskimi*, *Łukaszenka. Niedoszły car Rosji*, *Armenia. Karawany śmierci*. 2019 erschien unter ihrer Herausgeberschaft eine Sammlung von Reportagen über Belarus: *Ojczyzna dobrej jakości*. Mit ihrem neuesten Buch *Miłość to cała moja wina. O kobietach z byłego Związku Radzieckiego* wurde sie für den Beata-Pawlak-Preis und den Ryszard-Kapuściński-Preis für literarische Reportagen nominiert.

Piotr Pogorzelski, Journalist, stellvertretender Direktor des Auslandsdienstes des Polnischen Rundfunks und Autor des Magazins »Po prostu Wschód« im dritten Programm des Polnischen Rundfunks.

Dr. hab. Agata Włodkowska, Politikwissenschaftlerin, Koordinatorin des Projekts »Kobiety w polskiej politologii. Od diagnozy do współpracy«, Mitglied und

Mitbegründerin des Vereins FemGlobal.Kobiety w polityce międzynarodowej. Ihre Spezialgebiete sind internationale Beziehungen in Eurasien, die polnische Ostpolitik und eine feministische Perspektive in den internationalen Beziehungen.

Dr. Elżbieta Żak, Literaturwissenschaftlerin und Dozentin am Lehrstuhl für Eurasische Studien an der Jagiellonen-Universität Krakau. Ihre Forschungsinteressen umfassen das praktische Erlernen der russischen Sprache auf der Grundlage russischsprachiger Medien, die Kultur des postsowjetischen Raums, postsowjetische Gesellschaften, postsowjetisches kollektives Bewusstsein und seine Wandlungsprozesse in den Ländern der ehemaligen UdSSR.

Polen in der Gegenwart.
Schriftenreihe des Deutschen Polen-Instituts
Herausgegeben von Peter Oliver Loew und Agnieszka Łada-Konefał

1: Justyna Arendarska, Agnieszka Łada-Konefał, Bastian Sendhardt
Nachbarschaft im Rahmen
Wie Deutsche und Polen einander medial betrachten

2022. VIII, 364 Seiten, 16 Abb., 3 Tabellen, br
145x220 mm
ISBN 978-3-447-11889-7
€ 36,– (D)
ə 10.13173/9783447118891

Das Bild, das Deutsche und Polen voneinander haben, wird maßgeblich davon bestimmt, welches Bild deutsche und polnische Medien vom jeweiligen Nachbarland zeichnen. Ausgehend von dieser These gehen die Autoren der Frage nach, wie Deutschland bzw. Polen in den Printmedien des jeweiligen Nachbarlandes dargestellt werden. Sie untersuchen hierfür deutsche und polnische Presseartikel aus den Jahren 2000 bis 2019. Dabei nutzen die Verfasser den Ansatz der Frame-Analyse, um aufzuzeigen, welche Deutungsrahmen (Frames) aufgerufen werden, wenn es in der Presse um Deutschland, Polen und die deutsch-polnischen Beziehungen geht. Vor allem drei Erkenntnisse sind hier zentral. Erstens greifen mediale Darstellungen notwendigerweise immer auf Frames zurück. Zweitens werden sowohl Deutschland als auch Polen in höchst unterschiedlichen Frames dargestellt, abhängig vom thematischen Kontext und dem Zeitpunkt der Veröffentlichung. Drittens wird deutlich, dass jeder Frame einer inneren Struktur folgt, die kommunikative Anschlussmöglichkeiten vorzeichnet. Unterschiedliche Deutungsrahmen sind somit nicht beliebig kombinierbar oder austauschbar. Für die politische Kommunikation ergibt sich hieraus die Notwendigkeit, sich der (selbst) genutzten Frames bewusst zu werden und den Rahmen, der sich hieraus für mögliche Anschlusskommunikationen ergibt, stets mitzudenken.

2: Bożena Gierat-Bieroń, Janusz Józef Węc (Hg.)
Europa und die Europäer
Perspektiven der polnischen Wissenschaft im 21. Jahrhundert
Im Gedenken an Bronisław Geremek

2023. XII, 294 Seiten, 1 Abb., br
145x220 mm
ISBN 978-3-447-12024-1   *€ 36,– (D)*

Europa und die Europäer besteht aus zwei Teilen: Der erste ist einer Analyse des politischen Denkens von Bronisław Geremek und seines Beitrags zur Neuausrichtung der polnischen Außen- und Sicherheitspolitik nach 1989 gewidmet. Gegenstand des zweiten Teils ist dagegen die aktuelle Debatte über die Zukunft der Europäischen Union, die unter anderem das EU-System, seine Werte, die kulturelle Identität, das kollektive Gedächtnis und die grüne Transformation umfasst. Dieser doppelte Ansatz ermöglicht es, die Bedeutung der Figur Geremeks als polnischer Staatsmann, Europäer und Visionär umfassend zu verstehen. Denn Geremek war ein eifriger Befürworter und Förderer des europäischen Einigungsprozesses nach 1989.

In seinem Streben nach einem vereinten Europa stützte sich Geremek auf die Ideen französischer Väter der europäischen Integration wie Jean Monnet, Robert Schuman und Jacques Delors. Mit diesem Ansatz reihte er sich in den Kreis der europäischen Föderalisten und Europäer ein. Für ihn bestand die Gründungsaufgabe der Europäischen Union darin, die Grundlagen für eine dauerhafte Friedensordnung in Europa zu schaffen, damit sich der Schrecken des Zweiten Weltkriegs nie wiederholen würde. Als erklärter Europäer betonte er stets den gegenseitigen Nutzen der EU-Erweiterung auf Mitteleuropa – nicht nur für die EU, sondern auch für die Kandidatenländer. Er vertrat die Auffassung, dass der Beitritt Polens und anderer mitteleuropäischer Länder zur EU sowohl auf einem wirtschaftlichen als auch auf einem demokratischen Wandel beruhen sollte.

Polen in der Gegenwart. Schriftenreihe des Deutschen Polen-Instituts

Herausgegeben von Peter Oliver Loew und Agnieszka Łada-Konefał

In Vorbereitung

3: R. Gawłowski, A. Lewandowski, R. Makowski, M. Nowosielski

Die territoriale Selbstverwaltung in Polen

Struktur und Organisation, Daseinsvorsorge, Partizipation und Sicherheit

2025. Ca. 240 Seiten, br
145x220 mm
ISBN 978-3-447-12302-0
ca. € 29,90 (D)
ᴂ 10.13173/9783447123020

Deutschland und Polen sind durch ein großes Netz von Partnerschaften zwischen Regionen, Städten, Kreisen und Gemeinden miteinander verbunden. Diese Kontakte sind für alle Beteiligten von großem Wert und haben eine lange Geschichte. Die föderal organisierte Bundesrepublik und das zentral verwaltete Polen stellen in Hinblick auf ihre jeweilige Administration jedoch quasi zwei verschiedene Welten dar.
Da eine gute und wirksame Zusammenarbeit voraussetzt, dass man einander kennt und versteht, beschreibt *Die territoriale Selbstverwaltung in Polen* systematisch die Verwaltungs-, Rechts- und Finanzstrukturen polnischer Regionen, Städte und Kommunen, fasst die wichtigsten Informationen zusammen und erläutert die Funktionsweise von Verwaltung und Politik auf lokaler Ebene. Die Autoren widmen sich zudem dem Thema Sicherheit: ein Aspekt des öffentlichen Lebens, der gegenwärtig auf allen Ebenen von zentraler Bedeutung ist.

Daniel Sadecki

Die Doppelstadt Frankfurt (Oder) – Słubice als wirtschaftliches Zentrum der Grenzregion Brandenburg/Lubuskie: Vision oder Realität?

Dwumiasto Frankfurt nad Odrą – Słubice centrum gospodarczym pogranicza brandenbursko-lubuskiego: wizja czy rzeczywistość?

(Interdisciplinary Polish and Ukrainian Studies 15)
2025. 354 Seiten, 91 Abb., 82 Tabellen, br
170x240mm
ISBN 978-3-447-12332-7   € 68,– (D)
ᴂ 10.11584/ipus.15

Am Beispiel der deutsch-polnischen Doppelstadt Frankfurt (Oder) – Słubice bietet Daniel Sadeckis Studie wertvolle Einblicke in die Chancen und Herausforderungen der transnationalen Stadtentwicklung in Grenzräumen. Methodisch fundiert und nach klaren Kriterien werden die wirtschaftlichen Potentiale der Doppelstadt analysiert. Durch einen Vergleich mit Daten aus der Eurostadt Guben – Gubin an der Neiße gewinnt die Darstellung an Aussagekraft, Aktualität und Ausgewogenheit. Besonders wertvoll ist die Einbeziehung zahlreicher Experteninterviews mit Persönlichkeiten beidseits von Oder und Neiße. Mit ihrem innovativen Ansatz vermittelt die Studie Impulse zur weiteren Verbesserung der Standortattraktivität und trägt zur Förderung der wirtschaftlichen Zusammenarbeit bei. Die Publikation erscheint zweisprachig auf Deutsch und Polnisch.